U0480120

新媒体素养

主编◎但午剑

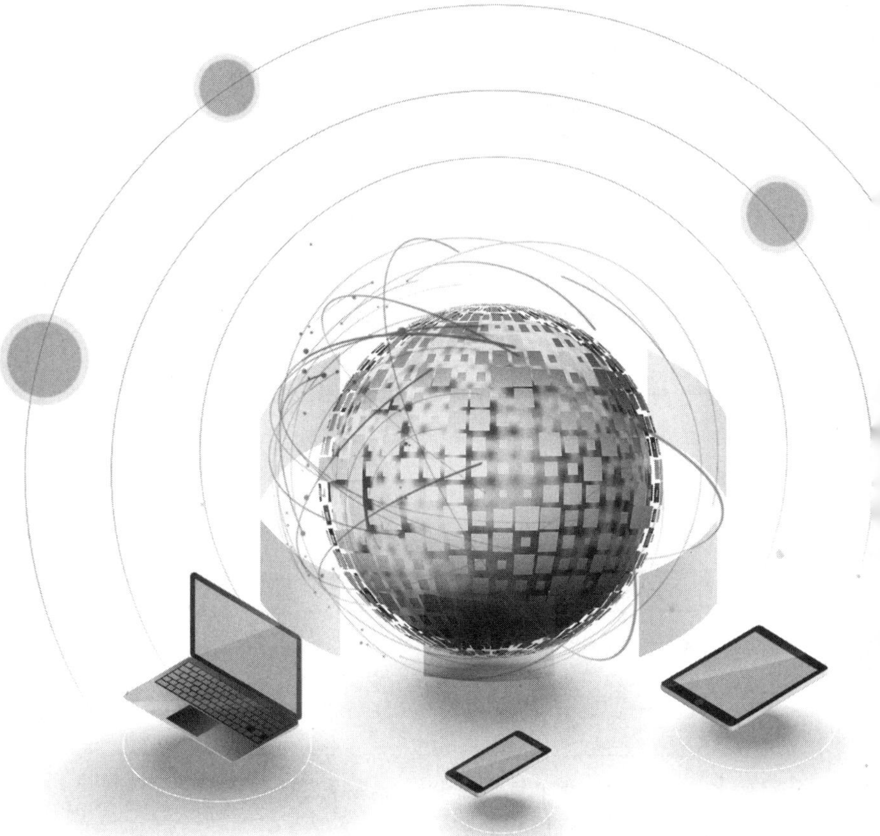

四川大學出版社
SICHUAN UNIVERSITY PRESS

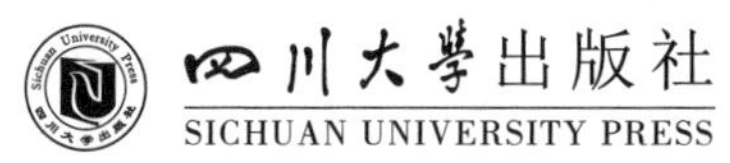

图书在版编目（CIP）数据

新媒体素养 / 但午剑主编. -- 成都 : 四川大学出版社, 2024. 11. -- ISBN 978-7-5690-7329-4

Ⅰ. G206.2

中国国家版本馆 CIP 数据核字第 20242NH830 号

书　　名：新媒体素养
Xinmeiti Suyang
主　　编：但午剑

选题策划：梁　平　杨　果　李　梅
责任编辑：梁　平
责任校对：杨　果
装帧设计：裴菊红
责任印制：李金兰

出版发行：四川大学出版社有限责任公司
地址：成都市一环路南一段 24 号（610065）
电话：（028）85408311（发行部）、85400276（总编室）
电子邮箱：scupress@vip.163.com
网址：https://press.scu.edu.cn
印前制作：四川胜翔数码印务设计有限公司
印刷装订：四川省平轩印务有限公司

成品尺寸：170mm×240mm
印　　张：13.25
字　　数：261 千字

版　　次：2024 年 11 月 第 1 版
印　　次：2024 年 11 月 第 1 次印刷
定　　价：38.00 元

本社图书如有印装质量问题，请联系发行部调换

扫码获取数字资源

四川大学出版社
微信公众号

前　言

当前，我们的现实行为与媒介行为相互映射、相互促成也相互转换，“媒介化生存”已成为当前社会生活的重要表征。人们对各类新媒体软件的使用已达到相当纯熟的程度，但对媒介的认知却尚未达到相应的水平。在新媒体时代，如何让媒介为我所用，而不是被媒介过度控制和影响，是当代大学生需要具备的基本素质。

目前，关于“新媒体素养”的确切定义，学界和业界尚未达成共识。本书认为，新媒体素养应包括三个不同层次的能力素养：新媒体认知素养、新媒体使用素养和新媒体社会参与素养。其中，新媒体认知素养是新媒体素养的前提和基础，主要包括对新媒体发展历程、新媒体环境下媒介内容的生产与传播机制的认知。新媒体使用素养是新媒体素养的重点，主要包括新媒体交往素养、安全素养和消费素养等方面。新媒体社会参与素养是新媒体素养的核心，既包括对海量信息的筛选、甄别能力，也包括对芜杂信息的辨识、分析与批判能力，更包括理性参与公共话题交流，在信息消费与生产中保持个体的主体性，提升个人的社会参与能力。本书围绕上述三个能力素养依次展开。

“新媒体素养”课程自 2021 年秋季开课以来，至今已完成三年六轮的讲授，基本完成对教学方法、教学资料的探索与积累。这个摸索与积累的过程为本书的写作建立起“专题＋实践＋理论”的基本思路：第一，本书各章内容以相对独立的专题展开。相对独立的专题形式使各章之间的连贯性、逻辑性略有不足，但在实际授课过程中，相对独立的专题形式更能充分激发学生学习、讨论的兴趣，有效提升学习效果。第二，课程多以“实践＋理论”的方式呈现，以新媒体日常实践激发学生的兴趣点和关注度，以传播学、心理学、社会学等相关学科知识的融入提升大学生的理论知识水平。

本书作为西南石油大学“十四五”规划教材，一方面关注媒介素养发展的最新动态，将算法素养、智能素养等包含其中；另一方面，注重将课程思政、立德树人的理念深植于教材内容中，培养学生理性、成熟地使用新媒体，进而提升观察社会、参与社会和服务社会的能力。

在此对四川大学李苓教授致以深切的谢意，她对本书的编写提出了诸多专业精准而又充满启发的建议。感谢张一骢博士、秦敏博士等人的支持。感谢我的研究生葛慧丽、张一品、佘思宇、黎琦，广播电视编导专业本科生林静媛的付出。感谢四川大学出版社的编辑老师为本书的出版付出的大量时间和心血！

由于编者水平有限，加上时间仓促，书中存在诸多不足和遗憾，真诚希望各位读者不吝赐教，帮助此书不断完善。

但午剑

2024 年 9 月于成都

目　　录

第三编　新媒体社会参与素养

绪　论

媒介不仅是我们获取知识的重要渠道，也是认知社会与世界主要信息的来源之一。随着媒介技术的飞速发展，“媒介化生存”已成为当前社会生活的重要表征：人们频繁地使用微信、抖音、小红书等平台分享个人生活；在各类网络平台围观令人应接不暇的舆情热点，情绪高涨地参与各类公共话题讨论；在视频网站上追剧、看综艺以放松身心；熟练地使用网络购物平台、外卖软件、打车软件……当下，人们对各类新媒体软件的使用已达到相当纯熟的程度，但对媒介的认知却没有达到相应的水平。因此，让人们意识到媒介对我们头脑、行为的影响与支配，进而逐步“摆脱”控制，利用媒介为个人的学习和生活服务，在当下是重要而紧迫的。正如美国媒介素养学者詹姆·波特（James Potter）所说：媒介传播效果对人的影响就像天气对人的影响一样，它无处不在，无时不有，且存在形式多种多样。如：有时使人颤抖，有时使人浑身湿褥，有时还会使人灼热无比。依据现代科学，人们尽管对天气的特性和变化有了一定的认识，但仍然很难精确地预测或控制天气形势的变化，尤其无法知道什么时候什么人会被雨淋着、被寒流冻着。无论气象局如何先进，它也不能完全控制天气的变化。然而个人却能有效地控制气候对自身的影响。比如说，我们可以携带雨具、遮光剂或躲在室内回避它，等阳光明媚时再走出房屋拥抱灿烂的阳光[①]。而知道提前携带雨具、遮光剂或知道哪有屋檐，就是媒介素养的应有之义。

---

① 转引自张开、石丹：《提高媒介传播效果途径新探——媒介素养教育与传播效果的关系》，《现代传播》，2004 年第 1 期，第 81 页。

第一节　媒介素养研究与教育的发展历程

早在 1929 年，我国新闻教育的先驱戈公振先生在《新闻学撮要》中即提出：新闻学是无条件的一种国民必修科，一方面知道报纸是一个危险的礼物，一方面又不能少了他[①]。这说明，我国学者很早就意识到大众媒介在现代社会中不可或缺，但也提醒人们要对媒介提供的内容，即“礼物的危险性”予以认知和警惕。

一、国外媒介素养研究与教育的发展历程

20 世纪 30 年代，电影、小说、报纸和广告的发展给英国社会带来了前所未有的冲击，这些媒介产物对青年造成了重要影响。1933 年，英国学者利维斯（Leavis，1895—1978）与其学生汤普森（Thompson，1907—1988）针对这一现象，发表了《文化与环境：批判意识的培养》一书，书中首次明确提出“媒介素养”这一概念，该书后来被认为是关于媒介素养的开山之作。自此，“媒介素养”议题开始受到人们的广泛关注。

（一）国外媒介素养研究的发展历程

自 20 世纪 30 年代媒介素养这一概念提出以来，媒介素养研究历经了四次“范式转移”[②]。

一是 20 世纪 30 年代的保护主义立场。这一范式从精英主义的视角出发，视大众媒介传播内容为“带菌者”。因此，利维斯、汤普森提出应在学校教育中加入媒介素养教育内容的建议，力求通过媒介素养教育，使学生免受媒介所传播的不良文化、道德观念或意识形态的负面影响。利维斯认为，流行文化带给人们的是即时的愉悦，是不堪一击的肤浅与低层次的文化，而教师应竭尽所能地为学生提供高级文化增加学生与高级文化接触的机会，以避免学生接触流行文化。这一时期媒介素养的理论基础来自法兰克福学派的批判理论，主要是

① 戈公振：《新闻学撮要》，中国传媒大学出版社，2018 年，附录第 25 页。
② 陆晔等：《媒介素养：理念、认知、参与》，经济科学出版社，2010 年，第 3～4 页。

对大众文化的欺骗性、麻痹性、虚伪性等进行揭露与批判。

二是20世纪60年代强调对媒介内容选择力和辨别力的提升。第二代范式认为不是所有的媒介内容都是有害的，关键是如何引导受众进行明智的选择，在接触媒介时，去其糟粕取其精华。这一思想脉络与文化研究学派的思想一脉相承。文化研究学派认为，文化是多样的，既有高雅的，也有日常生活的、大众的文化。因此，人们需要提升的不是免疫力，而是分辨力，以辨别不同媒介内容的优劣，并根据自身的需要进行选择。这一范式承认了大众文化中优秀作品的存在，因此，这一时期的媒介素养不是拒绝媒介，而是区分、甄别媒介中的内容，以辨别大众文化中的优秀作品。

三是20世纪80年代对媒介文化的批判性解读。随着文化工业的迅速发展，媒介素养的主要任务要使受众意识到文化工业所建构的“媒介真实”常常使人沉醉其中不能自拔，还在不知不觉中重塑了人们的价值观念。因此，这一时期的媒介素养重在培养受众对媒介内容的批判解读能力，引导受众认识“媒介真实”与现实世界的显著差异。

四是20世纪90年代以来的参与式行动。20世纪90年代中期以来，学者开始意识到受众，即媒介信息的消费者，不仅是媒介信息的接受者，更是媒介意义的创造者和行动者。因此，仅对媒介文本进行批判性解读是不够的。霍布斯（Hobbs）认为媒介素养是使用、批判性分析媒介信息和运用媒介工具创造信息的过程；媒介素养的目标在于通过分析、推理、传播和自我表达技能的发展来提升自主权①。也就是说，第四代范式的主要内涵是参与式的，重在自我表达和传播的行动，即由对媒介的批判性思考转为促成良好的公共表达。随着互联网迅速进入人们的日常生活，其为普通人的自我表达和参与式行动提供了更为便捷的平台。可见，国外的媒介素养研究经历了“免疫—甄别—批判—参与”的演进过程。

（二）国外媒介素养教育的发展历程

总的来说，国外媒介素养教育的发展与媒介素养研究发展的四个阶段大致吻合。

20世纪30年代至50年代：以文化保护主义为主的媒介教育。利维斯和汤普森将媒介素养教育引入课堂，使英国成为媒介素养教育的先行者。当时的媒介素养教育被视为一种文化保护主义，知识精英们认为当时大众媒介的传播

① 转引自陆晔等：《媒介素养：理念、认知、参与》，经济科学出版社，2010年，第4页。

内容，从电影、报纸到通俗小说、杂志广告等大众文化，是具有媚俗化、商业化和机械性特征的文化，此时媒介素养教育的主要任务就是提示大众文化中所具有的不良品质，这样学生就能自觉地予以唾弃，并最终回归传统文化。“好”与“坏”的价值评判、文化优劣的辨别成为这一时期媒介素养教育的核心。这种媒介素养教育后来被称为“免疫法”，其实质是反对大众媒介流行文化的教育[①]，即通过给公众打预防针，以防止流行文化的侵害。20 世纪 50 年代，媒介素养教育逐步从英国扩散到美国、加拿大等欧美国家。

20 世纪 60 年代至 70 年代：以培养辨别能力为主的媒介教育。这一转变，一方面与以雷蒙德·威廉斯为代表的学者开创的文化研究学派紧密相关；另一方面，电视媒介的迅速发展亦为媒介教育的变化提供了新的机会和可能。电视作为娱乐媒介和重大新闻的发布平台，尤其是重大事件的报道，使人们不能再把电视视为低级的大众媒介。媒介给人们带来的资讯和文化熏陶，使人们重新认识到大众媒介的价值。1963 年，英国教育与科学部发表的有关英语教学的纳塞姆报告提出，要严肃研究电视和电影的价值，要提升青少年批判看待媒介，学习辨别媒介传播内容的能力。

20 世纪 80 年代至 90 年代中期：以培养解读与批判能力为主的媒介素养教育。这一时期，媒介素养教育进一步在西方国家发展。由于各国政府和联合国教科文组织的介入，学校的媒介素养教育开始形成规模，媒介素养开始作为一门独立的课程被许多国家和地区纳入正规的课程教育体系，并不断得到重视和强调。随着媒介的进一步发展，尤其是电视的进一步普及，媒介教育开始向更强调学生主动性、更注重培养学生分析与批判能力的模式转变。这一时期，电视在发展中国家的普及程度也越来越高，人们接触和享用媒介资源的机会和时间大大增加，越来越多的国家和地区都认识到了发展媒介素养教育的重要性和必要性。1978 年，联合国教科文组织委托芬兰的媒介研究专家索卡·闵基能设计了一项国际性的媒介素养教育方案，又于 1982、1984、1986 年分别出版了《将大众媒介用于公共教育国际研讨会的最后报告》《媒介教育》《了解媒介：媒介教育与传播研究》三种读物[②]。

20 世纪 90 年代中期至今：以提升媒介参与能力为主的媒介素养教育。这一时期，媒介素养涉及的不仅是报纸、广播、电视、电影等所传播的内容，还涉及提升受众的信息理解能力、媒介参与能力。媒介素养教育的目标是赋权媒

---

① 吴玉兰：《媒介素养十四讲》，北京大学出版社，2014 年，第 12～13 页。

② 吴玉兰：《媒介素养十四讲》，北京大学出版社，2014 年，第 14 页。

介消费者，使其有效地处理大众媒介信息，产生关涉自身与社会的意义。每个人不仅要用自己的方式去接受信息，更要创造机会去表达自己的观点。这一时期的媒介素养教育不仅在发达国家进一步规范化，而且开始向许多发展中国家扩散。进入21世纪，媒介素养教育成为世界性的现象。在媒介素养教育方面起步较晚的美国也异军突起，有超过61家高等院校开设了媒介素养课程。

可见，媒介素养教育在广度上经历了从一国到多国，从教育思想萌芽到教育实践，再到正规化、规模化、体系化不断拓展的过程；在深度上形成了从“抗拒媒介”到“初步认同媒介”再到“思辨、解读媒介”，最终到“人的能力的培养”这一不断进化的轨迹①。

二、国内媒介素养研究与教育的发展历程

我国的媒介素养研究与教育虽然起步较晚，但发展迅速。20世纪90年代后期，国内学者开始关注媒介素养，此后媒介素养迅速成为一个显性的研究议题，这与中国社会及媒介的快速发展密切相关。一方面，这一时期的大众媒介内容生产显现出强烈的商业化和娱乐化特征，如何在庞杂的媒介信息面前，提升受众自身的选择、判断和使用能力，成为构建健康媒介生态的重要一环；另一方面，以互联网为代表的新媒介技术迅速发展，极大地增强了信息传播的互动性，给大众参与媒介表达进而参与社会提供了更多的机会和方式。因此，着眼于提升大众的媒介使用能力、批判能力和参与能力的媒介素养研究及教育得到越来越多的关注。

学者张开等指出，媒介素养在中国的发展大体可分为三个阶段：1997—2003年，为引入和吸纳的萌芽期；2004—2009年，为星星之火向燎原之势发展的成长期；2010年至今，为本土化鲜明的快速发展期②。在这三个阶段，我国的媒介素养在理论探索和教学实践两方面不断同步推进。

（一）国内媒介素养研究发展状况

从“媒介素养”的理论探索上看，在二十余年中，我国基本实现了从引入借鉴到本土创新的过程。1997年，中国社会科学院学者卜卫发表了国内首篇

① 吴玉兰：《媒介素养十四讲》，北京大学出版社，2014年，第15页。

② 张开、丁飞思：《回放与展望：中国媒介素养发展的20年》，《新闻与写作》，2020年第8期，第7页。

系统论述媒介素养教育的论文《论媒介教育的意义、内容和方法》。该文详细梳理了“媒介素养”这一概念在国外的发展演变历史。可见，在中国媒介素养的萌芽期，学者的研究重点是对国外媒介素养教育的研究和借鉴。

2004—2009 年，中国媒介素养研究飞速发展。2004 年，中国传媒大学举办了首届中国媒介素养教育国际研讨会，开启了中国媒介素养理论及其教育实践的研究征程。同年，上海召开媒体与未成年人发展论坛，发布《未成年人媒体素养教育行动策略研究》，旨在从策略层面探讨提升未成年人媒介素养的途径；2007 年复旦大学举办“传播与中国：媒介素养与公民教育”论坛；2007、2008 年浙江传媒学院分别举办了首届及第二届“西湖媒介素养高峰论坛”；2009 年中国传媒大学举办第二届中国媒介素养教育国际研讨会等。2006 年初，中国第一部媒介素养专著《媒介素养概论》出版。这一时期，CSSCI 来源期刊中媒介素养相关文献也达 262 篇之多。

2010 年以来，随着互联网迅速发展，微博、微信、抖音等社交平台相继进入大众的日常生活，直播元年、知识付费元年、智能传播元年相继开启，我国的媒介素养研究从中国社会的现实出发，紧跟媒介发展实际，逐渐呈现出自己的特色。肖荣春等结合定性与定量研究，指出大学生在新媒介场景中潜移默化地“被娱乐”，但又表现出较强的抵抗性与自主性，因而，对大学生而言，新媒介成了一块“移动的自留地”①。周裕琼将数字代沟引发的文化反哺称为家庭内“静悄悄的革命”，认为子女对父母的数字反哺不仅能有效提高父母的媒介素养，还可能成为缓和亲子冲突、改革家庭关系的难得机遇②。2021 年，彭兰针对无可回避的算法和智能机器提出了算法素养，认为算法素养就是要培养人与算法共存的能力，也即算法社会的思维培养和风险教育③；2023 年，彭兰提出，在智能传播时代，面对新的人机关系，要培养与之相适配的智能素养，包括算法素养、人机协同素养、人机交流素养和个人权利素养等不同方面④。这一时期，涌现出诸多关于媒介素养研究的专著，其中，复旦大学陆晔等主持的教育部哲学社会科学研究重大课题攻关项目的成果《媒介素养：理

---

① 肖荣春、白金龙：《移动的自留地：知识青年、新媒介赋权、场景生产与媒介素养》，《新闻与传播研究》，2011 年第 1 期，第 21 页。

② 周裕琼：《数字代沟与文化反哺：对家庭内“静悄悄的革命”的量化考察》，《现代传播》，2014 年第 2 期，第 117 页。

③ 彭兰：《如何实现“与算法共存”——算法社会中的算法素养及其两大面向》，《探索与争鸣》，2021 年第 3 期，第 13 页。

④ 彭兰：《智能素养：智能传播时代媒介素养的升级方向》，《山西大学学报（哲学社会科学版）》，2023 年第 5 期，第 101 页。

念、认知、参与》是我国媒介素养领域最具权威性和开创性的专著。2008 年至今，中国广播电影电视社会组织联合会（中广联）每年都设有媒介素养研究专项课题。媒介素养、网络素养等题目也时常出现在中国社科基金项目的指南和中标项目里。

（二）国内媒介素养教育的发展历程

从教育实践上看，我国的媒介素养教育已实现了从高校向社会的延伸。高校教师是中国媒介素养教育的积极推动者和践行者。从 2004 年起，上海交通大学、南京大学、浙江大学、安徽大学等高校开设了面向全校大学生的媒介素养课程。媒介素养教育在高校逐渐成熟以后，开始逐步走入中小学校园。从 2007 年起，中国传媒大学传媒教育研究中心的课题组与北京黑芝麻胡同小学合作，将媒介素养课程带入小学校园。从 2007 年起，浙江传媒学院与浙江缙云县长坑小学开展了近 10 年的合作，把媒介素养的种子成功地带进了大山。2007 年，上海复旦大学新闻学院成立了媒介素养教育行动小组，并开展了名为“小小看媒体”的青少年媒介素养教育推广行动。北京、吉林、广东、山东、四川等地也陆续开展了中小学媒介素养课程教育实践①。此后，媒介素养教育逐渐走出校园，融入社会。2013 年以来，广州市少年宫的媒介素养教育工作开展得如火如荼，不仅出版了教材，还举办了主题活动，得到全国各地少年宫的积极响应。2014 年，由张志安领衔的中山大学“新媒体素养”课程在中国大学 MOOC 平台上线，向社会公众开放。据中国大学 MOOC 官网显示，截至 2024 年 8 月，该课程已开课 14 次，超过 15 万人次在线上进行了学习。此外，以菏泽学院媒介素养社团、中国儿童中心、江苏扬州市少年儿童图书馆等为代表的组织/团体开展了多样化的媒介素养实践，千龙网、《新京报》等媒体也积极参与到媒介素养教育实践中来，使我国的媒介素养教育实践日益丰富和深化。

第二节 何为新媒体素养

“媒介素养”中的“素养”一词来源于英语中的“literacy”，该词本意指

① 张开、丁飞思：《回放与展望：中国媒介素养发展的 20 年》，《新闻与写作》，2020 年第 8 期，第 8 页。

阅读、识字读写能力，这与早期的媒介素养强调对平面媒介内容的识读、使用能力有关。随着媒介的发展，媒介素养逐渐被引申为使用媒介、利用媒介的一种能力。“素养”一词在我国的古典文献中也有迹可寻：《汉书·李寻传》提出：“马不伏历，不可以趋道；士不素养，不可以重国。”宋代陆游在《上殿札子》中写道：“气不素养，临事惶遽。”可见，古典文献中的“素养”一词多指人的修习涵养，其内涵比英语的“literacy”更为丰富与深厚。

一、媒介素养的概念

媒介素养的概念随着研究和实践的推进不断翻新和演变，国内外学者对媒介素养一词也有不同的理解。

1992 年，在美国举办的“媒介素养会议”（National Conference on Media Literacy）将“媒介素养”定义为受众有权接触、分析、评估各种媒介信息，并达到沟通的目的①。美国著名的媒介素养教育专家詹姆·波特认为媒介素养是一种观察方法，即当我们置身于媒介中时，为了解读我们所遇到的信息时主动采用的一种方法，我们通过这种方法来构建我们的知识结构。而要构建知识结构还需要工具和原始资料，工具是我们的技巧，原始资料则是来自媒介和现实世界的信息。主动采用指我们不但知晓信息，而且还会不断与信息互动交流②。加拿大安大略教育部对媒介素养的定义是：媒介素养旨在帮助学生发展对大众媒介本质知晓和批判的理解力，懂得大众媒介所运用的技术以及这些技术所产生的影响③。

在国内，研究者对媒介素养的概念界定也略有不同。张开等认为媒介素养是传统素养（听、说、读、写）能力的延伸，它包括对各种形式的媒介信息的解读能力、批判能力和使用能力。媒介素养的主要任务和宗旨是如何使受众通过选择、理解和记忆，成为积极主动的媒介信息使用者④。张志安等认为，媒介素养的内涵应该包括认识大众传媒、参与大众传媒和使用大众传媒三个部分⑤。段京肃、杜骏飞认为媒介素养是“公众接触、解读、使用媒介的素质和

① 转引自吴玉兰：《媒介素养十四讲》，北京大学出版社，2014 年，第 4 页。

② 转引郑小莹：《当代大学生媒介素养教育浅析》，福建师范大学，2010 年，第 3 页。

③ 转引自陈志勇：《青少年网络媒介素养教育》，中央编译出版社，2018 年，第 14 页。

④ 张开、石丹：《提高媒介传播效果途径新探——媒介素养教育与传播效果的关系》，《现代传播》，2004 年第 1 期，第 83～84 页。

⑤ 张志安、沈国麟：《媒介素养：一个亟待重视的全民教育课题》，《新闻记者》，2004 年第 5 期，第 11 页。

修养”，同时将媒介素养划分为三个更为清晰的环节：接触媒介——获取信息；解读媒介——批判地接受媒介信息；利用媒介——借助媒介工作和生活，通过媒介发出自己的声音并维护自己的利益[①]。袁军认为媒介素养包括“认知媒介”“参与媒介”“使用媒介”三个层面。“认知媒介”指的是对媒介性质、功能以及媒介与社会政治、经济、文化等诸多因素互动关系的正确评价，是媒介素养的前提和基础。“参与媒介”是指参与媒介信息传播，成为媒介信息积极、主动的“获取者”“解读者”，以及媒介信息负面影响的自觉“抵御者”，成为信息时代清醒的“媒介公民”。“参与媒介”是媒介素养的重点和核心。“使用媒介”是指运用媒介，有效地创造和传播信息的能力。其不仅包括操作媒介传播信息的技能，而且包括使用媒介进行公共监督，优化传媒环境和社会环境，促进社会发展的能力[②]。

虽然国内外学者对媒介素养的定义各有不同，但他们都认为在信息社会中，媒介素养能提升我们有效利用媒介的能力，帮助我们建立起正确获取媒介信息、理解媒介信息产生的意义和独立判断信息价值的知识体系，并使我们更好地掌握信息生产和传播能力。

二、新媒体素养的概念

20 世纪 90 年代中后期，随着互联网技术的迅速发展，媒介素养发展出网络媒介素养、新媒介（体）素养等新的分支。

为什么本书以“新媒体素养”而非“新媒介素养”命名？1959 年，麦克卢汉在参加全美高等教育学会举办的会议时，发表了题为《电子革命：新媒体的革命影响》的演讲，并在演讲中第一次提出“new media”一词，“new media”在被翻译成中文时，有时被译为“新媒体”，有时被译为“新媒介”。“媒介”与“媒体”两个词常常可以通用，但如要进一步区别其含义，“媒介”是一种物质实体，是传播信息所使用的工具；而媒体是一种媒介组织，指的是拥有、使用并经营的媒介机构[③]。也就是说，报纸、广播、电视是几种不同的媒介，而如中央广播电视总台、新华网等就是具体的媒体组织。学者彭兰说：在现实中，人们似乎更偏向使用“新媒体”这个词，这种定名也主要是约定俗

① 段京肃、杜骏飞：《媒介素养导论》，福建人民出版社，2007 年，第 19 页。

② 袁军：《媒介素养教育论》，中国传媒大学出版社，2010 年，第 38 页。

③ 胡正荣、段鹏、张磊：《传播学总论》，清华大学出版社，2008 年，第 179 页。

成的，似乎并无特别原因[①]。中山大学张志安团队在中国大学 MOOC 上开设的国家级精品课也以“新媒体素养”命名，因此，本书沿用“新媒体”这一表述，后文也不再对“新媒体”与“新媒介”作进一步区分。此外，我们还应该注意到，“新媒体”是一个相对的概念，其内涵随着传媒技术的发展而发展：广播之于报纸是新媒体，电视之于广播是新媒体，互联网之于电视亦是新媒体。匡文波指出，“新媒体”是特指“今日之新”而非“昨日之新”或“明日之新”[②]。本书所谈到的新媒体，是指伴随着互联网的发展，以数字技术、计算机网络技术、移动通信技术、大数据、物联网等技术为主要支撑，以数字化、交互性、超时空为主要特征的一系列新媒体形态，这些新媒体形态既包括在互联网发展过程中出现的网站、博客、微博、微信、视频网站等媒体形态，也包括正处在发展过程中的社交机器人，以 ChatGPT、Sora 为代表的生成式人工智能等。

新媒体素养与传统媒介素养有何不同？信息技术提供的平台及互动模式，大大降低了传播的门槛和成本，普通民众以前所未有的热情参与到这场信息生产、接收与消费的狂欢中。因此，在新媒体环境下，媒介素养的内涵也悄然发生着变化。卜卫认为，在新的媒介环境下，个人对信息解读和在此基础上的个人表达有更多的控制权，因此，媒介素养是关于行动的知识，是一个促进所有参与者主动学习和使用媒介的过程[③]。彭兰认为，在社会化媒体时代的媒介素养应包括媒介使用素养、信息生产素养、信息消费素养、社会交往素养、社会协作素养和社会参与素养[④]。张志安认为，新媒体素养指的是作为一名积极的公民，人们在媒介使用的过程中能够拥有一种自主、批判与反思意识，保持批判性的思维和独立思考的能力，懂得如何利用新媒体来不断优化我们的生活，提高学习与工作的效率，而不是让媒介反过来控制我们[⑤]。由此可见，虽然学者们对新媒体素养的定义并不完全一致，但由于新媒体对个人的赋权，新媒体素养比传统媒介素养更强调个人对新媒体的使用能力、对信息的批判能力及公共表达和社会参与能力。

本书认为，新媒体素养应包括三个不同层次的能力素养：新媒体认知素

---

① 彭兰：《“新媒体”概念界定的三条线索》，《新闻与传播研究》，2016 年第 3 期，第 124 页。

② 匡文波：《新媒体概论（第三版）》，中国人民大学出版社，2019 年，第 4 页。

③ 熊颖、任娟：《反思媒介素养教育及研究——卜卫访谈录》，《中国媒介素养研究人物史》，中国广播影视出版社，2017 年，第 53 页。

④ 彭兰：《社会化媒体时代的三种媒介素养及其关系》，《上海师范大学学报（哲学社会科学版）》，2013 年第 5 期，第 52 页。

⑤ 张志安：《新媒体素养》，高等教育出版社，2019 年，第 11 页。

养、新媒体使用素养和新媒体社会参与素养。

第一，新媒体认知素养是新媒体素养的前提和基础。由于互联网、移动通信等技术的快速发展，各类新媒体形态以目不暇接之势迅速地进行着迭代和演化；同时，与大众媒体时代相比，新媒体环境下的信息生产与传播也发生了深刻转变——个人而非传统媒介组织成为媒介内容生产的主角；算法分发、社交分发等分发模式向传统媒体的把关人发起强有力的挑战。因此，了解新媒体发展变迁的历程，知晓新媒体环境下媒介内容的生产与传播机制，是认识论层面的基础素养。

第二，新媒体使用素养是新媒体素养的重点。当前，人们对各类新媒体平台，如微信、微博、抖音、小红书、淘宝、美团等平台的使用已达到了相当纯熟的程度，为人们的信息消费、社会交往、网络购物（外卖）等提供了前所未有的便利，但是对新媒体平台使用的熟练度，并不必然提高其使用素养。新媒体的使用素养既指熟练操作各类新媒体平台和工具的能力，更指运用各类新媒体进行自我拓展，即用新媒体为个人学习、工作、生活服务的能力。同时，如何在新媒体使用过程中保护好个人隐私，强化网络安全意识与素养，也是新媒体使用素养中不可忽视的重要一环。

第三，新媒体社会参与素养是新媒体素养的核心。在新媒体时代，通过网络进行公共表达、社会参与已经是一件稀松平常的事情，但当前，网络公共表达呈现出缺乏理性精神的众声喧哗，但这并非网络流行之后的产物，而要追溯到更前的信息筛选和理解能力。正是这些喧嚣的网络信息塑造了人们对各种社会事件的态度和看法，而这些态度和看法又在很大程度上决定了人们会在网络上进行怎样的公共表达。因此，本书认为，新媒体的社会参与素养也包含由低到高的三种能力：一是在海量信息中筛选有效信息的能力，即面对海量且来源复杂多元的信息，人们如何通过搜索技巧、合理的媒体关注设置等自我把关方式，主动寻找全面且平衡的信息，建立起去粗取精、去伪存真的信息筛选能力。二是对芜杂信息的辨识、分析与批判能力。在传统媒体时代，媒介素养就注重培养受众对媒体信息的分析、判断能力，在新媒体时代，个人排除信息环境尤其是群体环境带来的干扰，对所接收到的信息进行批判性解读，保持批判性思维和独立思考能力显得更加重要。三是社会参与能力。这一能力是指建立在信息筛选、批判解读能力的基础上，个人积极参与公共话题交流，发表负责任的信息和言论，尊重公共规则和他人表达，通过理性的沟通与讨论，不断提升个人的社会参与水平。

第三节　本书的总体思路

莱恩·马斯特曼（Len Masterman）指出，媒介教育最主要的目的不在于评价好坏，不在于给学生们具体的评价标准，而在于增加学生对媒介的理解——媒介是如何运作的，如何组织的，它们如何生产意义，如何再现“现实”，谁又将接受这种对现实的再现[①]。因此，本书遵循“增加对媒介的理解”这一思路，沿着上述新媒体素养三个层次的能力依次展开。

第一编为“新媒体认知素养”，主要从新媒体发展历程、信息超载与后真相时代、新媒体时代的泛娱乐化三个方面，介绍新媒体快速演变的历史、新媒体信息生产与传播机制及新媒体时代全民娱乐的显著特征。

第二编为“新媒体使用素养”，主要从微信朋友圈的网络自我呈现、数字时代的个人隐私保护和网络消费三个专题着手，致力于提升读者的新媒体交往素养、网络安全素养和网络消费素养，进而提升个人利用新媒体为个人学习、工作、生活服务的能力。

第三编为“新媒体社会参与素养”，主要从新媒体如何构建我们头脑中的世界、网络谣言有何不同、在信息消费与生产中我们是数字劳工还是文化参与者及如何弥合数字鸿沟四个专题入手，既让读者意识到“新媒体构建的媒介环境”与“大众媒体构建的媒介环境”“现实环境”都不尽相同，也让读者认识到网络谣言与传统谣言、事实真相的不同，进而培养读者的信息筛选能力、批判解读能力，激发读者对公共议题的观察及表达兴趣。同时，通过“数字劳工”和“文化参与”两个不同视角激发个人思考如何在信息消费与生产中保持个体的主体性，通过弥合代际鸿沟、城乡鸿沟提升个人的社会参与能力。

本书针对不同章节主题，会较为宏观地谈到提升新媒体素养的路径与方法。但笔者更希望读者能将本书讲述的内容和各自不尽相同的新媒体实践结合起来，通过个人的媒介实践与思考，真正找到适合自己提升新媒体素养的具体路径，让新媒体更好地为个人的学习、工作和生活服务。

---

① 转引自黄旦、郭丽华：《媒介教育教什么？——20世纪西方媒介素养理念的变迁》，《现代传播》，2008年第3期，第121页。

第一编

新媒体认知素养

第一章　新媒体发展历程

本章学习要点：

1. 掌握新媒体发展四个阶段的特征和主要形态
2. 了解 AIGC 的发展及其可能存在的风险
3. 理解新媒体用户与传统媒体受众的不同之处

自古以来，传播一直都是人类的基本活动和基本追求。人类信息传播与人类自身的产生和发展有着同样悠久的历史。回顾人类传播史，我们发现，除口语传播外，从文字传播、印刷传播、广电传播到网络传播，每次传播革命的发生都是由技术创新带来的。文字传播建立在书写工具、承载工具发明和发展的基础上，印刷传播建立在印刷术、印刷机的发明和应用上，电子传播则建立在以电报、广播、电视、互联网、移动互联网为代表的技术引领和推动基础上。每次传播革命都给人类的政治、经济、文化和社会生活带来不可估量的影响。当下，日新月异的数字信息技术更是促使新媒体不断加速进行着一次又一次的重大变革。

1969 年，互联网的雏形阿帕网（ARPAnet）在美国诞生。阿帕网的出现，与冷战时期的美苏争霸密切相关：1957 年，苏联发射了第一颗人造地球卫星，这直接促成了美国国防部高级计划研究署（Advanced Research Projects Agency，ARPA）的成立，该研究署成立后积极推动了阿帕网的开发。为了应对可能到来的战争，阿帕网的设计目标之一是，即使它受到外来袭击，仍能正常工作。为了实现这一目标，阿帕网采用了分布式的结构，即去掉了中心交换点，形成了一张由许多节点连接而成的网络，这个网络中的任何一个节点被破坏后都不会影响到其他节点之间的通信，每一个节点都有多条途经通过其他节点。分布式结构使互联网从一开始就具备了“去中心化”的特性。1974 年，文顿·瑟夫（Vint Cerf）和鲍勃·坎（Bob Khan）提出了 TCP（Transmission Control Protocol）协议和 IP（Internet Protocol）协议。1983 年，TCP/IP 协议被指定为互联网的标准协议，为所有的网络所采纳，这意味着互联网世界有了统一的“语言”。但此时，互联网因较高的技术门槛，仍局限于专业人士的狭小圈子中。1990 年，供职于欧洲粒子物理实验室的蒂姆·伯纳斯—李（Tim Berners—Lee）贡献了超文本浏览器及相关协议（即每次键入网址时出现的 http）并设计制作了第一个网页浏览器 World Wide Web（简称 WWW，中文也译为万维网），这一发明打破了必须使用命令才能执行网络操作的限制，使普通人也能轻松进入互联网世界，为互联网成为一种大众传播媒介奠定了基础，也带领人们走进新媒体的第一个时代——Web 1.0 时代。

第一节　Web 1.0 时代

Web 是 World Wide Web 的省略语，Web 网站（常被简称为网站）将图像、文本、音频、视频等分散存储在相距甚远的计算机上的信息组织成站点。随着 Web 网站的普及，网站日渐成为互联网主要的信息获取渠道。互联网上的资源不仅可以在一个网页里较为直观地展示出来，而且通过超链接的形式，网页与网页之间的切换也十分方便，互联网上的信息便捷地实现了相互连接。这种实现了人类海量资源共享的技术，就叫 Web 1.0。“Web 1.0”的本质是聚合、联合、搜索，其聚合的对象是巨量、庞杂的海量信息。

Web 1.0 时代新媒体的主要形态有搜索引擎和门户网站。

一、搜索引擎

随着网站的发展，网络信息呈几何级数增长，在信息海洋里，网民想要查找所需的信息，犹如大海捞针一样困难，这时为满足大众信息检索需求的专业搜索技术就应运而生了。搜索引擎的基本形式有两种：一是人工分类目录的搜索引擎（简称分类目录），以雅虎、搜狐为代表，可通过人工读取网页，按照某些分类形式组织信息资源，并提供相应的分类目录。用户查询时不必输入关键词，只需利用鼠标选择符合用户要求的主题类别，并逐层展开分类目录，直到得出网址或相关内容为止。分类目录的优点在于系统准确，结构清晰明了，导航质量高，但是有限的目录难以适应资源量级的迅速增长，搜集组织和维护信息较为困难，因此分类目录仅适用于互联网发展的初期阶段。二是网络蜘蛛型搜索引擎（简称搜索引擎），以谷歌、百度为代表，通过用户输入关键词进行相关检索，主要依靠自然语言处理、信息检索等技术，迅速从海量信息中过滤出与关键词相关的条目。搜索引擎的优点在于不需要过多的人工介入，搜索范围广、信息量大，更新及时；但也有噪声信息较多，查准率较低的问题。

搜索引擎兴起之后，也在不断发展。传统的搜索引擎，以百度为例，拥有充分的技术积累、搜索算法多次优化，随着近年大数据的兴起，又利用大数据技术为用户提供更为个性化、准确度更高的搜索服务。同时，传统搜索也建立起通过搜索广告实现盈利的相对稳定的商业模式，即将广告置放在搜索结果前几栏。然而，随着知乎、微信、微博、抖音、小红书等各类社交媒体平台的崛起，随着用户在社交媒体上停留的时长大幅度地增加，社交搜索已经成为用户搜索信息的重要入口，社交媒体逐步跃迁为新的信息检索平台。小红书首席运营官表示，“搜索”已经成为小红书用户最高频的使用行为之一，目前有60%的每日活跃用户会在小红书上主动搜索，日均搜索查询量接近3亿次①。大量真实的、实时的、个体的生活经验成为小红书平台最大的信息资源优势。社交平台的“搜索引擎化”趋势越来越明显，这也引发了关于社交媒体搜索能否替代传统搜索引擎的思考。

**知识窗**

雅虎兴衰史

1994年，两位斯坦福大学的学生杨致远和大卫·费罗创建了雅虎网站，集结了网站站点进行分类，为用户提供查询服务。彼时互联网正处于蛮荒时代，还未出现一个成熟的搜索引擎或者网站导航，因此，能进行简单搜索的雅虎迅速赢得了网民的喜欢。在当时，使用雅虎就是上网的同义词。此后，雅虎不断对网站进行完善，建立了集搜索引擎、电子邮箱、即时通信、网页广告和网站建站平台于一体的生态系统。有资料显示，1999年接近半数的网民都使用雅虎。

1998年，谷歌创始人拉里·佩奇和谢尔盖·布林打算以100万美元的价格将谷歌的雏形“BackRub”（网络爬虫）项目卖给雅虎，但雅虎仅答应

① 王晓蒙：《社交媒体“搜索引擎化”的特点与优劣势分析——以小红书为例》，《新媒体研究》，2024年第4期，第103页。

了和谷歌合作搜索引擎项目。2005 年左右，雅虎在美国本土搜索引擎市场的领导地位被谷歌动摇，在中国市场则被百度超越。

2006 年，雅虎报价 10 亿美元收购脸书，双方意见基本达成一致，但雅虎突然在签约前将收购价下调至 8.5 亿美元，结果脸书创始人扎克伯格拒绝了签约。如今脸书已成为全球社交巨头，雅虎少付的 1.5 亿美元，连如今脸书市值的零头都不够。

雅虎从 2000 年的千亿美元市值一路下跌。2016 年 7 月 25 日，美国电信巨头 Verizon（威瑞森）以 48 亿美元收购雅虎的核心业务，一代互联网巨头正式陨落①。

二、门户网站

20 世纪 90 年代，互联网进入大众传播领域之初，最先出现的公共传播渠道就是门户网站。门户网站是指通向某类综合性互联网信息资源并提供有关信息服务的应用系统，能为用户提供包括新闻、搜索引擎、聊天室、邮箱、电子商务、网络社区、网络游戏等在内的各类信息服务。1998 年，新浪、搜狐、网易等典型的门户网站迅速兴起。门户网站作为内容的集成商，能将众多媒体的内容聚合在一起，并以互联网独具特色的连续滚动报道和链接提供海量的新闻和评论，对传统媒体形成了第一轮冲击。

搜索引擎、门户网站实现了内容与内容的连接，解决了人们对信息搜索、聚合的需求，但在调动用户的互动性、参与性上仍有不足。

第二节　Web 2.0 时代

1999 年，“Web 2.0”的说法开始出现，但这个概念直到 2004 年才被普遍认可和使用。2004 年，蒂姆·奥莱利（Tim O'Reilly）创办的 O'Reilly Media 公司联合多家公司发起了首届 Web 2.0 大会（Web 2.0 Conference），这一会议预示着 Web 2.0 应用的兴起与普及。奥莱利也被视为 Web 2.0 思想的代表

---

① 匡文波：《新媒体概论（第三版）》，中国人民大学出版社，2019 年，第 81～82 页。

人物。2004 年以来，互联网开始了新一轮的变革，其变革的核心就是提升用户的参与度。

虽然 Web 2.0 的定义难以统一，但人们的共识是，它是指允许用户广泛参与网站内容建设和交互的技术，网络不仅是“可读”的，也是“可写”。相比 Web 1.0，Web 2.0 具有强烈的交互性、个性化等特征，从以内容为中心转变为以人为中心①。与 Web 2.0 相关联的，还有一个概念是 UGC（User Generated Content），即用户生产内容。在这一时期，那些由网民上传文字、图片、视频、音频等内容的网站被统称为 UGC 网站，在 Web 2.0 应用的推动下，网民而不是网站的运营者日益成为网络内容的重要生产力量。

Web 2.0 时代新媒体的主要形态有博客、SNS（社交网站）等。

一、博客

“博客”来源于英文 Weblog，即 Web 和 log 的组合词，log 有日志之意，因此，Weblog 指一种在网络上以个人为中心的流水记录，也被称为“网络日志”。在博客网站上，人们几乎可以“零门槛”地在网络上创建个人博客账号，从而获得一个专属于自己的网络空间，用来发布文章或图片等内容。与早于博客出现的 BBS（Bulletin Board System，网络论坛）相比，博客是以“个人为中心”而非以“话题为中心”的方式聚合人群。

1998 年 1 月 17 日，麦特·德拉吉（Matt Drudge）因在他的个人博客“德拉吉报道”（Drudge Report）上率先曝出克林顿“拉链门”事件而轰动一时，德拉吉报道因此被看作第一个成功影响美国政治的博客。2001 年的“9·11”事件成为博客发展的另一个标志性事件，即对“9·11”事件最真实、最生动的描述不在《纽约时报》上，而在那些幸存者的博客日记中。此后，博客为越来越多的人所熟知。博客在中国引入稍晚，2002 年，方兴东和朋友一起推出了“博客中国”（www.blogchina.com）网站，并于 2003 年与王俊秀合作出版了国内第一部关于博客的著作《博客——E 时代的盗火者》。2003 年底，《新周刊》杂志社、搜狐网、华娱电视联合主办了“2003 年度新锐榜”活动。“博客中国”出现在该年度“新锐榜候选传媒的候选榜单”中。新锐榜在候选理由中是这样描述博客的：“博客”（BLOG）模式是继 Email、BBS、ICQ（IM）之后出现的第四种网络交流方式，一种媒体形式——“个人媒体”，是一个中

① 彭兰：《网络传播概论（第 5 版）》，中国人民大学出版社，2023 年，第 5 页。

立、开放和人性化的精选信息资源平台①。

2005 年，我国大规模的商业化博客平台开始出现。新浪、搜狐两大门户网站先后推出博客服务，并通过推出名人博客、博客大赛等一系列商业营销活动，对博客的商业化发展起到了重要的促进作用。根据 CNNIC 于 2006 年 7 月发布的数据，在中国网民使用的网络服务中，使用博客服务的比例为 23.7％。也就是说，到 2006 年上半年，中国网民的博客使用人数约为 2900 万②。博客在此后短短几年时间内迅速发展、广泛普及。

博客的普及，一是“个人中心”的传播模式（见图 1－1）对过去“机构中心”传播模式的冲击，以多中心的方式削弱了传统传播机构的影响力。二是博客作为公共话语空间赋予大众参与公共话题表达的权利。2005 年 11 月 26 日 8 时 49 分，江西九江、瑞昌间发生了 5.7 级地震，一位家在武汉的网友通过博客网在 9 点 04 分发出“武汉发生地震，有较强的震感”的消息，比主流媒体的相关报道提早了一刻钟。之后，南昌、瑞昌、武汉等地的博客在日志详细记录了地震的感受。这是国内博客首次自发地进行群体性新闻现场报道。三是博客使大量的个人生活大规模浮现于公共平台。2005 年博客大规模商业化后，大量普通人入驻博客，他们热衷于在博客记录个人生活、开展网络社交活动，使家长里短的小事和流水账式的个人生活记录大规模地浮现于公共空间，博客空间的个人表达呈现出日常化、社交化、娱乐化、感性化的特点。

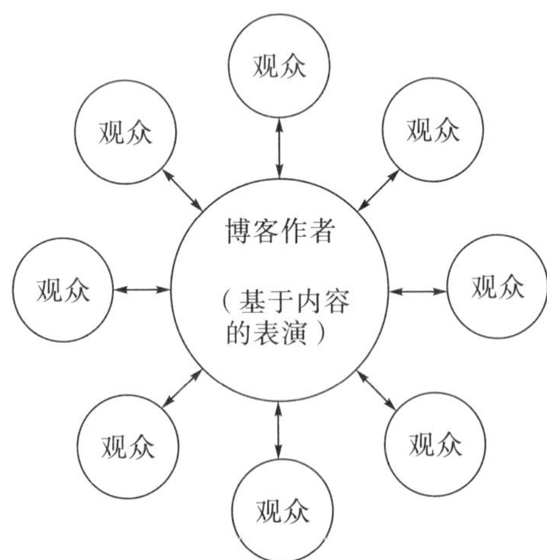

图 1－1　博客“个人中心”的传播模式③

① 转引自彭兰：《社会化媒体理论与实践解析》，中国人民大学出版社，2019 年，第 156 页。

② 转引自彭兰：《社会化媒体理论与实践解析》，中国人民大学出版社，2019 年，第 157 页。

③ 彭兰：《网络传播概论（第 5 版）》，中国人民大学出版社，2023 年，第 74 页。

2009 年，随着微博的兴起，博客应用大大萎缩。2017 年 4 月，搜狐博客正式停止服务。2019 年 4 月，新浪博客在自行暂停更新 1 个月后关闭。

二、SNS：社交网站

SNS 是 Social Networking Service 的缩写，中文译为“社会网络服务”，也被称为“社交网络”或“社交网站”，是一种帮助人们建立社交网络或社会关系的互联网应用。SNS 是人们基于现实身份进行交流的平台，是现实社会中社会关系与社交关系的映射与拓展。在国外的代表网站是脸书（2022 年 3 月更名为 Meta）。2004 年，脸书刚建立的时候只对哈佛校友开放，注册时需要使用带有 harvard. edu 的电子邮箱。2005 年起，脸书逐步向高中生、企业开放，后来成为完全开放的社交网站。但脸书在管理上，一直坚持一定程度的限制原则，如要加入某企业，必须使用企业专属的. com 电子邮件地址；要加入某个高中群，必须通过管理员的验证等。

SNS 在很大程度上印证了“六度分隔理论”（six degrees of separation）。该理论浅显的解释是：你和任意一个陌生人之间的间隔不会超过六个人，最多通过六个人你就能够认识任意一个陌生人。实际上，六度分隔理论表达的是任何两位素不相识的人之间总能产生某种关系。

知识窗

小世界实验

20 世纪 60 年代，当时在纽约城市大学工作的社会心理学家施坦利·米尔格兰姆（Stainley Milgram）等人设计了一组小世界实验，该实验的目的是研究两个随机选择的人之间相互认识的概率，并尝试寻找任意两个节点之间的平均路径长度。米尔格兰姆实验设计了一条通信链，起点是美国内布拉斯加州的奥马哈和堪萨斯州的威奇托，终点是马萨诸塞州的波士顿，选择这些城市是因为人们普遍认为它们在地理和文化上都相距甚远。实验内容是将含有一位波士顿股票经纪人名字的信件随机发送给居住在起点城市的一组人，并要求每个收信人都要将这封信寄给自己认为比较接近那个股票经纪人的朋友，朋友收信后照此办理。每一个经手信件的人都需要在随邮件附送的花名册上登记自己的信息，以便米尔格兰姆团队追踪通信的进展。

实验开始后不久，信件就陆续抵达终点波士顿的目标联系人手中，最终，296 封信件中的 64 封成功寄达。其平均路径长度大致落在 5.5～6.0 这个区间。因此研究者得出结论：美国社会网络中人与人的距离大约平均为 6。米尔格兰姆的小世界实验被广泛认为是六度分隔理论的学术源头。然而事实上米尔格兰姆本人并未使用过六度分隔这个术语，该实验的论文成果“An Experimental Study of the Small World Problem”也未曾出现过“six degrees of separation”这一表述。小世界实验的结论仅仅是“美国社会网络中人与人的距离大约平均为 6”。米尔格兰姆的研究展示了小世界网络的特点：网络规模可以很大，但是其半径可以很小[①]。

2012 年 1 月，米兰大学的研究者发布的研究报告《四度分隔》指出，一项针对 7 亿多脸书用户进行的研究显示，在脸书上两个人之间的中间者平均为 3.74 个，也就是分隔度为 3.74 度。这意味着，六度分隔的世界已经被脸书缩小为四度。

社交网站在中国的发展相对弱势。2005 年 12 月，中国最早的校园社交网站校内网成立。校内网以学生用户群体为主，2009 年更名为人人网。2008 年，国内第一家以白领用户为主的社交网站开心网成立，2012 年人人网、开心网实现互联互通。但由于微博、微信等应用的冲击，这两个 SNS 平台都已衰落。虽然有研究者认为微博、微信也属于 SNS 的一种，但其中仍有不少差别：SNS 更强调社交偏向，微博更强调媒体偏向，微信除融合社交偏向（朋友圈、即时通信）、媒体偏向（公众号）外，还发展出群体偏向（微信群），因此，本书将微博、微信与 SNS 分开进行研究。

第三节　移动互联网时代

3G 时代实现了手机终端和互联网的结合，开启了全新的移动互联网时代。3G（3rd-Generation）即第三代移动通信技术，指无线通信与互联网等多媒体通信相结合的新一代移动系统。它突破了 2G 时代手机仅有的语音通话、短

① 段鹏：《智能媒体传播》，中国人民大学出版社，2022 年，第 147～148 页。

信、彩信等基本通信功能，能够处理图像、音乐、视频流等多种媒体形式，提供网页浏览、电话会议、电子商务等多种信息服务。2009 年初，工信部分别为中国移动、中国电信、中国联通发放了 3G 牌照，标志着中国进入了 3G 时代。在 3G 时代，微博、微信等移动新媒体应用相继崛起，淘宝、京东等移动电子商务迅速发展。值得一提的是，中国移动的 3G 采用的是 TD－SCDMA 技术标准，中国电信采用 CDMA2000 标准，中国联通采用 WVDMA 标准。其中，TD－SCDMA 技术标准是中国拥有自主产权的 3G 技术标准。

4G 时代，即第四代移动通信技术，又称“高级国际移动通信”（IMT－Advanced）。相比于 3G，4G 能够提供更高速的数据传输服务，实现了手机互联网化的全面革新。2013 年 4G 牌照发放后，仅一年多时间，我国就建成了全球规模最大的 4G 网络。4G 时代激发了以短视频为代表的视频业务和移动支付，催生了扫码支付、刷脸支付，点燃了共享经济。目前 4G 技术主要采用 TD－LTE 和 FDD－LTE 两种技术标准，其中前者为中国拥有自主产权的 4G 技术标准。

2019 年 6 月，工信部向中国电信、中国移动、中国联通、中国广电发放 5G 商用牌照，中国正式进入 5G 商用阶段。5G 有三个显著的技术特性：一是高速率，5G 用户体验速率可达 100Mbps 至 1Gbps；二是低时延，即数据传输时，端到端所需时延可达毫秒级；三是大连接，如果说 1G 到 4G 解决的是人与人之间的通信，5G 则侧重解决人与物、物与物的通信，实现了“随时随地万物接入”，也即通过万物互联实现全程跟踪、随时连接。在移动互联网技术领域，我国的移动通信技术也完成了 3G 追随、4G 并跑、5G 领先的过程。

移动互联网时代新媒体的主要形态有微博、微信、视频社交平台等。

一、微博

微博，即微博客（microblog）的简称，在形式上，微博与博客最大的不同在于，以简短的文字更新信息并实现即时分享。2006 年，推特（2023 年 7 月更名为 X）公司成立，在一次公司会议上，首任推特董事长提出将短信群发服务引入网络中的构想，以增加传统博客的移动性，从而让人们可以在任何地点更新博客。2007 年，在“西北偏南音乐节”（South by Southwest Festival，SXSW）上，推特将两块 60 英寸的等离子显示屏放置在音乐大厅的走廊里，上面展示的是来自推特的短信息。在节日期间，来参加音乐节的人们用推特记录彼此的联系方式，推特的日发帖量从 2 万剧增至 6 万，为其迅速打开了市场。

2007 年 5 月，我国最早的微博应用“饭否”出现。2009 年 8 月，新浪网推出微博内测版，一年之后用户数达到 5000 万。微博的传播特点主要有以下几点：一是内容的微型化。推特的容量上限是 140 个字符，新浪微博早期的上限为 140 个汉字，后来虽解除了字数上限的限制，但人们已经习惯微博内容的短小精干。微博内容的微型化不仅充分体现了“微”的特点，更重要的是使个体参与信息传播的门槛进一步降低，激发了更多人的参与热情。二是传播的移动化。虽然微博早期是基于 PC 端开发使用的，但随着智能手机的兴起，微博推出移动客户端，其使用频率大大增加。当“微内容”与移动传播两个特点结合起来，微博的内容构成也更为丰富。三是微博成为重要的公共话题平台。微博既能保证以个人为中心的个人表达，又能通过话题的聚集和深度讨论，体现出较强的大众传播属性，即媒体的偏向。

二、微信

2011 年 1 月，微信测试版上线。微信因支持跨通信运营商、跨手机操作系统平台通过网络实时发送免费（仅消耗少量网络流量）的文字、图片、语音和视频等，迅速受到大众的喜爱。目前，微信已经发展成为集提供即时通信，支持朋友圈、公众号、视频号，共享流媒体内容分享，共享位置信息及运行社交插件等多种功能于一身的综合社交平台。微信的快速崛起，除了产品本身的功能强大，搭上移动互联网发展的“早班车”也是重要原因之一：2012 年 6 月底，我国手机网民数量（3.88 亿）首次超过 PC 端网民数量（3.8 亿），手机超越计算机成为使用量最大的网络终端。

微信的价值主要体现在以下几个方面：一是作为社交平台的价值。微信最早是作为社交产品诞生的，社交既是其核心功能，也是支持其他功能的基础。微信的点对点即时通信功能让它的社交黏性更强，朋友圈使用户间的交流更广泛、更密切，而微信“摇一摇”功能进一步拓展了移动社交平台的空间和场景意义。二是作为媒体的价值。微信因其社交属性拥有了庞大的用户，因此媒体、企业、政府机构及“自媒体人”以公众号的形式在微信平台上发布信息，从而使微信具有了媒体属性。当公众号的信息通过朋友圈、微信群或点对点的方式发送时，公众号内容的价值能被迅速放大。三是作为生活服务平台的价值。微信兼具社交属性与媒体属性，具有向生活服务平台扩展的可能。2013 年 8 月，微信推出“微信支付”功能，通过与“滴滴打车”合作，在春节期间推出“抢红包”等活动，向网络支付领域的老大支付宝发起强有力的挑战。网络支付实际上是互联网生活服务的核心，几乎所有的服务都与支付有关。微信支付使腾讯能全方位地向移动互联网的生活服务领域扩张，使微信成为移动互联网世界社交、内容和服务的综合入口。

三、视频社交平台

视频网站是以传播视频信息为主的网络媒体。2005 年，YouTube 网站成立。2005、2006 年，我国最早的视频网站土豆网、优酷网相继成立。这类视频网站与传统的视频点播有所不同，它们允许用户上传视频内容，促进了个体的自我表达，开创了新的互联网文化。其中，较为著名的案例是《一个馒头引发的血案》。

**案例**

一个馒头引发的血案

2005 年 12 月，陈凯歌导演执导的电影《无极》上映后，中国网友胡戈将电影《无极》、中国中央电视台社会与法频道的《中国法治报道》以及上海马戏城表演的视频资料等进行重新剪辑，并进行深度改编，制成 20 分钟的短片《一个馒头引发的血案》。该片在网络上一经发布，便迅速蹿红，其影响力甚至超过电影《无极》本身。

进入移动互联网时代以来，尤其是随着 3G 到 5G 的迅速演化，移动互联网高速率、低时延的特性越来越突出，用户在移动终端的视频消费比重越来越大，基于社交平台的视频生产与消费需求日益旺盛，视频社交平台开始发展起来。2011 年，“GIF 快手”出现，这是一款用来制作、分享 GIF 图片的手机应用。2012 年，快手转型为短视频社区，逐渐成为用户记录、分享生活的平台。2016 年 9 月，字节跳动公司推出音乐创意短视频社交软件——“抖音”。2017 年，推出了“抖音”的国际版“TikTok”，很快风靡全球。

以快手、抖音为代表的视频社交平台的特点主要表现为：一是日常生活的媒介化。学者彭兰指出，当普通人拥有了视频记录权、创作权，有了更多表达方式、现身机会和存在感后，他们逐渐形成了一种新的生存方式，即日常生活的媒介化①。而当众多的、微观的、个体的日常生活以影像的方式在互联网上涌现后，就可以拼贴成为一幅幅社会生活画卷。二是新闻短视频化。当越来越多的用户（特别是短视频用户）聚集在视频社交平台时，媒体也开始入驻这些短视频平台。2019 年 8 月，《新闻联播》节目正式入驻抖音、快手两大平台，以“主播说联播”的形式，对当天《新闻联播》中的重点话题进行讨论。三是艺术创作的短视频化。短视频平台的出现，吸引了大量用户自编、自导、自演的微短剧。“人人都是戏精”的潜力被激发出来。Papi 酱以戏剧性的方式再现和调侃生活，使她获得众多关注。此外，长视频和短视频平台之间亦逐步由竞争转向合作：长视频为短视频提供内容的源头活水，而短视频日益成为影视作品重要的宣传推广方式。四是社交短视频平台日益成为集社交、媒体、教育、电商等功能于一身的新一代生活服务平台。基于视频手段的，以个体为中心的短视频平台是以弱关系为主的社交网络，在某种程度上能缓冲微信朋友圈等以强关系为主的社交平台带来的约束和压力。当《人民日报》《新闻联播》和“新华社”等媒体入驻抖音、快手等视频平台，社交视频平台的媒体性质得以突显。同时，抖音、快手等视频平台均在积极探索知识内容的视频化生产新路径。如抖音于 2019 年发起的“DOU 知计划”旨在推进全民短视频科普行动，2022 年以来陆续开辟“抖音公开课”“在抖音学习”等官方账号，助力短视频知识生产。快手自 2021 年推出“快手新知播”的知识直播活动，至今已带来上万场知识直播，其中第二季活动全网总曝光量达 346 亿。2020 年以来，网络直播飞速发展。其中，直播电商异军突起，与传统电商平台淘宝、京东等几成均势。可见，社交视频平台已迅速成长为互联网上新的综合性的生活服务平台。

知识窗

强关系、弱关系理论

美国社会学家马克·格兰诺维特（Mark Granovetter）于 1973 年在其论文《弱关系的力量》（The Strength of Weak Ties）中提出了强关系和弱关系理论。他认为，每个人接触最频繁的是自己的亲人、同学、朋友、同事，这构成了一种十分稳定的、传播范围有限的社会认知，即“强关系”

① 彭兰：《视频化生存：移动时代日常生活的媒介化》，《中国编辑》，2020 年第 4 期，第 34 页。

(strong ties) 现象；同时，还存在更为广泛的、更为肤浅的社会认知，例如被无意间提到或者打开媒体偶然看到或听到的一个人。他把这种关系定义为“弱关系”(weak ties)[①]。

从强关系和弱关系理论出发，我们认为，微信朋友圈是以强关系为主的社交平台，微博、抖音、小红书等是以弱关系为主的社交平台。

第四节　智能传播时代

在移动互联网、大数据、物联网等技术发展的基础上，人工智能技术的加入，进一步影响着传播的发展。人工智能技术是智能传播时代最直接、最基础的技术。人工智能（artificial intelligence，AI）是智能媒体传播赖以发展的关键技术之一。早在 1950 年，艾伦·图灵（Alan Turing，1912—1954）在其论文《计算机器与智能》中就提出了“机器智能”（mechanical intelligence）的概念。早期人工智能研究旨在摸索并生产出一种与人类智能反应方式相似的智能系统，包括语言识别、图像识别、推理判断等功能。在图灵去世两年后的 1956 年，被称为“人工智能之父”的约翰·麦卡锡（John McCarthy，1927—2011）正式提出了“人工智能”的概念，人工智能被定义为“研制智能机器的一门科学和技术”。他还提出“能够精确且全面地描述人类智能的学习行为及其特征，并制造出机器对其进行模拟”的研究构想[②]。但由于技术预想与实践能力的暂时脱节，1956 年以来，人工智能的发展一直处于低谷，直到 20 世纪 70 年代，“专家系统”的出现才使人工智能技术获得一定的发展。专家系统将人类的知识总结出来训练机器，从而使之获得模拟专家的智能。1997 年，IBM 著名的“深蓝”国际象棋计算机击败了当时世界排名第一的俄国棋手加里·卡斯帕罗夫。“深蓝”就是专家系统的杰出代表。

借助第五代计算机技术的迅猛发展，人工智能技术和应用在 20 世纪 90 年代再次崛起。21 世纪，随着大数据、云计算、物联网等信息技术的发展，以深度学习为基础的诸多人工智能应用逐渐成熟。当下，人工智能技术无限拉近

---

① 匡文波：《新媒体概论（第三版）》，中国人民大学出版社，2019 年，第 108 页。

② 转引自段鹏：《智能媒体传播》，中国人民大学出版社，2022 年，第 24 页。

了人与机器（或软件程序）的距离，机器逐步实现对人类行动能力、感知能力和认知能力的模拟，这种人机结合的出现重塑了人在传播中的身份角色。智能机器在传播中的角色也发生了关键变化，它不仅是传播的工具与渠道，还是内容的生产者与传播者。

一、传媒业的“智媒”化实践

2015 年，国内传媒业开始了“智媒”化实践，探索将人工智能技术引入到内容的生产、分发等环节。智媒实践的目标，不是让机器替代人完成所有的内容生产工作，而是使人与机器形成协同工作关系，提高内容生产质量及内容分发效率。智能技术的应用给新闻采集、新闻生产、新闻分发和新闻消费四个环节都带来了新的变化。本书将在第二章专题讲解基于算法的智能化分发，此处主要介绍智能化新闻采集、生产和消费三个环节。

（一）智能化新闻采集

智能技术为新闻采集带来了全新的路径，主要是无人机、物联网传感器（包括摄像头）等新工具的使用，为后续的新闻生产提供了更为精确、丰富和生动的材料。无人机可以进入人难以进入的场景，无人机的航拍可提供难得的影像资料。传感器拥有传统媒体技术所不具备的探测和预知信息的能力，2021 年 7 月北京特大暴雨的预警新闻就是典型案例。同时，物联网传感器可以实现全天候信息采集，从而弥补人的采访素材的不足，如在“重庆大巴车坠江事件”中，摄像头采集的视频成为事件反转的关键证据。此外，交通摄像头、行车记录仪或智能手机采集的各类影像资料，也成为新闻素材的重要来源。

（二）智能化新闻生产

智能技术在应用到新闻生产层面后，出现了机器人写作、数据新闻等多元化的新闻样态。

案例

机器人25秒写出九寨沟地震报道

2017年8月8日21时19分，四川九寨沟地震，机器人用25秒写了全球第一条关于这次地震的速报。这条速报由中国地震台网官方微信平台推送，是全球首发。

这篇标题为《四川阿坝州九寨沟县发生7.0级地震》的速报全文540字，内容包括速报参数、震中地形、热力人口、周边村镇、周边县区、历史地震、震中简介、震中天气、产出说明和4张图片。

这则速报的作者为"地震信息播报机器人"，它是国家地震台网研发的智能机器人①。

国内外也已涌现了一批赫赫有名的写作机器人，包括美联社的"Wordsmith"、腾讯的"Dreamwriter"、新华社的"快笔小新"、今日头条的"Xiaomingbot"（张小明）、第一财经的"DT稿王"等。机器人新闻写作已经在新闻生产中得到了广泛应用，它最适用的领域是体育新闻、财经新闻和天气新闻。

数据新闻，指的是对数据进行分析和过滤，从而创作出新闻报道的方式。目前，中国的数据新闻制作团体主要有新华网主办的《数据新闻》栏目、网易主办的"数读"公众号、腾讯新闻主办的"谷雨数据"，以及DT财经主办的"DT数说"等。如在2020年两会期间，新华网发布了数据新闻作品《共振时刻：2020年〈政府工作报告〉AI声像分析》，首次运用"5G+AI"技术，以视频的形式总结呈现出政府工作报告赢得的37次掌声，以音频共振的形式来表现国家和人民对于未来工作的信心与期待。

（三）智能化新闻消费

用户获取新闻的终端已经从报纸、电视向智能手机转移，人们获取新闻的场景发生了巨大的变化，因此，新闻消费出现沉浸式、参与式的新趋势。虚拟现实新闻就为观众提供了"身临其境"的沉浸式体验。如今，国内外各大新闻

---

① 李艳：《九寨沟7.0级地震　机器人记者25秒写出540字新闻》，https://society.huanqiu.com/article/9CaKrnK4Bn6。

报社都尝试将虚拟现实融入新闻报道之中。如，在2018年两会期间，新华社发布增强现实新闻《AR看两会：政府工作报告中的民生福利》，用户通过新华社新闻客户端下方小新机器人，扫描居民身份证国徽面，即可获得习近平总书记的办公室人工智能立体模型，受众通过点击画面，就能够用新颖的方式浏览政府工作报告。受众可根据自己的兴趣爱好点选不同的新闻内容，也可以把自己的想法和意见通过实时互动展现出来，还可以完成与记者之间的互动。

二、社交机器人

社交机器人是一种既没有外在人格形象，也没有内在人格特征，存在于社交网络中的，由自动化程序操纵的账户。社交机器人可以基于特定的脚本模仿人类的行为，进行内容的生产、扩散。此外，机器人还可以通过互相关注进行自我推广，以构建看似真实的社交网络。

早在2014年12月，美国《连线》杂志便刊发了一篇名为《网络机器人数量现已超越人类》的特刊文章。文章指出社交机器人已自动生成了社交媒体平台上约60%的内容[①]。2017年，就有学者估计，活跃的推特账户中有9%至15%是机器人；同年，皮尤研究中心研究了120万条带有URL链接的推文，发现其中66%疑似由机器人账号发布[②]。

社交机器人相比普通用户更加活跃，主要见于各类政治事件相关领域。研究者发现，在英国脱欧的讨论中，最活跃的脱欧派与留欧派账号都是机械转发新闻的机器人。2016年美国总统大选中，在选举前几天，社交机器人生产的推文占总量的25%，但在选举后第二天，自动化推文的比例显著减少。社交机器人会生产有利于某一方的推文以营造虚假的民意支持，同时，机器人的转发行为可以引起公众注意力资源的重新分布。社交机器人账号还能随着事件更替，删除其先前的推文、改变显示用户名后以新面目出现。

---

① 转引自段鹏：《智能媒体传播》，中国人民大学出版社，2022年，第156页。

② 转引自师文、陈昌凤：《分布与互动模式：社交机器人操纵Twitter上的中国议题研究》，《国际新闻界》，2020年第5期，第63页。

案例

2016 年美国总统大选中的社交机器人

在 2016 年的美国大选中，有计算机科学家惊讶地发现，“社交机器人”也成为在社交媒体上影响美国政治的一个重要因素。与几年前出现的“僵尸粉”不同，“社交机器人”组成的“水军”已不仅仅为某个政界人士增加粉丝量、让其看起来更受欢迎，而是更多地参与政治话题讨论，与其他用户互动，影响他们的政治观点和决定。

美国一项研究报告显示，在 2016 年美国大选中，当选总统特朗普和希拉里·克林顿等参选人在社交平台上唇枪舌剑，其间不少相关言论都来自“社交机器人”。研究人员通过检测算法发现，大选相关推文中约 19%来自“社交机器人”。南加州大学信息科学院科学家埃米利奥·费拉拉认为：“近期已有多项研究结果显示，人们的观点会受到他们从网络上所获取信息的影响，而这些社交机器人可以起到左右人们观点的重要作用。”

更重要的是，这些帮美国总统候选人打擂台的“社交机器人”不仅影响选举政治，更已影响经济和社会。在经济领域，那些未经核实的信息被“机器水军”植入或传播、放大后，对敏感的股市造成的影响尤为明显。2016 年 4 月，黑客盗取美联社推特账号，发布“白宫遭到恐怖袭击”的虚假消息，造成美股大幅震荡①。

师文、陈昌凤的论文《分布与互动模式：社交机器人操纵 Twitter 上的中国议题研究》以推特上中国议题的分布与互动为分析对象，在抓取 358656 条推文并测量用户的机器人评分后发现，与中国相关的推文中有超过 20%疑似由机器人用户发布，这说明社交机器人的存在能增加人类用户对于有关中国议题的特定信息的接触②。同时，在转发网络中，有 10.07%的人类用户曾从机器人用户处转发推文；在提及关系网中，有 10.05%的人类用户曾在推文中提及机器人；在引用关系网中，有 6.21%的人类用户曾经引用机器人的推文；

---

① 郭爽：《记者手记：“机器水军”影响美国政治》，http://www.xinhuanet.com/world/2016-11/30/c_1120025851.htm。

② 师文、陈昌凤：《分布与互动模式：社交机器人操纵 Twitter 上的中国议题研究》，《国际新闻界》，2020 年第 5 期，第 61 页。

在回复关系网中，有5.73%的人类用户曾对机器人发起对话①。这4组数据说明，在中国话题下，有相当比例的人类用户曾受到过机器人的直接影响，愿意向机器人发起互动。可见，社交机器人能通过增加用户对特定传播内容的接触、促进信息扩散的路径、营造虚假意见气候，从而在推特上操纵中国议题。而此前国外研究者曾分析过中国的微博上官方政治信息下的150万条评论以及推特上与中国政治相关的110万条推文，认为微博数据中几乎没有自动化痕迹。

三、AIGC的发展与思考

随着AIGC（Artificial Intelligence Generated Content，人工智能生成内容）技术的发展，普通人也拥有了与机器协同创作的机会，人机协同逐渐从行业内的应用向生活常态扩展。

（一）从ChatGPT到Sora

ChatGPT是由OpenAI开发的人工智能聊天机器人应用，于2022年11月上线，上线不到一周用户即突破100万，两个月时间吸引活跃用户超1亿人，成为历史上用户增长速度最快的应用程序。ChatGPT不仅以高度拟人化的对话问答模式带来舒适的交互体验，而且还能与各行各业结合，衍生出无限的应用场景。如ChatGPT可以帮助用户完成文本题目拟定、结构概述等文案写作任务；帮助用户快速制作电影解说、结合简单的插件功能实现视频剪辑自动化等。

ChatGPT横空出世后仅一年多时间，2024年2月17日，OpenAI又发布了文生视频大模型Sora。用户只需要输入简单的文字表述，即可生成一段画面流畅、细节丰富、符合运动规律的超精细短视频，这标志着AIGC从文字、图片拓展到了视频领域。Sora发布的第一段视频是根据下面这段文字自动生成的："一位时尚女性走在东京街头，周围是温暖发光的霓虹灯和动态城市标志。她穿着一件黑色皮夹克、一条长款红色连衣裙和黑色靴子，手拎黑色手提包。她戴着墨镜，涂着红色口红，自信而随意地行走。街道潮湿反光，形成了多彩灯光的镜像效果。许多行人在街上行走。"在Sora自动生成的视频中，只

---

① 师文、陈昌凤：《分布与互动模式：社交机器人操纵Twitter上的中国议题研究》，《国际新闻界》，2020年第5期，第75页。

见一位戴着太阳镜，涂着红色口红，身穿黑色皮夹克、红色长裙的时尚女郎自信而又随意地走在布满霓虹灯和标牌的东京街道上。镜头从大街景慢慢切入女郎的脸部特写，白色的斑马线及周围的街景在她戴着的太阳镜上形成镜面效果。Sora 发布的这段样片反映出它不仅能准确呈现出文字描写的细节，还能理解物体在物理世界中的存在。因此，视频刚一发布，就吸引了全球的目光。

其实 Sora 并非首个文生视频模型。2022 年 9 月，Meta（原脸书）公司发布了人工智能系统 Make－A－Video；一个月后，谷歌展示了 Imagen Video。2023 年 3 月，网上流传着一段视频，一位名叫 Reddit 的网友使用开源 AI 工具 Model Scope 模型生成了一段十分怪异的威尔·史密斯吃意大利面的情景。2023 年 5 月，曾被认为是文字视频领域领跑者的 Runway 使用影片制作模型 Gen－2 制作了一个名为《合成夏日》（*Synthetic Summer*）的啤酒广告，其中充满了怪异扭曲的画面。那时，普通观众仅凭肉眼就可以轻松判断这些视频是否为机器自动生成。但 Sora 生成的视频，其逼真程度已经远超此前所有的 AIGC，让人难辨真假。因此，Sora 被认为是继 ChatGPT 发布以来人工智能发展的又一重要里程碑。

案例

《中国神话》：国内首部“AI 全流程微短剧”

2024 年 3 月 22 日，我国首部 AI 全流程微短剧《中国神话》与受众见面。《中国神话》共六集，分别为《补天》《逐日》《奔月》《填海》《治水》《尝百草》。短剧从一个个经典神话故事起笔，借助 AI 技术拓展人们对神话的常规想象，再通过经典意象和当下人类社会的深度链接，展现民族精神的时代回响。该剧由央视频、中央广播电视总台人工智能工作室联合清华大学新闻与传播学院元宇宙文化实验室推出，其美术、分镜、视频、配音、配乐全部由 AI 完成[①]。

在内容方面，《中国神话》以神话故事为触媒，将经典的上古神话传说与当下人们的社会生活进行连接。例如，在《补天》中，话题就从女娲补天的传说跳接到当代关于臭氧层空洞为人类带来灾难这样的生态环保话题，

---

① 黄佐春：《国内首部！AI 全流程微短剧〈中国神话〉启播　总台央视频 AI 频道上线》，https://www.cctv.cn/2024/03/22/ARTImxwnEZa0LYYPusv8E57A240322.shtml。

让两者之间有了呼应关系。而在《填海》中，精卫填海的执着精神与现代人类用先进技术和装备来改变大海的形态、建设海上机场进行了古今对话。

在技术上，AI技术的运用与这些上古神话传说的内容表达相得益彰。那些神秘奇诡的画面借由AI技术得以呈现，十分具有表现力和震撼力，也拓展和延伸了观众的想象力。在AI技术的加持下，古老的中国故事焕发了新的活力。

除《中国神话》外，中央广播电视总台还推出多部由AI技术参与制作的作品，如微短剧《AI看典籍》、动画片《千秋诗颂》、微纪录片《来龙去脉》等。这些AI参与的影视节目创作，是人工智能生成影像技术的中国化实践，也意味着中国的视听产业跨越到了一个新的历史阶段，但仍在不断地进行新的探索和尝试，并在这个过程中不断地自我更新与迭代升级[①]。

（二）AIGC可能存在的风险与问题

AIGC与其他新技术一样，势不可挡地向前发展。一方面，我们要利用它来拓展自身的能力，享受它带来的便利；另一方面，我们又要对这种新技术带来的风险和问题有足够的认知。

第一，AIGC可能存在的首要风险与问题是AI可能生成显而易见的事实性错误，但当这些信息恰好位于我们的知识盲区时，人们易于将错误信息当作正确信息接受。OpenAI表示，ChatGPT可能给出完全错误的答案，并将错误的信息作为事实呈现，写出“听起来合理但不正确或无意义的答案”。OpenAI说，解决这个问题很困难，因为他们用来训练模型的数据没有真实来源，而且监督训练也会产生误导，因为理想的答案取决于模型知道什么，而不是人类演示者知道什么[②]。文字信息如此，文生视频也同样如此。在2024年3月Sora发布的一条视频中，当视角为从空中俯瞰博物馆时，博物馆是没有穹顶的，然而随着镜头一镜到底地深入博物馆内部，穹顶却突然在画面中出现。

北京大学的胡泳教授在个人微信公众号中发表了《ChatGPT不会令专家

① 汪荣：《〈中国神话〉：吹响影视AI技术新号角》，https://wenyi.gmw.cn/2024-04/01/content_37237551.htm。

② 胡泳：《论事实：美丽、谎言与ChatGPT》，《新闻大学》，2023年第4期，第53页。

死亡，而是提高了真正专家的门槛》一文，文章指出，使用 ChatGPT 的第一法则是，你绝对不应该相信它，你需要检查它所说的一切，人类专家必须能够发现“众包”知识中的错误、偏见和虚假参考资料，产生比人工智能所生成的东西更准确和有用的结果[①]。由此可见，AI 自动生成的内容仍需要个人、专家的检查与核实，才能尽可能地降低其中错误信息的负面影响。

第二，是知识产权与作弊问题。从表面上看，AI 生成的内容是具有创造性的，但从本质上看，它的“创作”只是对其学习素材的重新组合。因此，著名语言学家乔姆斯基直接称 ChatGPT 就是高科技剽窃。此外，研发机构在训练 AI 时是否获得训练材料提供者的充分授权，AI 是否可以成为作者，AIGC 能否受到著作权和专利权的保护等问题都存在非常大的争议。因此，是否能建立起一套适用于 AIGC 的新型知识产权体系是当下面临的重要问题。

AIGC 的另一个弊端是作弊问题。有调查显示，美国 89％的大学生承认通过 ChatGPT 完成家庭作业，53％的大学生使用 ChatGPT 写论文，48％的学生使用 ChatGPT 辅助考试[②]。为此，很多高校对 ChatGPT 下达禁令，如香港大学禁止在所有课堂、作业和评估中使用 ChatGPT 或其他 AI 工具，否则将被视为剽窃行为。当教师怀疑学生使用 AI 工具辅助考试时，可要求学生额外口试及考试等。美国、澳大利亚、意大利、英国等国家的多所高校也明确限制学生在学习期间使用 ChatGPT，如果被发现用于论文或者考试，学生可能会面临退学处分，但这一要求也常常因难以查证而形同虚设。不只教学，科研领域对 ChatGPT 在学术研究中的应用同样充满困惑。人们在最近的一项研究中发现，有大量由 ChatGPT 创建的论文摘要被提交给学术审稿人，但被发现比例不超过 63％。今后这种由人工智能生成的文本将会更多[③]。

我们应该如何正确使用以 ChatGPT 为代表的人工智能产品？人工智能生成的内容的确能帮助我们快速检索、寻找答案，为我们的创作提供思路和建议，但却难以生成真正有创意的内容。因此，ChatGPT 的生成内容虽然有时能为我们提供快速简洁的答案，但却无法提升我们的创造力，无法培养我们的批判思维、解决问题的能力等。因此，我们可以利用 ChatGPT 这类产品帮助我们完成重复、烦琐的部分劳动，为我们提供写作思路的建议和参考，但却不

---

① 胡泳：《ChatGPT 不会令专家死亡，而是提高了真正专家的门槛》，https://mp.weixin.qq.com/s/RVAFeGIRYXVHd4d4jhetJA。

② 吴虑、杨磊：《ChatGPT 赋能学习何以可能》，《电化教育》，2023 年第 12 期，第 31 页。

③ 转引自鲍磊、杨静、赵文渲：《人工智能机器人 ChatGPT 引发的问题及其对策研究》，《河北软件技术学院学报》，2023 年第 9 期，第 77 页。

能不加检视地相信AI生成的内容，更不能依赖AI生成的内容，从而省略培养个人批判思维能力、解决问题能力以及创造力、创新力等核心竞争力的关键过程。

第三，AIGC还可能存在道德伦理甚至法律问题。AI系统的运行依赖海量数据，这不可避免地涉及个人隐私保护问题。随着AI技术的普及，个人隐私泄露的风险日益加剧。利用生成式AI模型，不法之徒可以以更低的成本、更高的效率来伪造文本、图片，甚至视频资料，并以此来实施诈骗、恐吓、诽谤等犯罪行为①。现阶段，已经出现了一些利用生成式AI进行犯罪的案例。比如，从2022年Stable Diffusion开源之后，就有人利用它生成了大量的色情图片，在各大社交论坛上进行扩散。AI换脸等引发的诈骗案件也时有发生。这些都是AI生成内容带来的亟待解决的新问题。可以预料，随着相关技术的日益成熟，类似的案例将会越来越多。

第四，AIGC还可能带来失业等社会问题。有专家认为，生成式AI可替代的人群可能是那些教育程度较高、技能较强，同时薪酬水平也较高的中高层白领。美国杂志《商业内幕》（*Business Insider*）通过访谈专家，得出了最可能被生成式AI替代的十个职业，包括技术人员、媒体工作者、法律行业工作者等②。因此，想要在未来的工作中不被高速发展的AI替代，就需要更强的个人能力和更高的个人素质。换句话说，我们不能满足于只是“知道”“了解”某些知识，不能满足于只是具备基本的综合、阐释能力，更重要的是要有意识地培养AI难以胜任的创造力、创新力、解决问题的能力以及多学科融会贯通的跨学科能力等。

还有常常被我们忽视的AI带来的环保问题。AI生成内容的成功建立在庞大参数量和训练数据量的基础上，需要对大量的数据进行专业化处理。以ChatGPT、Sora为代表的大规模模型的运行需要巨大的算力和电力投入，从而产生巨大的环保负担。2024年，AI芯片巨头英伟达CEO黄仁勋在一次公开演讲中指出，AI未来发展与光伏和储能紧密相连。他强调，人们不应仅仅关注AI的计算力，而需要更全面地考虑能源消耗问题。黄仁勋表示，如果只考虑计算机，我们需要烧掉14个地球的能源。国际能源署预测，到2030年，

---

① 陈永伟：《超越ChatGPT：生成式AI的机遇、风险与挑战》，《山东大学学报（哲学社会科学版）》，2023年第3期，第138页。

② 陈永伟：《超越ChatGPT：生成式AI的机遇、风险与挑战》，《山东大学学报（哲学社会科学版）》，2023年第3期，第135页。

全球数据中心的能耗将增长到310太瓦时，相当于整个印度的用电量①。贵州能成为我国“东数西算”的枢纽，华为、阿里、腾讯、苹果等互联网巨头都将其大数据业务放在贵州，至少有两个重要原因：一是因为贵州海拔较高，气候阴凉，能常年保持凉爽的气候。不少机房可以建在喀斯特地貌的山体和溶洞中，数千台服务器所散发的热量被山体和溶洞间的穿堂风带走，即使在没有冷却塔和空调的情况下，室内也能始终保持凉爽。二是大数据中心是耗电大户，贵州降水量大，河网密布，水电资源丰富，电费价格低于全国平均电价。正是得益于得天独厚的地理优势，贵州才能成为我国重要的算力枢纽之一。

因此，我们在享受AIGC带来的便利的同时，还应了解和重视AIGC可能存在的问题及风险，进而才能让我们更好地使用AIGC为日常学习、工作和生活服务。

第五节　从受众到用户的转变

从传播演进的历史来看，在日常生活中，社会中的个体原本就是作为传播者存在的：在口语传播时代的面对面谈话中，双方即是信息的传播者，也是信息的接收者。但是，从文字传播开始，尤其是当大众媒体时代到来后，信息的传播者和接收者就出现了显著的分化。

大众传播时代，普通人在报社、电视台等传媒组织面前只能作为被动的接收者（即受众）存在。人们只能收听或观看由传媒组织提供的新闻、娱乐节目，传播者和受众成为一组二元对立的关系。然而，Web 2.0时代的到来，激活了以个人为单位的社会传播新格局，普通人又重新获得了传播的权力。他们在博客、微博、微信、抖音等平台上与专业新闻媒体一样拥有自己的账号，在这些互联网平台上，他们可以进行点对点的人际传播、一对多的群体传播甚至大众传播。在新闻现场的普通人通过智能手机拍摄并上传的视频常常被专业新闻媒体采纳，成为第一手新闻资源。更重要的是，人们不仅在互联网平台上发布大量的文字或视频信息，浏览、观看别人发布的信息，还能对这些信息进行点赞、转发、评论，以至于很难分清谁是生产者、谁是消费者。因此，受众这一概念在新媒体时代越来越不适用，互联网企业普遍采用“用户”这一说法。

---

① 关宗：《AI拼算力更拼能源》，《中国石油和化工产业观察》，2024年第5期，第42页。

用户也被称为“产消者”（prosumer），这一概念可以看作是信息生产者（producer）和信息消费者（consumer）两个概念的结合（见图1—2），这种新型消费者既进行信息生产又进行信息消费。

图1—2　“产消者”示意图

由于智能时代的来临，人们除了接收机器生产或推荐的信息外，还可以与机器协同工作，人机共同创造出数量更为庞大的信息，这又赋予了个人更大的内容生产和传播的权力。

当前，我们的日常生活、工作都已与移动互联网、智能传播紧密相关，也与个人对各类新媒体平台的使用方式密切相关。因此，作为产消者的新媒体“用户”比以往单纯的“受众”更需要通过提高媒介素养来提升互联网使用效能。

【课后习题】

1. 机器人写作会代替人工写作吗？为什么机器人新闻写作最适用体育新闻、财经新闻和天气新闻三个领域而非其他？

2. 在日常的新媒体实践中，你还遇到过哪些社交机器人？社交机器人容易识别吗？谈一谈个人应如何识别、规避社交机器人。

3. 你用过以ChatGPT、Sora为代表的人工智能应用吗？谈一谈你的使用感受。你认为人工智能对你所学的专业冲击力大吗？应该如何应对呢？

4. 在人机共创的人工智能时代，我们应如何处理人与不断涌现的人工智能的关系？

【延伸阅读】

1. 师文、陈昌凤：《分布与互动模式：社交机器人操纵Twitter上的中国议题研究》，《国际新闻界》，2020年第5期，第61～80页。

2. 师文、陈昌凤：《社交机器人在新闻扩散中的角色和行为模式研究》，《新闻与传播研究》，2020年第5期，第5～20页、第126页。

3. 胡泳、刘纯懿：《UGC未竟，AIGC已来：“内容”的重溯、重思与重构》，《当代传播》，2023 年第 5 期，第 4～14 页。

4. 谭小荷：《AI 想象的展褶：技术乐观主义与无能主体的共生——以普通人对 ChatGPT 的社会技术想象为中心》，《新闻界》，2023 年第 11 期，第 52～65 页、第 96 页。

第二章　信息超载与后真相时代

本章学习要点：

1. 理解新媒体环境中的信息超载现象及因减轻信息焦虑而产生的算法推荐，掌握算法推荐的益处及隐忧

2. 掌握新媒体环境中的后真相现象、特征和群体极化现象

3. 掌握应对信息超载和后真相时代的可能方法

表2-1展示了大众媒体时代与新媒体时代信息生产与传播存在的显著不同：第一，在新媒体时代，传播者和受众的内涵发生了巨大变化。传播者从大众媒介组织变成可以接触互联网的任何组织、任何人甚至是机器人（AIGC）；受众也不再是信息的被动接受者，而是成为集生产者、消费者身份于一体的“用户”。第二，伴随呈指数级增长的无限且无序的传播内容，传统媒体不再有足够的能力继续胜任“把关人”的角色，新的信息生产、传播秩序亟待建立。

表2-1　大众媒体时代与新媒体时代信息生产与传播的不同

类别	大众媒体时代	新媒体时代
传播者	大众媒介组织	任何组织、个人、机器人
传播内容	有限	无限且无序
传播渠道	报纸、广播、电视等大众媒介	门户网站、社交媒体、视频网站等网络平台
受众	很大程度上的被动接受	集内容生产者、消费者于一体的“用户”

本章从新媒体环境下“信息超载”和“后真相”两个典型现象入手，以帮助读者更好地了解新媒体时代的信息生产、传播机制。

第一节　信息超载与算法推荐

美国学者弗莱德里克（Frederick）曾经做过这样一个推算：如果以公元元年人类掌握的信息量为单位 1，那么信息量的第一次倍增，花费了 1500 年；第二次倍增，花费了 250 年；第三次倍增，花费了 150 年；进入 20 世纪后的第四次信息量倍增，所需时间进一步缩短为 50 年。其后，倍增速度骤然加快，在 20 世纪 50 年代，10 年内就实现了倍增；接着在 20 世纪 60 年代和 70 年代，时间周期进一步缩短为 7 年和 5 年[①]。

一、信息超载

1970 年，未来学家阿尔文·托夫勒（Alvin Toffler）在《未来的冲击》（*Future Shock*）一书中就指出人处理信息的能力是有限的，当感知的过度刺激、信息的超负荷、决定的压力成为三种无法负担的压力时，大多数人会感到无能为力[②]，也即信息超载。而当我们进入“人人都有麦克风”“人人都是信息生产者”的互联网时代，信息正以前所未有的速度增长。国际数据公司（IDC）发布的《数据时代 2025》报告显示，全球每年产生的数据将从 2018 年的 33ZB 增长到 2025 年的 175ZB，相当于每天产生 491EB 数据[③]。要知道，在 2000 年时，人类仅仅存储大约 12 EB 的数据。瑞典认知神经科学家托克尔·克林贝里（Torkel Klingberg）在《超负荷的大脑》一书中，以一个形象的比喻来形容当下的信息超载状况：石器时代的大脑正在遭受信息洪流[④]。在移动互联网时代，关于信息超载的焦虑有增无减。人们长期处于这种信息超载之下，极易产生信息疲劳。这种信息疲劳不仅会给人们带来大脑和神经系统过载、疲劳与注意力不集中等生理危害，还会使人出现分析能力下降、失去承担

---

① 转引自郭庆光：《传播学教程（第二版）》，中国人民大学出版社，2011 年，第 29 页。

② ［美］阿尔文·托夫勒：《未来的冲击》，黄明坚译，中信出版社，2018 年，第 311 页。

③ 吴飞：《数据规则建立与完善之要义》，《人民论坛·学术前沿》，2023 年第 7 期，第 89 页。

④ ［瑞典］托克尔·克林贝里：《超负荷的大脑——信息过载与工作记忆的极限》，周建国、周东译，上海科技教育出版社，2011 年，第 1 页。

责任的能力等行为问题①。因此，信息超载成为一种时代症候与社会问题。

二、算法推荐

如何减少网络传播中信息超载带给用户的压迫感和不适感？如何在海量信息中让用户寻找（接触）到满足其需求的信息？早期的经典策略是搜索引擎，但搜索引擎是一种被动的信息过滤机制，需要用户主动搜索时才能触发。

于是，算法推荐，也被称为个性化推荐应运而生。1992 年，戈德堡（Goldberg）等人提出了协同过滤，并将之应用在 Tapestry System 上过滤对用户有用的电子邮件。1993 年，麻省理工学院媒体实验室的科学家为解决 BBS 新闻组上的信息过滤需求，开发出一种能够动态适应用户不断变化的兴趣的半自动信息过滤系统；1995 年，斯坦福大学研发的 SIFT Netnews 允许用户维护自己的兴趣配置文件，实现用户与 BBS 上新闻的匹配。进入 21 世纪以来，推荐算法更广泛地应用于各类互联网应用中，并得以不断革新。2006 年，脸书推出 News Feed 项目，即通过算法来为用户呈现最相关和最具吸引力的内容。这些内容包括用户的朋友动态，发布的文章、图片、视频以及广告等，并大获成功。同年，当时还是 DVD 租赁公司的奈飞，面向大众启动“Netflix Prize”算法竞赛，悬赏 100 万美金以期提高电影推荐系统的准确度。随着移动终端的飞速普及，2012 年 8 月，字节跳动公司的“今日头条”移动资讯客户端产品上线。“今日头条”能根据用户的阅读习惯，结合用户所处的环境和阅读的文章内容等，向用户推荐个性化信息，因此，甫一推出便收获大量拥趸。2016 年 9 月，字节跳动公司推出音乐创意短视频社交软件——“抖音”。通过智能化的算法推荐系统，抖音为用户提供的个性化内容极大地改善了用户体验并增强了用户黏性。2017 年，字节跳动推出了“抖音”的国际版“TikTok”，亦很快风靡全球。无论是今日头条、抖音还是 TikTok，能在短时间内迅速扩大市场、积累用户，独树一帜的推荐算法功不可没。

简而言之，我们可以把推荐算法理解为基于用户的智能算法，是根据用户的使用偏好，对用户的兴趣和需求做出预测，进而为用户推送个性化信息的推送机制，主要解决的是内容与人的适配问题。就普通人而言，即使不理解什么是推荐算法，也能感受到平台似乎很懂我们，我们喜欢看什么或想看什么内

① 董浩、靖鸣：《信息疲劳综合征的症候诊断与消解》，《青年记者》，2024 年第 3 期，第 83～84 页。

容，相关内容就源源不断地出现在我们面前。好的个性化推荐算法不仅能提高信息推荐的质量，还能增加网站的流量、增强用户黏性。推荐算法的设计思想包括基于协同过滤的推荐、基于内容的推荐、基于标签的推荐、社会化推荐、基于深度学习的推荐、基于知识的推荐、基于网络结构的推荐、混合推荐等。这里主要介绍两种主流的推荐算法：基于协同过滤的推荐机制和基于内容的推荐机制。

基于协同过滤的推荐机制的算法原理是“人以群分”，即通过聚类分析若干用户的行为数据，将行为类似的用户编入一个隐形小组，对目标用户推荐该小组中其他用户感兴趣但未被目标用户阅读过的信息。协同过滤算法能够高效地为目标用户推送与他们兴趣爱好相关的信息。

基于内容的推荐机制的算法原理是“物以类聚”。如果某两条信息总是被同一个用户浏览，则默认二者之间有更大的相关性，因而会给浏览过其中一条的用户推荐另外一条。基于内容的推荐算法是协同过滤机制的延续与发展，其特点在于不依赖其他用户的数据，而是通过用户过往的网络行为，直接建立在用户兴趣与内容特征基础上的推荐机制。其推荐内容倾向于取悦和迎合用户，亦可能出现推荐内容过度同质化的问题。

此外，推荐算法不仅能用于信息内容的分发，还能广泛应用于商品推荐、共享经济平台（如网约车）中生产者与消费者的匹配等领域。

 **案例**

推荐算法在互联网平台的广泛应用

短租平台爱彼迎（Airbnb）通过将注册租户的信息和租客的需求信息进行数据算法上的精确匹配，实现了高效和个性化的市场供需配比，并在某种程度上规避了对平台内租房质量和租客合租安全问题的责任。可见，对市场中买卖双方的人与物进行统一标准的数据化管理和计算匹配，能降低平台经济成本、提高运营效率。

滴滴出行通过对海量用户的行驶数据进行挖掘和学习，已经围绕最低价格、最高司机效率和最佳交通系统运行效率，设计出了全新的智能路径规划算法，能够对未来路况做出准确预测①。

---

①　段鹏：《智能媒体传播》，中国人民大学出版社，2022年，第59～60页。

三、算法推荐带来的隐忧

算法推荐的确能降低网络时代信息超载带来的压力和不适，也能极大地提高信息的分发效率，但算法推荐的广泛应用，亦带来不少新的隐忧。

（一）算法推荐挑战传统媒体把关人的角色

在大众媒体时代，信息进入大众传播渠道前通常由报纸、杂志、广播、电视台等传统的媒体组织负责把关，这一角色被称为“把关人”。但在信息超载的互联网时代，拥有推荐算法的互联网公司正在挑战传统媒体的把关人角色。虽然传统媒体在行使把关人职责时，也因过分追求时效性、追逐热点等饱受诟病，但它具备保障公众的知情权、视社会效益高于经济效益等基本的新闻素养。对通过算法刚开始履行把关人职责并掌握信息分发权的互联网公司而言，他们既缺乏必要的新闻素养，一时也难以明确作为传播主体所应承担的社会责任。2019 年，字节跳动创始人张一鸣就表示，今日头条不是一家媒体公司，而是一家科技公司。而当互联网公司代替传统媒体进行信息分发时，不仅传统主流媒体的影响力有被边缘化的风险[①]，同时，技术所导致的问题也需要寻求人文的解决之道，新闻产品的特殊性需要更为立体丰富的人文价值对算法价值进行外部矫正[②]。

（二）算法推荐引发信息茧房与过滤气泡效应

2006 年，桑坦斯（Sunstein）在《信息乌托邦——众人如何生产知识》一书中提出了“信息茧房”和“回音室”两个概念。桑坦斯从尼葛洛庞蒂提出的“我的日报”出发，指出当我们长期沉溺于完全个人化的信息中，只听我们选择的东西和愉悦我们的东西，就会像置身于像蚕茧般的茧房之中。而对于处于信息茧房之中的公众，相似的信息不断被重复，异质的观点会被过滤掉，每个人听到的只是自己的回音，这就是一个回音室形成的过程[③]。在个性化推荐技

---

① 张志安、汤敏：《论算法推荐对主流意识形态传播的影响》，《社会科学战线》，2018 年第 10 期，第 181 页。

② 陈昌凤、师文：《个性化新闻推荐算法的技术解读与价值探讨》，《中国编辑》，2018 第 10 期，第 13 页。

③ ［美］凯斯·桑斯坦：《信息乌托邦——众人如何生产知识》，毕竟悦译，法律出版社，2008 年，第 7～8 页。

术飞速发展的今天，学者李武等人重新定义了“信息茧房”：个人或群体在信息消费过程中因自身或外界的因素而形成的信息窄化和观念极化现象[①]。这一定义，一方面将信息茧房的成因区分为“自我选择”和“算法推荐”，即内因和外因两种因素；另一方面，亦将信息茧房的结果进一步区分为“信息窄化”和“观念极化”两种不同类型。

互联网活动家帕里泽（Pariser）发现两个人使用谷歌检索同一词语，得到的结果页面可能完全不同。比如，2010 年发生了令人震惊的英国石油公司墨西哥湾漏油事件，帕里泽委托其两位住在北部并且受教育程度相似的朋友在谷歌上搜索有关的消息。一位获得了深水地平线漏油事件的信息，另一位获得的却是关于该公司的投资信息[②]。帕里泽认为，这是搜索引擎根据用户偏好，为用户“量身定制”的个性化的信息世界。于是，他在 2011 年出版的《过滤气泡：互联网没有告诉你的事》一书中提出与“信息茧房”异曲同工的“过滤气泡”的概念。他认为个性化信息的推送，会让用户身处一个舒适的“网络泡泡”中，但同时信息和观念的“隔离墙”也随之建立，这阻碍了多元化观点的交流。正如“今日头条”的广告语所说“你关心的，才是头条”，过滤气泡可能使用户只关心自己的小世界，从而对公共事务越来越缺乏关注。需要注意的是，无论是“信息茧房”“回音室”还是“过滤气泡”，其形成的原因既有算法推荐技术的推波助澜，也有人性和情感结构的内在需求，还与社会结构和权力息息相关[③]。

（三）算法推荐影响内容再生产

在信息超载的新媒体环境中，算法推荐的确可以通过信息过滤减少用户的认知负担，但这种过滤不可避免地会在一定程度上带来诸如“信息茧房”“过滤气泡”效应，从而局限用户的视野，造成某种认知封闭，影响人们对外部环境的认知，进而导致人们自主观察、完整认知世界能力的降低。同时，信息推荐算法不仅影响着个人信息的获取与认知，反过来还会影响到他们的信息再生产。算法和数据建立起了内容消费者与生产者之间的反馈回路，使得内容生产

---

① 李武、艾鹏亚、杨韫卿：《智媒时代“信息茧房”再论：概念界定和效应探讨》，《未来传播》，2019 年第 6 期，第 8 页。

② 转引自郭小安、甘馨月：《“戳掉你的泡泡”——算法推荐时代“过滤气泡”的形成及消解》，《全球传媒学刊》，2018 年第 2 期，第 77 页。

③ 转引自郭小安、甘馨月：《“戳掉你的泡泡”——算法推荐时代“过滤气泡”的形成及消解》，《全球传媒学刊》，2018 年第 2 期，第 85 页。

者可以更直接、更直观地了解用户的需求与评价，当他们进行内容再生产时，常常也会遵从算法计算出来的“民意”调整未来的内容生产。

（四）算法推荐对劳动者的过度控制

2020 年，美团外卖被文章《外卖骑手，困在系统里》推上风口浪尖。该文作者通过为期半年的实地调查和访谈，对外卖骑手如何在美团外卖平台上不断进行高强度劳动进行了揭露，直指平台所依赖的数据算法因不断追求高效率而忽视外卖骑手的劳动强度、劳动感受，甚至是劳动安全。同样，算法推荐在提高滴滴出行效率和竞争力的同时，也强化了对司机的控制。司机与车辆的位置如何，有没有偏离导航路线，订单是否异常……平台的大数据将这些信息记录得清清楚楚，甚至在一定程度上过度采集司机的信息，利用“黑科技”对司机进行全程监控、录音、定位。与此同时，司机也被分为“三六九等”：有带车加盟、无车加盟，有公司车、自营车，有双证司机、单证司机、无证司机等，平台的派单也因司机身份不同而有所倾斜。与美团外卖平台类似，如何平衡效率与对劳动者的过度控制，是互联网平台应该深入思考的问题。

第二节　后真相时代与群体极化

1992 年，“后真相”（post－truth）一词就已经出现。当时，美国剧作家斯蒂夫·特西奇（Steve Tesich）在一篇文章中谈到“水门事件”“伊朗门事件”以及海湾战争中那些令人羞耻的“真相”问题时使用了“后真相”这个词。

一、后真相时代

2004 年，美国作家拉尔夫·凯伊斯（Ralph Keyes）出版了名为《后真相时代》的著作。在该书中，他指出，在后真相时代，我们面对的不只有真相或谎言，我们还面临着第三种情形，那是一种模糊的陈述，它既不是确切的真相，但也不构成谎言[①]。2016 年，英国脱欧公投事件和美国总统特朗普当选事件发生后，当年底，英国《牛津词典》（*Oxford Dictionary*）公布了 2016 年世界年度热词，“后真相”一词脱颖而出，名列榜首。随着社交媒体逐步取代传统媒体成为大众主要的信息来源，“后真相”一词被定义为“诉诸情感与个人信仰比陈述客观事实更能影响民意”[②]，其所蕴含的人们对事件所产生的情绪、情感比事实本身更加重要的意义受到关注。

2016 年美国总统大选结果公布后，社交新闻网站“嗡嗡喂”（Buzzfeed）编辑克雷格·西尔弗曼（Craig Silverman）撰写的系列调查报道披露，脸书等社交平台在总统大选期间传播、散布了大量误导性新闻。不少持极端右翼立场的网站以工业化流水线模式生产各种“后真相”，借脸书等全球性社交网络广为流传，从美国的加利福尼亚到东欧的马其顿，皆成为制造和传播“后真相”的基地。西尔弗曼的调查显示，在总统大选前的几个月，极端右翼网站“自由日报”所推送的消息，其平台上的点赞数、分享数平均为主流新闻媒体 CNN 的 19 倍，但其中一半以上的信息都是虚假的或带有误导性的。

社交媒体的广泛应用使新闻信息逐渐碎片化，假新闻、流言蜚语、轶事绯闻呈现病毒式传播的趋势。相较于高高在上的主流媒体，网民们更愿意依赖一个个“部落化小圈子”获得资讯，分享观点。然而由于“圈内人”拥有相似的价值观，致使他们每天得到的信息经由了“立场的过滤”，与之相左的观点逐渐消弭于无形。加之“沉默螺旋”“寒蝉效应”在社交媒体平台上益发凸显，人们为了留在“朋友圈”内，忌惮发表不同的意见，否则就要面临要么退群，要么“被请出”的结局。

客观事实是新闻报道的基础，新闻报道又是客观事实的产物，报纸、电视、广播等大众传播媒介拥有还原事实、阐释意义的绝对权威。然而，“后真相”营造的舆论生态却带来了“新闻—事实”纽带的断裂。在众声喧哗的社交媒体时代，事实经过无数次的“再阐释”——或许是严肃的深挖或探究，或许是故意的扭曲与篡改——其本身不再是新闻报道的核心，而逐渐让位于情感、观点与立场。大众传播媒介不再拥有阐释意义的权威，而把对真相的解释权让

① 江作苏、黄欣欣：《第三种现实：“后真相时代”的媒介伦理悖论》，《当代传播》，2017 年第 4 期，第 52 页。

② 董晨宇、孔庆超：《后真相时代：当公众重归幻影》，《公关世界》，2016 年第 23 期，第 90 页。

渡给了原子化的平台型媒体[①]。

也就是说，在社交网站的信息传播过程中，事实真相变得不再重要了，重要的是这些信息与我们原本的立场和情绪是否一致；换句话说，即情绪的影响力超过了事实。这也意味着在对事物的认识过程中，人们对事实、真相的认识和价值判断结构发生了主、客观的根本性转变：从“真相（客观）—认识（客观）—价值（客观）”转变成为“价值（主观）—认识（主观）—真相（主观）”[②]。

二、群体极化

早在20世纪60年代就有学者提出了群体极化的概念。1961年，美国麻省理工学院的斯托纳（Stoner）做了一系列的个人与群体关于风险性决策的对比实验。他会询问受试者一些左右为难的问题，比如一位电气工程师目前的薪水不高，但足够维持自己的生活，现在有机会选择另一个薪水较高，但不太稳定的工作，他应该如何选择呢？在这个实验中，斯托纳发现，让参与实验的受试者通过讨论做出集体决策时，他们往往比个体决策更倾向于做出冒险的决策，即换工作。斯托纳将这一现象命名为“群体极化”：在群体决策情境中，个体的意见或决定，往往会受到群体间彼此相互讨论的影响，从而产生群体一致性的结果，并且这些结果通常比先前的个体意见或决定更具冒险性。

（一）网络群体极化的提出

在互联网时代，算法推荐不断强化信息茧房、形成过滤气泡，而后真相时代又不断强化接受者原有的情绪和立场，导致社会黏性的逐渐丧失和公共话题的不断消解，因此，互联网上的群体极化现象也越来越明显。

2001年，桑坦斯在《网络共和国——网络社会中的民主问题》一书中，再次提及“群体极化”：团体成员一开始即有某些偏向，在商议后，人们朝偏向的方向继续移动，最后形成极端的观点。在网络和新的传播技术背景下，志同道合的团体会彼此进行沟通讨论，到最后他们的想法和原先一样，只是形式

① 史安斌、杨云康：《后真相时代政治传播的理论重建和路径重构》，《国际新闻界》，2017年第9期，第57～58页。

② 段鹏：《智能媒体传播》，中国人民大学出版社，2019年，第162页。

上变得更极端了[①]。紧接着，桑坦斯在书中列举出一系列的例子：

> 在经过讨论后，温和的女性主义者会变成强烈的女性主义者。
>
> 在经过讨论后，法国公民会更质疑美国这个国家及其经济援助的意图。
>
> 在经过讨论后，原本就显示种族偏见的白人对于白人种族主义是否该为非裔美国人在美国所面对的问题负责，会表现出强烈的负面反应。
>
> 在经过讨论后，原本就没有种族偏见的白人在面对相同的问题，则表现出正面的反应[②]。

在日常的媒介实践中，我们也发现，群体成员在讨论的初始阶段通常已持有带着某种偏向性观点，在后续的讨论和商议中，这种偏向不仅不会减弱，反而会被不断加强，最终形成更为极端的观点。

（二）网络群体极化形成的原因分析

由前述可见，“理性的协商”并未在网络舆论中占据主要地位，反而是极端的、情绪化的言论占了上风。那么，经由互联网讨论形成的群体极化与以往的线下讨论形成的群体极化有何不同呢？

1. 碎片化的浅阅读习惯及自媒体的情绪引导

我们在日常的互联网实践中发现，当人们通过网络媒体知晓某事件时，一开始往往只能了解事件的部分真相。而互联网发展出来的碎片化浅阅读习惯，使网民形成了某种思维惰性，让他们不太愿意接触需要深度思考的内容，更希望阅读描述简单、判断清晰、立场明确的内容。因此，网民通常更愿意阅读直接的、贴标签式的自媒体文章，而忽视内容复杂的专业报道和理性讨论。这使得网民容易不顾现实事件本身的复杂性，把社会事件简单化为正义与非正义的二元对立，支持他们“想象”出来的弱势群体。

自媒体一方面对网络热点话题趋之若鹜；另一方面出于增加自身流量的考虑，十分擅长在原本并不充分的信息基础上，添加言辞更激烈、刺激性更强、情绪更极端的内容，以迎合网民的主流情绪。这些自媒体内容往往能进一步强

---

① ［美］凯斯·桑斯坦：《网络共和国——网络社会中的民主问题》，黄维明译，上海人民出版社，2003年，第47页。

② ［美］凯斯·桑斯坦：《网络共和国——网络社会中的民主问题》，黄维明译，上海人民出版社，2003年，第47页。

化网民的非理性和负面情绪。

2. 算法推荐强化用户的选择性信息接触

在互联网上，网民拥有了更自由的选择权。正如桑坦斯所说："例如保守分子只访问保守分子的网站；自由派的人则访问自由派的网站；环境保护者只访问那些揭发基因工程危险和地球温室效应问题的网站；批评环保者就造访那些专门揭发假环境保护之名，行破坏之实的坏分子的网站；倾向种族歧视的人造访那些表达种族歧视的网站。"① 而算法推荐又通过信息茧房、过滤气泡不断强化网民的选择性信息接触，强化了网民原有态度的极化倾向。

知识窗

"选择性接触"假说

选择性信息接触是保罗·拉扎斯菲尔德（Paul Lazarsfeld）等人在《人民的选择》一书里提出的重要概念之一。《人民的选择》是在1940年美国总统大选期间，围绕大众传播的宣传对选民投票意向的影响所做的一项实证调查的研究报告。这项历时半年的调研发现，在整个竞选宣传期间，只有8%的人改变了原来的投票意向。这一结果说明大众传播并不是直接影响选民投票意向的力量，它只是众多影响因素之一。基于这项研究，拉扎斯菲尔德等人提出了对后来的传播效果研究产生重大影响的一系列理论假说，其中就包括"选择性接触"假说。选择性接触假说是指，受众不是不加区别地对待任何传播内容，而是更倾向于"选择"那些与自己既有立场、态度一致或接近的内容加以接触，这种"选择性"接触活动的结果，更可能在加强原有态度的方向上起作用而不是导致它的改变②。

各类互联网平台为了迎合用户兴趣、提高用户的使用时长，不断向用户推荐与他们原有立场、态度一致的信息，这些信息显然会不断强化接收者原有的观点和态度，进而不断强化网民的极化倾向。

3. 群体心理驱动极端情绪扩散

借助互联网的关系网络，网民能够围绕某一议题迅速聚集为群体，在这些

---

① ［美］凯斯·桑斯坦：《网络共和国——网络社会中的民主问题》，黄维明译，上海人民出版社，2003年，第49页。

② 郭庆光：《传播学教程（第二版）》，中国人民大学出版社，2011年，第178页。

临时聚集的网络群体中，网民的极端情绪在群体传染和群体暗示的作用下迅速扩散。

知识窗

群体心理

群体心理来自法国社会心理学家古斯塔夫·勒庞（Gustave Le Bon）的著作《乌合之众——大众心理研究》（1895）。勒庞认为，从心理学的角度看，“群体”是指在某些既定的条件下，表现出一些新的特点的一群人，它非常不同于组成这一群体的个人所具有的特点。聚集成群的人，他们的感情和思想全都转到同一个方向，他们自觉的个性消失了，形成了一种集体心理①。也就是说集体心理不同于个人心理，群体心理不仅不受个人智力的影响，并体现为个性的消失，感情和思想表现出强烈的一致性。

勒庞从三个方面分析了群体心理产生的原因：首先，仅从数量上考虑，形成群体的个人也会感觉到一种势不可挡的力量，这使他敢于发泄出本能的欲望；第二个原因是传染的现象，在群体中，每种感情和行动都有传染性，其程度足以使个人随时准备为集体利益牺牲他的个人利益；第三个原因是易于接受暗示的表现，它正是上面所说的相互传染所造成的结果②。同时，勒庞也清晰地阐明了群体心理的发生过程：“最初的提示，通过相互传染的过程，会很快进入群体中所有人的头脑，群体感情的一致倾向会立刻变成一个既成事实。”③

群体传染和群体暗示发挥作用的基础是群体中普遍存在的集体无意识心理。在移动互联网环境中，网民难以凭借个人能力独立处理海量的网络信息、应对繁杂的网络观点，常常会选择接受网络议题中“多数人”的立场和态度，以重建对自我的判断和信心。一旦选择“多数人”的意见，网民即进入了网络群体之中，并容易受暗示和传染作用的影响。由于群体情感往往表现出简单且

① ［法］古斯塔夫·勒庞：《乌合之众——大众心理研究》，冯克利译，中央编译出版社，2005年，第11～12页。

② ［法］古斯塔夫·勒庞：《乌合之众——大众心理研究》，冯克利译，中央编译出版社，2005年，第16～17页。

③ ［法］古斯塔夫·勒庞：《乌合之众——大众心理研究》，冯克利译，中央编译出版社，2005年，第24页。

夸张的双重特征，极端化情绪就在群体内部传播和外部传播中不断升级，左右着群体成员的情绪状态和行动方向。随着个性消失，网民的情感和意见向同一个方向转移，网络群体极端情绪进一步扩散。

4. 网络传播的可匿名性使网络表达更为激进

互联网不仅可以跨时空地连接起数量更为庞大的大众，网络表达的可匿名性还会进一步激化极化倾向。网络传播在大部分情况下具有可匿名的特性，网民能够隐匿自己在现实社会中的身份、年龄、性别和职业，因此，网民常把互联网空间当成摆脱现实社会约束、减轻压力的渠道。他们会在互联网平台通过表达现实中不敢发表的言论、选择某一对象进行尖锐的辱骂或猛烈的争吵来宣泄情绪，从而使网络上非理性的群体极化倾向更加突出。

因此，在碎片化的浅阅读习惯及自媒体的情绪引导、算法推荐强化用户的选择性信息接触、群体心理驱动极端情绪扩散和网络匿名使网络表达更为激进等因素的综合作用下，互联网时代的群体极化现象较传统媒体时代更为显著。

第三节　如何应对信息超载与后真相时代

在信息超载和后真相时代，互联网上呈现出公共话题日渐消解、社会黏性逐渐丧失、群体极化日益显著等现象。而这些现象的形成，既有信息超载的现实原因和算法推荐技术的推波助澜，也与人性和情感的内在需求（如选择性接触、群体心理等）密不可分。但是，面对信息超载和后真相时代，我们不必过于悲观：一是如果没有推荐算法，我们注定会被信息洪流淹没；二是信息的选择性接触和群体心理等并非互联网时代特有的产物，很大程度上，亦是个人的认知、情感偏好驱动的结果，只不过互联网中的碎片化阅读、自媒体引导、激进化表达等成为群体极化的放大器。因此，应对信息超载和后真相时代的消极影响，既需要政府从社会发展层面高屋建瓴地推动相关规章制度的建设，也需要互联网公司意识到作为信息分发机构的社会责任，还需要互联网用户有意识地提高个人的媒介素养。

一、不断完善相关法律法规制度，形成多元共治

面对日新月异的技术，世界主要大国都在探索数字治理体系，只有不断强

化政府与社会对算法的监管，才能确保其价值取向不违背社会公共利益。与飞速发展的算法相比，相关的社会治理虽然呈现出事后治理的特征，但我国仍通过及时完善相关法律法规，逐渐完成从事后整治到事先设定规范的过程。

以 2018 年前的短视频乱象为例，在当时的短视频平台中，充斥着生吃异物、花式自虐、早熟儿童等博眼球的表演，这一短视频乱象在一定程度上与“平台公司过度依赖技术”“缺少总编辑和把关人的媒体成为纯粹的流量平台”密切相关。2018 年，国家网信办依法查处了“MC 天佑”等一批违规主播，约谈平台负责人，要求暂停算法推荐功能，下架问题产品，并勒令永久关停“内涵段子”应用。2019 年 1 月，《网络短视频平台管理规范》与《网络短视频内容审核标准细则》两大专项条例出台，明确了内容先审后播、优先推荐正面内容、积极引入主流媒体和党政军机关团体账户、建立总编辑内容管理负责制度和审核员队伍，使短视频平台的生态得到极大的改善。

2021 年 9 月和 10 月，国家网信办相继出台了《关于加强互联网信息服务算法综合治理的指导意见》和《互联网信息服务算法推荐管理规定》。前者主要针对算法黑箱、算法歧视、信息茧房、舆论操控、不正当竞争等问题，其内容既包括伦理与法治相衔接、推动社会共建共治共享、实施分类分级管理等原则，也包含弹性条款与具体规则相结合、建立互动的监管关系、赋能公众监督、实施敏捷治理等具体结构和路径。后者提出坚持正确导向、依法治理、风险防控、权益保障、技术创新五项基本原则，以“利用三年左右时间，逐步建立治理机制健全、监管体系完善、算法生态规范的算法安全综合治理格局”为主要目标，强调形成“多元协同、多方参与的算法安全治理机制”，“健全算法安全治理机制”，“优化算法治理结构”，“打造形成政府监管、企业履责、行业自律、社会监督的算法安全多元共治局面”。

二、互联网公司主动承担社会责任，实现算法自律

除法律规范外，互联网公司还应意识到作为信息分发机构的社会责任感，不断进行算法的自我优化：主动通过提升算法透明度，构建用户与算法平台之间的信息平衡；扩大算法的推荐范围，构建个性化信息推送与多元化信息推送的动态平衡；不断完善人机协同的信息分发模式，构建效率与公共责任的动态平衡等。

以今日头条为例，2015 年设立要闻区，且突破“加权推荐”的策略，重大新闻要让每个用户都看到。2017 年推出微头条和问答产品（如“悟空问

答”)，探索智能社交，尝试从算法分发走向社交分发，用户在头条内可以建立起有效的社交关系，使内容可以通过“关注”的形式分发，而不是仅仅依赖于算法。2018年1月，今日头条首次系统公开了其算法分发的技术原理；3月宣布招聘2000名内容审核编辑，由算法为王向人机协同转变；5月，邀请学者、媒体人、公职人员成立专家团队，参与平台内容与服务的监督，并在技术上推出国内首款人工智能反低俗小程序“灵犬”，为用户提供更优质的信息。

再比如，抖音平台《社区自律公约》《用户协议》《隐私政策》等条约发挥效力，规定了平台禁止发布和传播的内容、用户行为规范、未成年人保护、知识产权保护、个人数据权限、违约惩罚等内容，而这些条约会被内化到算法中。字节跳动的公开报告称，只要1%的内容出现问题就会产生较大的社会影响。因此，工程师专门开发了低俗内容识别模型，并可人工调节算法权重打压广告、标题党，对低级别账号降权处理①。

互联网公司应不断意识到自身在信息传播中肩负的社会责任，不断优化算法推荐机制，以此帮助用户打破信息茧房和过滤气泡，从而在一定程度上缓解公共话题消解、社会黏性丧失、群体极化等问题。

三、个人要有意识地提高媒介素养，以应对不断变化的信息环境

1982年，联合国教科文组织在德国慕尼黑召开的国际媒介教育会议中公布的《媒介素养宣言》指出，我们生活在一个媒介无处不在的社会，与其单纯谴责媒介的强大势力，不如接受媒介对世界产生巨大影响这一事实，承认媒介作为文化要素的重要性②。当前，互联网、移动互联网已与我们的日常生活、学习、工作密不可分，我们一方面要认识到信息超载和后真相已成为新媒体环境的典型特征；另一方面，更要认清其发生、运作的机制与缘由，同时将个人视为积极的媒介使用主体，有意识地提高应对新媒体环境的能力。此处提供几个可行性建议：

第一，有意识地提升个人的“算法素养”。我们在享受算法带来的便利并利用其拓展自身的能力时，也要对算法带来的风险有足够的识别和防范能力。我们要认识到算法在迎合我们的喜好，容易形成信息茧房和过滤气泡；也要认

---

① 曹钺、曹刚：《作为“中间景观”的农村短视频：数字平台如何形塑城乡新交往》，《新闻记者》，2021年第3期，第22页。

② 转引自张艳秋：《国外媒介教育发展探析》，《国际新闻界》，2005年第2期，第11页。

识到算法推荐已经对我们的信息再生产产生了深刻的影响；更要认识到算法对以外卖骑手、网约车司机、网络平台内容生产者为代表的平台劳动者的约束和控制，这种控制常常会演变为劳动者某种程度的自我约束与激励，如视频生产者对每日的粉丝增长，视频观看量、点赞数、转发数等进行自我规定和激励。

此外，一些有能力的用户还开始尝试对算法进行积极利用、训练与驯化。如在理解算法原理的基础上，对其做出反向利用，通过投喂相关的数据（如有意对知识性内容进行点赞，有意延长知识性内容的观看时长等），以训练相关算法向自己所需的方向发展。

第二，有意识地提升个人的信息管理能力。面对信息超载和后真相，提升个人的信息管理能力已成为媒介素养教育的应有之义。蔡骐等认为，信息管理能力主要包含三种核心能力：筛选能力、甄别能力和整合能力[①]。筛选能力指的是从浩若烟海的信息海洋中锁定目标信息、淘汰无关信息的能力。如，我们可以通过合理的媒体关注设置，尽可能为自己打造一个高效、专业的信息环境。比如，选择《人民日报》、新华社等高品质专业的新闻媒体进行关注，以获得更权威、更及时的信息；选择可信度高或完成认证的专业信源进行关注，如关注深小卫（深圳卫健委）、四川大学华西医院、范志红（中国农业大学教授、中国营养学会理事）等专业信源，以获得更专业、更准确的信息。同时，有意识地关注多元信息源，主动寻找多元观点，以打破个人的信息茧房和回音壁，而非仅接收来自自媒体中饱含情绪的内容，有意识地打破自己信息接收的舒适区。

筛选信息仅仅只是获取信息的第一步，人们还必须对筛选来的信息有正确的认知，即具备甄别信息和整合信息的能力。在甄别信息和整合信息时，要始终保持“批判理性”：我们应该意识到，真实世界往往不是二元对立的，而是复杂多元的，互联网上呈现出来的信息，不仅不是对现实世界的客观反映，往往还会与现实世界呈现出较大程度的偏离（第七章、第八章将对此内容进行更详细的阐释）。因此，我们在进行信息甄别和整合时，应尽量忽略情绪化的表达，专注于事实和数据；尝试从多个角度去看待问题，避免被单一视角局限；尝试与不同观点的人进行理性的讨论，在交流中保持开放的心态，尊重他人的观点，促进思想的碰撞和融合。

---

① 蔡骐、李玲：《信息过载时代的新媒介素养》，《现代传播》，2013年第9期，第121页。

【课后习题】

1. 结合日常的媒介实践谈一谈：算法推荐是如何影响个人的认知、判断甚至决策的？

2. 在日常的媒介使用中，你是否尝试过对算法进行利用与驯化？如果有，谈一谈你是怎么做的。

3. 结合个人媒介实践和具体案例谈一谈：群体极化可能对个人产生什么影响？我们应如何规避群体极化对个人的负面影响？

【延伸阅读】

1. 喻国明、杜楠楠：《智能型算法分发的价值迭代："边界调适"与合法性的提升——以"今日头条"的四次升级迭代为例》，《新闻记者》，2019 年第 11 期，第 15～20 页。

2. 彭兰：《如何实现"与算法共存"——算法社会中的算法素养及其两大面向》，《探索与争鸣》，2021 年第 3 期，第 13～15 页。

3. 郭小安：《"戳掉你的泡泡"——算法推荐时代"过滤气泡"的形成及消解》，《全球传媒学刊》，2018 年第 2 期，第 76～90 页。

4. 凯斯·桑斯坦：《网络共和国——网络社会中的民主问题》，黄维明译，上海人民出版社，2003 年。

5. 古斯塔夫·勒庞：《乌合之众——大众心理研究》，冯克利译，中央编译出版社，2005 年。

第三章　新媒体时代的泛娱乐化现象

本章学习要点：

1. 掌握《娱乐至死》的主要思想
2. 理解技术乐观主义和技术悲观主义
3. 理解新媒体泛娱乐化的表征及原因
4. 掌握应对新媒体时代泛娱乐化的可能办法

20世纪60年代电视风靡世界以来，不少人注意到，随着电视的普及，大众越来越难以静下心来阅读文字书籍。1976年，罗伯特·阿姆斯特朗（Robert Armstrong）用“沙发土豆”（couch potato）一词来描述那些拿着遥控器，蜷在沙发上，沉迷于电视内容的人①。换句话说，“沙发土豆”是在隐喻那些看电视的人像土豆一样一动不动地坐在沙发上，时间长了，不仅人像土豆一样胖乎乎，脑子也像土豆一样空空如也。

而在新媒体时代，网络游戏、短视频、微短剧、网络综艺等形形色色的媒介内容，更为用户提供了铺天盖地、无所不在的娱乐题材、内容和场所，营造了一个全民娱乐的狂欢氛围。我们应该如何看待这场由技术革命带来的全民娱乐，如何应对这场“全民狂欢”呢？

第一节　从《娱乐至死》说开去

1985年，尼尔·波兹曼（Neil Postman，1931—2003）的著作《娱乐至

① 蓝江、刘煜洲：《数字共同体与青年人文素质的培养》，《青年学报》，2023年第6期，第35页。

死》问世。《娱乐至死》并非以批评当时的电视娱乐为目的，正如波兹曼在书中指出的：电视具有娱乐性这个事实实在太苍白了，绝对不会对文化造成任何威胁，也不值得我为此写一本书[①]。《娱乐至死》重在考察电视这一媒介的广泛使用对社会产生的深远影响。这一思路延续了马歇尔·麦克卢汉（Marshall McLuhan，1911—1980）“形式比内容更重要”的观点。麦克卢汉认为，媒介的“内容”好比是一片滋味鲜美的肉，破门而入的窃贼用它来涣散思想看门狗的注意力[②]。麦克卢汉形象地用“看门狗”的比喻提醒我们，媒介内容是窃贼为了转移我们的注意力，丢下的一块滋味鲜美的肉，我们不要因此而忽略了更为重要的传播渠道，即媒介。

一、《娱乐至死》的主要思想

波兹曼在开篇就描绘了电视时代的生活状况：“这是一个娱乐之城，在这里，一切公众话语都日渐以娱乐的方式出现，并成为一种文化精神。我们的政治、宗教、新闻、体育和商业都心甘情愿地成为娱乐的附庸，毫无怨言，甚至无声无息，其结果是我们成了一个娱乐至死的物种。”[③] 波兹曼详细比较了印刷时代与电视时代的美国选举活动，以此来说明，不同的传播媒介是如何改变我们的思维习惯、行为习惯的。

1854 年 10 月 16 日在伊利诺伊州的皮奥里亚，道格拉斯首先发言 3 小时，按照约定，他发言之后应该是林肯作答复。当轮到林肯发言的时候，他提醒听众当时已是下午 5 点钟，他可能需要和道格拉斯一样长的时间，而且在他发言之后，按规定道格拉斯还要继续反驳。他建议听众们先回家吃饭，然后再精神饱满地回来继续聆听 4 个多小时的辩论。听众们非常愉快地接受了这个建议，一切都照林肯的计划进行[④]。

这是怎样的听众啊？这些能够津津有味地听完 7 个小时演讲的人是些什么样的人啊？我们顺便还应该提一下，林肯和道格拉斯都不是总统候选人，在他们进行辩论的时候，他们甚至还不是美国参议员候选人。但是他们的听众并不

① ［美］尼尔·波兹曼：《娱乐至死》，章艳译，广西师范大学出版社，2009 年，第 76 页。

② ［加］马歇尔·麦克卢汉：《理解媒介——论人的延伸》，何道宽译，商务印书馆，2000 年，第 46 页。

③ ［美］尼尔·波兹曼：《娱乐至死》，章艳译，广西师范大学出版社，2009 年，第 5~6 页。

④ ［美］尼尔·波兹曼：《娱乐至死》，章艳译，广西师范大学出版社，2009 年，第 41 页。

特别关心他们的政治级别，这些人把这样的场合作为政治教育的一部分，他们认为这是社会生活的组成部分，而且他们早已习惯这种极为耗时的演讲[①]。

首先，用当今的标准来衡量，那时的听众具有超常的注意广度。今天有哪一个美国听众能够容忍 7 个小时的演讲？或者 5 个小时？甚至 3 个小时？尤其是在没有任何图片的情况下？其次，那时的听众必须具备非凡的、理解复杂长句的能力。道格拉斯在奥托瓦半个小时的演讲中包括了三个关于废除黑奴制度的决议，这三个决议句法复杂，措辞符合严格的法律行文。林肯的答词更为复杂，他引用了他在另一个场合进行演讲的书面稿[②]。

但是，如果你认为这些听众是理性行为的典范，那也大错特错了。1958 年 8 月 21 日在伊利诺伊州的奥托瓦，林肯和道格拉斯拉开了七场著名辩论的序幕。林肯和道格拉斯的所有辩论都是在狂欢节般的气氛中进行的，乐队高声演奏（虽然辩论时是停下来的），小贩叫卖他们的商品，孩子们奔跑嬉闹，大人们喝酒说笑。这些演讲的场合也是重要的社交场所，但这丝毫没有降低演讲者的身份。正如我前面提到的，在这些听众的社会生活中，文化生活和公共事务已经有机地融合在了一起[③]。

在当今所有的总统竞选中，两个竞选人都会在电视上进行所谓的“辩论”，但这些辩论与林肯和道格拉斯的辩论根本无法同日而语，甚至根本不算什么辩论。每个竞选人有 5 分钟时间回答诸如“你对中美洲将采取什么政策”这样的问题，然后他的对手可以做 1 分钟的反驳。在这种情况下，复杂的措辞、充分的证据和逻辑都派不上用场，有时候连句法也被丢到一边。但这并没有关系，他们关心的是给观众留下印象，而不是给观众留下观点，而这正是电视擅长的。辩论后的综述通常避免对竞选人的观点进行评论，因为确实也没什么可以评论的。这样的辩论就像是拳击比赛，关键的问题是“谁打倒了谁”，而这个问题的答案则取决于竞选人的“风格”——他们的外表如何，他们的眼神如何，他们怎样微笑，怎样说俏皮话。当年在里根总统与弗里茨的第二场辩论中，里根总统在被问到年龄时说了一句极精彩的俏皮话，结果第二天有好几家报纸都透露里根用他的笑话击败了对手弗里茨。

所有这一切都证明了一点，那就是我们的文化已经开始采用一种新的方式处理事务，尤其是重要事务[④]。

---

① ［美］尼尔·波兹曼：《娱乐至死》，章艳译，广西师范大学出版社，2009 年，第 41～42 页。
② ［美］尼尔·波兹曼：《娱乐至死》，章艳译，广西师范大学出版社，2009 年，第 42～43 页。
③ ［美］尼尔·波兹曼：《娱乐至死》，章艳译，广西师范大学出版社，2009 年，第 44 页。
④ ［美］尼尔·波兹曼：《娱乐至死》，章艳译，广西师范大学出版社，2009 年，第 85 页。

这些文字直观地展现了从印刷时代到电视时代，美国的政治辩论发生了怎样的变化。上文提到的里根总统的俏皮话是“我是不会说他太年轻以至于没有成熟到当美国总统”[①]，这句话被美国媒体纷纷转载并因此评论这场辩论太精彩了。

《娱乐至死》通过印刷时代与电视时代的对比，指出两种媒介形成的社会文化的不同。笔者遵循波兹曼的思路，将之画成图（见图 3-1）。

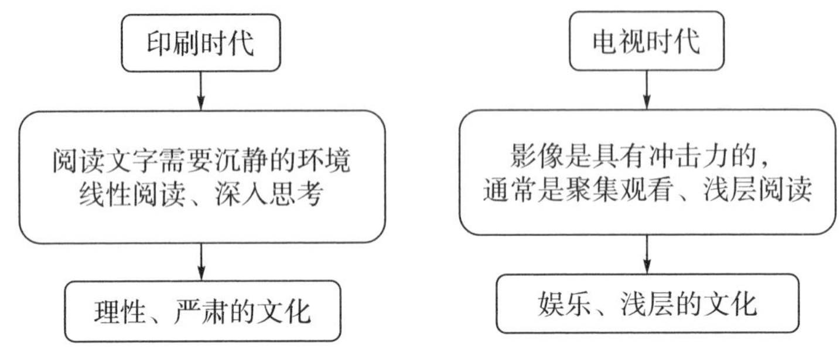

图 3-1　印刷与电视时代的社会文化比较

波兹曼希望通过《娱乐至死》一书让读者意识到媒介的重要性，即“媒介即隐喻”：媒介更像一种隐喻，用一种隐蔽但有力的暗示来定义世界。而“隐喻”的说法亦让人们意识到“媒介的独特之处在于，虽然它指导着我们看待和了解事物的方式，但它的这种介入却往往不为人所注意”[②]。

二、技术乐观主义还是技术悲观主义?

尽管麦克卢汉、波兹曼都认为媒介技术对人的行为以及人类文明有着或显或隐的重要影响，但媒介技术对个人及社会的影响是积极的还是消极的，他们却持有完全不同的看法。

（一）技术悲观主义

以波兹曼为代表的技术悲观主义认为媒介技术，尤其是电子媒介技术的发展对人类产生了不太美妙的影响。他在《娱乐至死》中说，“我相信电视创造

① 转引自苏静婷、董晨宇：《“娱乐”何以“至死”——尼尔·波兹曼在流行文化中的误读》，《中国图书评论》，2020 年第 11 期，第 34 页。

② ［美］尼尔·波兹曼：《娱乐至死》，章艳译，广西师范大学出版社，2009 年，第 11 页。

出来的认识论不仅劣于以铅字为基础的认识论，而且是危险和荒谬的”[①]，“印刷术赋予智力一个新的定义，这个定义推崇客观和理性的思维，同时鼓励严肃、有序和逻辑性的公众话语”[②]，“掩藏在电视新闻节目超现实外壳下的是反交流的理论，这种理论以一种抛弃逻辑、理性和秩序的话语为特点”[③]，“电视新闻节目提供给观众的是娱乐而不是信息，这种情况的严重性不仅仅在于我们被剥夺了真实的信息，而且在于我们正在逐渐失去判断什么是信息的能力”[④]。波兹曼的另一本著作《童年的消逝》则从另一个侧面反映了他的技术悲观主义，他认为电子媒介时代让孩子们失去了他们的童年——这是印刷媒介时代儿童的专利。他说，在电视时代，我们“不得不眼睁睁地看着儿童的天真无邪、可塑性和好奇心逐渐退化，然后扭曲成伪成人的劣等面目”[⑤]。

20 世纪 80 年代，波兹曼认为电子时代的人们越来越缺乏理性和耐心，越来越沉溺于浅表的影像冲击不能自拔。2008 年美国科技作家尼古拉斯·卡尔（Nicolas Carr）发表在《大西洋月刊》上的封面文章《谷歌是否让我们变得愚蠢》（*Is Google Making Us Stupid?*）的思路也与波兹曼一脉相承。他认为以搜索引擎技术为代表的互联网技术，让我们牺牲了深度阅读和思考的能力，变得浅薄而愚蠢。2010 年，卡尔又出版了《浅薄：互联网如何毒化了我们的大脑》（*The Shallows: What the Internet Is Doing to Our Brains*），在这本书里，卡尔认为，与印刷图书相比，互联网鼓励我们蜻蜓点水般地从多种信息来源中采集“碎片化”的信息，从而使我们丧失专注能力、沉思能力和反省能力。

（二）技术乐观主义

以麦克卢汉为代表的学者，则持与波兹曼不尽相同的观点。在论述“媒介即人的延伸”时，麦克卢汉认为，在部落化时期，人的感觉能力是平衡的；而在印刷时期，文字阅读发展出了单一的视觉文化，这种文化赋予我们的是“感受力的分裂”[⑥]。而以电视为代表的电子媒介，不仅扩张了视觉、听觉和触觉，

---

① ［美］尼尔·波兹曼：《娱乐至死》，章艳译，广西师范大学出版社，2009 年，第 25 页。

② ［美］尼尔·波兹曼：《娱乐至死》，章艳译，广西师范大学出版社，2009 年，第 48 页。

③ ［美］尼尔·波兹曼：《娱乐至死》，章艳译，广西师范大学出版社，2009 年，第 91 页。

④ ［美］尼尔·波兹曼：《娱乐至死》，章艳译，广西师范大学出版社，2009 年，第 93 页。

⑤ ［美］尼尔·波兹曼：《娱乐至死·童年的消逝（外一种）》，吴燕莛译，广西师范大学出版社，2009 年，第 164 页。

⑥ ［加］马歇尔·麦克卢汉：《理解媒介——论人的延伸》，何道宽译，商务印书馆，2000 年，第 221 页。

使我们的感受力重回平衡，同时，还打破了地域和文化的差异，使人类结成“地球村”。也就是说，电视以接近于实时的传播速度和强烈的现场感、目击感把遥远的世界拉近，人与人之间的感觉距离大大缩小，于是人类在更大的范围内重新部落化，整个世界变成了一个新的地球村①。可见，麦克卢汉对媒介技术的发展是持乐观态度的。

同样秉持技术乐观主义的还有自称为“波兹曼不听话的学生”的保罗·莱文森（Paul Levinson，1947—）。莱文森的理论著作相当高产，目前已出版《思想无羁》《软利器》《数字麦克卢汉》《真实空间》《手机：挡不住的呼唤》《莱文森精粹》《新新媒介》等 7 部理论专著。莱文森关于媒介演进的乐观主义思想在其 1973 年发表的博士论文《人类历程的回放》中就基本成形。在该论文中，莱文森提出了“媒介演化的人性化趋势”。他认为，“随着技术传播媒介的发展，它们倾向于更多地复制真实世界中前技术的或是人性化的传播环境”②，“随着媒介变得越来越先进，它们所传递的信息需要感知者进行越来越少的解码（相应地，则需要制作者进行越来越多的编码）”③。也就是说，技术发展的趋势是越来越像人，技术在模仿、复制人体的感知模式和认知模式。此后，在《思想无羁》中，他又为“媒介演化的人性化趋势”打了一个补丁，提出“补救性媒介”理论，即任何一种后继的媒介，都是对过去的某一种媒介功能的补救和补偿。换言之，人类的技术会越来越完美，越来越“人性化”。

但无论是技术悲观主义者，还是技术乐观主义者，都不得不承认波兹曼指出的“一切公众话语都日渐以娱乐的方式出现”的问题，在新媒体时代愈演愈烈。

三、新媒体时代的泛娱乐化趋势

在讨论新媒体时代的泛娱乐化趋势前，有个前提需要先行说明，即我们应该意识到，媒介的娱乐功能并非一种负面功能。《现代汉语词典（第 7 版）》中“娱乐”的释义为：使人快乐、消遣；快乐有趣的活动④。1959 年，社会学家

① 郭庆光：《传播学教程（第二版）》，中国人民大学出版社，2011 年，第 119 页。

② ［美］保罗·莱文森：《人类历程回放：媒介进化论》，邬建中译，西南师范大学出版社，2017 年，第 5 页。

③ ［美］保罗·莱文森：《人类历程回放：媒介进化论》，邬建中译，西南师范大学出版社，2017 年，第 9 页。

④ 中国社会科学院语言研究所词典编辑室：《现代汉语词典（第 7 版）》，商务印书馆，2016 年，第 1579 页。

赖特在拉斯韦尔的大众传媒“三功能说”（即环境监视、社会协调和文化传承）的基础上首次增加了“提供娱乐”功能，并认为娱乐功能是大众媒介最显著、最有力的功能。在物质需求基本满足、生活节奏越来越快的今天，人们对媒介的娱乐需求更加突出，追剧、追综艺、打游戏、追逐明星娱乐新闻……都能让人们从琐碎、繁杂的工作生活中暂时逃离，因此，欢乐的、不用动脑筋的娱乐节目自然比深沉的、说教类节目更容易受到大众的喜爱。这些看似无功利的、不那么高级的娱乐内容，能帮助人们消除一天的疲劳，释放内心的紧张和焦虑。这时，娱乐不是一种浪费时光的游戏，而是作为一种精神调整、心理修复的重要手段，甚至是一种实现生命价值的重要途径。马克思也把娱乐消遣的精神生活称为“享乐的合理性”的满足。可见，必要的娱乐文化是使人放松与享受的，也并不与人类其他高尚的精神相抵触。

与相对严肃的纸质媒体相比，“声色兼具”的电视通过动感的画面和声音激活了人们的感官细胞，极大地满足了人们消除疲劳、释放压力、愉悦身心的基本需求。电视不仅把媒介的娱乐性演绎得淋漓尽致，更在消费文化的裹挟下成为嵌入人们日常生活的重要娱乐工具，成为泛娱乐化的始作俑者。

互联网的勃兴带来了传播资源的社会化和话语权力的全民化，以“去中心—再中心”为基本特征，颠覆了既有的媒体格局。与电视相比，新媒体时代的“泛娱乐化”已不仅是局部的、表层的现象，而呈现出普遍化、显著化的趋势，网络空间变成了“全民狂欢”的新世界。

（一）新媒体时代泛娱乐化的表征

新媒体时代泛娱乐化主要有两个重要表征：一是日常生活的泛娱乐化，二是网络舆论的泛娱乐化。

首先讨论日常生活的泛娱乐化。胡正荣等指出，如果说电视是文本内容的“严肃过滤器”，是导致娱乐“霸权”话题甚嚣尘上的技术因素的话，那么互联网平台有可能是生活内容的“严肃过滤器”。当娱乐“霸权”与平台“霸权”相遇叠加，日常生活就可能被泛娱乐化了①。打开微博、微信、抖音、小红书、知乎等各大网络平台，名人明星的娱乐八卦频繁占据热搜。各种娱乐八卦不仅能使受众获得短暂性的、快乐的感官体验，还能满足受众的猎奇心理，使之成为人们茶余饭后的重要谈资。长此以往，人们的注意力便长久地集中在这

① 胡正荣、王天瑞：《新传播环境中的泛娱乐化现象与破解》，《青年记者》，2021年第23期，第9页。

些能够寻求快乐刺激的网络娱乐话题中。同时，游戏竞技类、婚恋交友类、才艺选秀类等真人秀节目遍地开花，并在各大网络平台不断炮制出争议性话题引发舆论热议。还有各种帝王后妃剧、穿越剧充斥屏幕，一些剧作打着“经典翻拍”的旗号过度解构、歪曲历史，用过度娱乐的编排手段消解了历史题材的宏大叙事和崇高价值。异军突起的微短剧为了吸引眼球和流量，刻意制造夸张、猎奇的情节，如通过渲染婆媳矛盾、性别对立等情节来制造冲突，通过无脑打脸的密集爽点吸引关注，依靠低俗、媚俗的内容吸引流量，甚至传播违反公序良俗的言论，对观众特别是青少年的价值观产生不良影响。此外，随着网络直播的兴起和短视频的风靡，用户的网络购物、闲暇时间亦被浅表化、碎片化、感官化的视听影像包围。“连接一切”的移动互联网又使人们随时随地进行娱乐成为可能，泛娱乐化不再虚无缥缈，而是无处不在，无时不有，人们不自知地被困于“娱乐”—“空虚”—“再娱乐”的循环之中。

其次是网络公共舆论的泛娱乐化。原本以释放压力、愉悦心情为目的的娱乐功能被过度强调和加速泛化，娱乐不断超越其应有的边界向严肃的新闻、政治、教育等领域渗透。泛娱乐化已经深刻地嵌入了人们的行为和思维模式当中，网络公共舆论也出现了明显的泛娱乐化的倾向：第一，网络话语表达体现出泛娱乐化倾向。网络流行语、搞笑段子、表情包等表达方式成为公共舆论的重要组成部分。由于网络缺乏把关人的特性，为了彰显个性化和娱乐性，一些低俗的网络流行语频频“登堂入室”；而搞笑段子和表情包崇尚的恶意搞笑、戏谑调侃，虽然能在一定程度上提升交流的趣味性，但过度依赖段子和表情包，也会削弱人们的语言表达能力。第二，在网络公共表达中，泛娱乐化的表达方式不断消解着公共事件的严肃性。一些网络脱口秀节目使当下的网络表达常常有“语不惊人死不休”的泛娱乐化趋向，那些“看起来有深度的俏皮话”，“造梗”运动使原本用来开展公共商议的网络空间被挤压，分散了人们对政治、经济等严肃问题的注意力。植入娱乐元素的公共议题从形式上看似乎促进了大众的社会参与，但是，在泛娱乐化的氛围中，人们日渐失去判断力，原本严肃的主题逐渐流于庸俗化。第三，在具有重大新闻价值和关乎舆论导向的议题上，泛娱乐主义极易引发情绪化的表达和传播，导致对情绪的放大和对事实真相的忽视，重构了人们对信息的选择和判断标准，进而表现为以压倒性的群体性情绪“狂欢”为追求而非对事实真相的探求。

新媒体时代的“全民狂欢”还可能带来一系列不容忽视的问题：一是追求感官刺激与即时满足。泛娱乐化通过各种形式（网络综艺、微短剧、短视频等）不断向大众输送浅薄、空洞的娱乐内容，刺激人们的感官需求，使人们逐渐习惯于追求即时的满足感和快感。二是使网络场域中的“三俗”之风盛行。为了吸引用户的注意力和关注度，很多信息资讯、影像视频都流于庸俗化、媚俗化甚至低俗化。比如，哗众取宠的“标题党”报道的庸俗信息、崇尚消费社会的媚俗化评论、传播淫秽色情的低俗影像等，这些内容可能扭曲人们的价值观，对正在形成世界观、人生观、价值观的青少年影响更大。三是泛娱乐化还不断消解着公众对公共事件的关注度和事件本身的严肃性。标题党、污言秽语、俏皮话等不仅助长庸俗浮躁之风，情绪化的群体性狂欢也不利于构建良性的网络舆论环境。

（二）新媒体时代泛娱乐化的原因分析

首先，互联网的技术基因深刻影响着泛娱乐主义的生长。一方面，视听化呈现技术的发展不断追求一种“内爆”式娱乐体验。表情包、短视频、微短剧等更具感官冲击的网络视听方式更契合人类本能的信息获取方式，使得视听文化快速占领了人们的日常生活，于是浅薄化、情绪化和形象化的低门槛内容成为视觉文化的特征，感性和刺激代替了理性与思考。另一方面，新媒体时代打破了传统媒体组织生产者主导的传播格局，人人都有麦克风，使媒介内容迅速从稀缺走向过剩，受众注意力反而成为稀缺资源。媒体内容创作者为了吸引日益稀缺的受众注意力，更热衷于制造浅薄空洞的内容，甚至不惜用粗鄙庸俗的噱头包装和戏谑恶搞的方式，让人们沉溺于段子、表情包、短视频、爽文、爽剧中难以自拔，从而获得虚假的快感。而多元互动主体和多样互动方式又极易使网民在网络群体的相互肯定下走向“集体狂欢”。

其次，资本与技术的合谋不断迎合大众的娱乐品位和需求。我们应该意识到泛娱乐化是受众自主选择的结果[①]。中国传媒业走上市场经济的轨道后，媒介的商业逻辑逐渐呈现并日趋居于强势地位。而以腾讯、新浪、字节跳动等为代表的互联网企业，从诞生之初就是以商业逻辑为基本逻辑的科技企业，他们为了争夺用户进而获取商业利益，自发地以算法、热搜等方式主动迎合用户的娱乐趣味。所以，新媒体环境下的娱乐性内容所占比例越来越大，很大程度上是资本与技术合谋不断迎合大众的娱乐品位的结果。

---

① 陆晔等：《媒介素养：理念、认知、参与》，经济科学出版社，2010年，第415页。

第二节 如何应对新媒体时代的泛娱乐化

在新媒体时代，我们既要认识到泛娱乐化趋势的势不可挡；也要意识到泛娱乐化倾向是在网络技术、商业逻辑的双重驱使下加速前进的。在这场互联网的娱乐狂欢中，需要政府、媒体内容生产者与用户三方携手，以降低泛娱乐化的负面影响。

一、政府加强网络娱乐内容的监管力度，明确网络娱乐底线

21 世纪以来，随着真人秀节目的热播，彼时的娱乐节目曾出现过度依赖海外引进模式、过度娱乐化等一系列问题。当时，国家从政策层面及时予以引导。2011 年 7 月，国家广电总局召开了“关于防止部分广播电视节目过度娱乐化座谈会”，不久后出台了限娱令，对娱乐节目的播出时段、播出数量、节目质量等进行了规定，如若违反规定则勒令停播。2017 年，针对部分网络视听节目中存在着价值扭曲、娱乐至上、内容低俗、品质低劣、格调低下、语言失范等问题，国家广电总局发布《关于进一步加强网络视听节目创作播出管理的通知》，强调网络视听节目与广播电视节目同一标准，并明确指出坚持把社会效益放在首位，绝不能制造低俗噱头，展示丑行恶态，呈现阴暗晦涩，渲染色情暴力。同时，坚决杜绝包装炒作明星子女和侵害未成年人权益的现象。2018 年，广电总局又发布了《关于进一步规范网络视听节目传播秩序的通知》，要求坚决禁止非法抓取、剪拼改编视听节目的行为，加强网上片花、预告片等视听节目管理等。同年，针对直播乱象，国家广电总局发布了《互联网直播管理规定》。2019 年，中国网络视听节目服务协会发布《网络短视频平台管理规范》和《网络短视频内容审核标准细则》，明确提出了短视频先审后播等要求。2024 年 8 月，中央网信办专门印发通知，要求在全国范围内部署开展为期 1 个月的“清朗·网络直播领域虚假和低俗乱象整治”专项行动。此次专项行动围绕网络直播领域虚假和低俗乱象，重点整治编造虚假场景人设，无底线带货营销；“伪科普”“伪知识”混淆视听；传播“软色情”信息；扰乱社会秩序，侵犯他人权益；欺骗消费者，销售假冒伪劣商品等五类突出问题。通过一系列规章制度及专项行动，基本构建了统一管理、分类规范的网络视听传播秩序。

二、网络内容生产者应自觉提高网络视听作品的文化品格，提升娱乐品质

网络内容生产者要自觉维护公序良俗，注重娱乐品质，提升娱乐内容的思想性、艺术性，自觉抵制过度商业化、过度娱乐化和低俗化倾向。近年来，网络上涌现了很多网络娱乐内容与文化品格兼具的作品。以 2023 年由夏天妹妹和煎饼果仔创作的微短剧《逃离大英博物馆》为例，该剧讲述了从大英博物馆逃出的中华缠枝纹薄胎玉壶，化身成了一个可爱的女孩，偶遇一名在海外工作的中国媒体人，两人共同踏上归家之路的故事。这部微短剧虽然还有缺陷，但因其兼具了创意与深度，以小体量展现大情怀，撕下了微短剧“无脑”“爽剧”的标签，因而备受称赞。

严肃的国史纪录片《国家记忆》因优质的短视频传播而获得海量的关注。2016 年 10 月，《国家记忆》在央视国际频道首播。2017 年，该节目在抖音短视频平台上开设同名官方账号，并在 2018 年媒体抖音号影响力 TOP100 榜单中位列第三，仅次于《人民日报》和《快乐大本营》抖音号[①]。截至 2024 年 8 月该账号拥有粉丝 1507.1 万，获赞 4.9 亿，其短视频传播发挥的持续影响力可见一斑。《国家记忆》抖音号为何能让严肃的国史纪录片收获众多粉丝？一方面得益于其能紧跟当下的热点时事，对纪录片原有影像资料进行深度再创作。如，在 2023 年 4 月 23 日海军成立 74 周年纪念日当日，发布 74 年前首次海上阅兵的纪实影像。另一方面，能对原有影像进行网感化、娱乐化的再创作。如将纪录片中抗美援朝士兵家书中的手绘图像称为“70 多年前的表情包”，并专门用特写镜头强化，拉近了当代观众与 70 年前家书的心理距离。

由此可见，网络内容生产者在创作中严守底线，寓教于乐，是可以创作出兼具娱乐与文化品格的优秀作品的。

三、个人应对新媒体时代泛娱乐化的可能措施

作为媒介信息的接收者，首先，我们在日常媒介的使用中，不能将手机等移动终端仅视为娱乐的工具。我们应有意识地通过查看手机系统中的“健康使

---

① 马皖雪：《融合、再现与认同 ：“央视国家记忆”抖音号的内容创新》，《青年记者》，2023 年第 12 期，第 107 页。

用手机”等功能，定期检查和分析个人的手机使用行为。如，通过每天和过去七天使用时长、最常使用的软件时长及排序分析个人的手机使用是否存在过度娱乐化的倾向，有意识地规避过度娱乐化的内容长时间地占据我们的闲暇时光。其次，在大量网络娱乐内容的阅读与观看中，自发地总结各类套路，以防止个人被娱乐化的媒介内容过度卷入①。比如，为了吸引眼球，或在作品中突出放大不良现象以迎合非理性情绪；或以策划、剪辑等方式，人为制造真人秀嘉宾的矛盾冲突；或通过炒 CP 等形式，提升观众参与度和卷入度；等等。最后，有意识地培养个人的深度文字阅读能力。在新媒体环境下，人们的信息接收习惯越来越呈现出碎片化、个性化、社交化、场景化和视觉化等特征，这在很大程度上消解了文字阅读的整体性、逻辑性和严肃性。因此，每天划出一定时间进行有深度的文字阅读，通过文字阅读有意识地培养个人理性、客观的思维方式，也是新媒体素养的题中应有之义。

作为媒介内容的生产者，我们在网络内容的生产中，第一，应避免效仿和滥用低俗的网络热词。尊重言论自由，追逐表达快感，并不意味着可以过度放宽对个体的要求，我们在网络表达时应自发地对低俗的网络热词进行抵制。第二，还应避免过度沉迷并生产那些“看起来有深度的俏皮话”，避免让个体沉溺于各种“造梗”运动的娱乐声浪中，而忽略了对公共话题的理性讨论。第三，在公共表达时，还应避免过分情绪化、情感化的卷入与表达。这不仅可能让个体忽视对事实真相的追求，还可能让个体的移情能力降低甚至失效，进而在现实生活中，使个体越发自我，影响个体的现实人际交往。

【课后习题】

1. 长期接触泛娱乐化信息，是否会影响人们对复杂社会问题的理解能力？为什么？

2. 结合个人日常媒介实践谈一谈：我们应如何应对新媒体环境下的“全民狂欢”?

3. 作为媒介内容生产者与创作者，我们应如何看待新媒体时代的泛娱乐化趋势？

【延伸阅读】

1. 苏静婷、董晨宇：《“娱乐”何以“至死”——尼尔·波兹曼在流行文

① 陈志勇：《青少年网络媒介素养教育》，中央编译出版社，2018 年，第 107 页。

化中的误读》,《中国图书评论》，2020 年第 11 期，32～40 页。

2. 尼尔·波兹曼：《娱乐至死·童年的消逝（外一种)》，章艳、吴燕莛译，广西师范大学出版社，2009 年。

3. 马歇尔·麦克卢汉：《理解媒介——论人的延伸》，何道宽译，商务印书馆，2000 年。

第二编

新媒体使用素养

第四章　网络自我：社交媒体中的自我呈现

本章学习要点：

1. 掌握拟剧理论及印象管理
2. 掌握媒介情境论及社交媒体中情境混杂的特征
3. 理解塑造良好“网络自我”的益处、可能的自我呈现策略

当前，网络社交应用主要包括即时通信工具、综合社交应用和垂直细分社交应用。即时通信工具以微信、QQ为代表，主要满足用户交流互动的社交需求；综合社交应用以微信朋友圈、QQ空间、小红书为代表，主要满足用户进一步展示自我、认识他人的社交需求；垂直社交应用包含婚恋社交、职场社交等类别，在特定领域为用户提供社交关系连接。本章以微信朋友圈为切入点，结合戈夫曼的拟剧理论、梅罗维茨的媒介情境论等理论知识，让我们更好地理解如何才能利用网络社交平台进行展示自我、认知他人的网络社交活动，从而提升个人的新媒体交往素养。

第一节　社交媒体中的印象管理

欧文·戈夫曼（Erving Goffman，1922—1982）是加拿大裔美国社会学家，他于1959年出版的《日常生活中的自我呈现》对社会学做出了重要贡献。在该书中，戈夫曼十分认可莎士比亚的戏剧思想：人类生活的世界就是一个大舞台，我们每个人都在努力地按照自己所扮演的角色的要求去表演一段段悲欢离合的故事。

一、两组概念：前台/后台与情境/角色

戈夫曼在莎士比亚戏剧思想的基础上提出了拟剧理论。他把社会比作舞台，把社会成员比作演员，这样，人与人在社会生活中的相互行为，在某种程度上就是一种表演。我们每个人像演员一样，在特定的场景中，按照角色的要求在舞台上给观众进行表演。在整个表演过程中，我们总是尽量地使自己的行为接近我们想要呈现给观众的那个角色，观众看到的是那个表现出来的角色而不是演员本身。当表演结束，演员回到后台，他的真实面目才显露出来。此时，演员才恢复了本来的自我。

在戈夫曼的“拟剧理论”看来，所有社会角色的行为实质上都是表演，每个场景即是一个戏剧舞台。当我们进入一个社会环境后，我们需要知道其他人所扮演的角色，在这个场景中我们扮演什么样的角色①。人们遵循所处场景的规则，对自我形象进行有选择的展示，即前台行为；而脱离前台场景，回到不再能被外人窥视的场景，即后台，个人才能放松下来，出现后台行为。这些后台行为如果不小心被他人窥视，往往会有损前台精心打造的完美形象。这段描述涉及拟剧理论中的两组关键概念：前台/后台和情境/角色。按戈夫曼的原话来讲，前台指“个体在表演期间有意无意使用的、标准的表达性装备”②，而后台“则会凸显出那些被掩盖的事实”③。换句话说，前台是指受到高度关注的区域，人们在前台表现的往往是能被他人和社会接受的形象。后台往往是指社会活动中“不可见”的区域，这一区域拒绝“观众”的“入侵”，后台相对于前台而言，是为前台表演做准备、掩饰在前台不能表演的内容的场合，人们会把他人和社会不能或难以接受的形象隐匿在后台。在后台，人们可以放松、休息，以补偿在前台区域的紧张。情境/角色则是指我们要根据不同情境的要求扮演不同的角色，即在不同的场合表现出该场合应有的行为规范，这些角色或行为都要遵守一定的社会规范要求。如在舞台上，演员要按照剧本进行角色扮演，当演出结束，回到后台时，演员往往能跳脱前台及所扮演角色的限制，

---

① ［美］约书亚·梅罗维茨：《消失的地域：电子媒介对社会行为的影响》，肖志军译，清华大学出版社，2002年，第26页。

② ［美］欧文·戈夫曼：《日常生活中的自我呈现》，冯钢译，北京大学出版社，2008年，第19页。

③ ［美］欧文·戈夫曼：《日常生活中的自我呈现》，冯钢译，北京大学出版社，2008年，第97页。

跟同事展开与角色无关的日常交流。在用餐区，服务员能按照职业要求对顾客毕恭毕敬，而在顾客看不见的地方，他们可能会对刚刚服务过的顾客评头论足。而在新媒体实践中，我们也会根据微信朋友圈、小红书、微博等不同的媒介平台灵活地调整自我呈现策略。如，在朋友圈里，我们常常因为过多强关系（如父母、师友）的存在，更注重情感交流和日常生活分享；在小红书上，我们更倾向于发布美妆、穿搭、旅行攻略等具有吸引力的展示性内容；在微博上，我们则更积极地参与热门话题讨论。这也是个人根据不同情境（新媒体平台）进行不同角色表演的典型案例。

二、印象管理策略

戈夫曼将人们运用各种技巧和方法左右他人，以在他人那里建立起良好印象的过程称为印象管理。换句话说，印象管理是指在前台的社会交往活动中，人们总是希望获得别人和社会的赞同，因此，我们非常注意自己在他人面前和社交场合中的形象。基于此，戈夫曼提出了理想化表演、误解表演、神秘化表演和补救表演四种印象管理的策略。

（一）理想化表演

理想化表演是指表演者总是力求给观众造成某种理想化印象：当个体在他人面前呈现自己时，他的表演总是倾向于迎合并体现那些在社会中得到正式承认的价值，而实际上他的全部行为却并不具备这种价值[①]。比如，在朋友圈进行早起打卡、健身打卡、分享读书心得等。其中，早起、健身和阅读都是被社会广泛认可的，分享者期望以此给观众留下积极、正面、符合社会期望的印象，但行为背后的动机却不是出于追求更优秀的自我。理想化表演是个体通过朋友圈有意识地塑造并展示的一种高于日常生活常态的理想化形象或行为。这种表演并非完全虚构，而是基于个人或群体价值观、社会期望以及自我认知的一种加工和呈现。经由理想化表演获得他人的赞美和肯定，还能使表演者获得情感上的满足和自信心的提升。

（二）误解表演

误解表演是指使别人产生错觉，得到假印象的表演。理想化表演即便有表

---

① ［美］欧文·戈夫曼：《日常生活中的自我呈现》，冯钢译，北京大学出版社，2008年，第29页。

演的成分，也与给他人留下“虚假印象”或“错误印象”的误解表演有着本质上的不同。由于网络交往不再受物理空间、时间等因素的限制，表演者可以通过精心策划和后期制作等方式，使观众对某一事件、人物或现象产生误解或得到与事实不符的印象，因而，网络交往中的误解表演明显增多。

**案例**

朋友圈的误解表演

一些不遵循正规商业操作规范的微商，在朋友圈中常常发布精心拍摄的产品图片或视频以夸大产品效果，通过分享自己的高消费日常（如买车、买房）以营造自己轻松致富、日入斗金的形象。借助虚假宣传和炫富营销这类误解表演，达到他们推销产品的目的。随着社交媒体平台的发展和变化，这类微商也不断调整自己的营销策略，如，转战短视频、直播平台。因此，消费者在面对各类平台上以推销产品为目的的误解表演时，都应提高警惕，保持理性和独立思考的能力。

朋友圈另一种误解表演出自“拼媛”群体。“拼媛”是“拼单名媛”的简称。“拼媛”们为了在朋友圈中打造自己“小资名媛”的人设，将原本昂贵的下午茶、豪华酒店房费、奢侈品包包……以拼团消费的形式降低成本，完成打卡拍照并在朋友圈上传照片。

网上还出现了一批“病媛”。她们在社交平台上，声称自己患甲状腺癌、甲状腺结节、乳腺癌、抑郁症……“病媛”们通常会先发布一些配着自己带妆的精致住院图片的文案，介绍自己患有某种疾病，再过几天称“已经痊愈”，接着分享自己的术后恢复心得、推销康复产品。

在前台进行误解表演大多有两个目的：一是为了获得利益，二是为了满足虚荣心。上述案例如微商、病媛等前台表演是为了获取经济利益而进行的误解表演，这类表演尤其需要我们在日常的网络交往中提高警惕并注意鉴别。但诸如拼媛类的误解表演大多是为了满足个人的虚荣心，这类表演并不都是恶意的，因此，并不需要大加挞伐。总的来说，社交媒体为误解表演提供了更为便捷的表演场所，使得误导观众的情形大大增加了。

（三）神秘化表演

神秘化表演是指与互动方保持一定距离，使对方产生一种崇敬心理的表演。戈夫曼认为："限制接触，即保持社会距离，能使观众产生并维持一种敬畏。"[①] 比如，不少演出场所的后台标明"非工作人员严禁入内"，以此保持演员与观众的社会距离，这就是一种典型的神秘化表演。不发朋友圈可以看作与他人保持距离的一种神秘化表演。但朋友圈中的神秘化表演更多地表现为个人通过控制信息的释放，创造不确定性和模糊性来保持与他人的距离，以此引发他人的好奇心和探索欲，进而提升他人对自己的关注度和重视度。如，发布一些似是而非或模棱两可的内容来制造神秘感；对发布图片的关键信息（如机票的目的地）予以涂抹等，吸引更多的关注和讨论等。

（四）补救表演

补救表演是指用来应付一些非预期的意外情况的表演，如无意但容易造成误解的动作、不合时宜的闯入、失礼、当众吵闹等，这些都会导致表演的不协调，进而需要进行补救表演。当下，以朋友圈为代表的社交媒体成为进行补救表演的重要场所。比如，名人明星被拍到"某某事件"，然后通过社交媒体发表相关声明。"声明发表"就是一种典型的补救表演。有时候，"秒删"也是一种补救表演，是对刚刚在社交媒体上不当发言的一种补救。

总的来说，戈夫曼提出的四种人际交往印象管理策略在社交媒体时代仍然适用，只不过表现形式发生了一定改变。而以微信朋友圈为代表的社交平台，可以被看作个人扩大了的、允许更多"观众"进入的前台。相应地，传统的后台在某种程度上被挤压了。

第二节　媒介情境论与社交媒体中的情境混杂

20 世纪 90 年代，电视作为主流媒体，约书亚·梅罗维茨（Joshua Meyrowitz）融合麦克卢汉的媒介技术视角和戈夫曼的"拟剧理论"，提出了媒介情境理论。他认为，电子媒介的广泛使用能创造出新的社会环境，而新的社会环境会重新塑造人们的行为模式。

---

① ［美］欧文·戈夫曼：《日常生活中的自我呈现》，冯钢译，北京大学出版社，2008 年，第 54 页。

一、媒介情境论

梅罗维茨认为，印刷媒介倾向于隔离不同的社会场景，而以电视为代表的电子媒介则倾向于整合不同的社会场景。他指出："电子媒介通过改变社会生活场景的界限，不仅是简单地使我们更迅速更详细地接近事件或行为。它还给了我们新事件和新行为。"①

20 世纪 60 年代后期，当倡议黑人人权的斯托克利·卡迈克尔（Stokely Carmichael）发现自己引起了媒介的注意时，他对这个大的社会舞台的接触结果变成了灾祸，而不是福音。在电视和电台这种大家共享的舞台上，他发现自己要同时面对至少两种不同类型的观众：他最初的黑人观众和"窃听讨论"的白人观众。在个人（无中介）表现上，他能够分别对黑人和白人进行两种完全不同的黑人人权演说，但是在电子媒介的混合论坛上，他必须决定是使用黑人或是白人的修辞风格和内容。如果他使用了白人风格，他会疏远最初的黑人观众，并且使其达到给黑人以新的自豪和自尊观念的目的失败。但是如果他采用了黑人的修辞风格，他会与白人疏远，其中包括许多支持给少数民族充分权力的自由人士。由于找不到折中的风格，卡迈克尔最后决定在有中介的演讲中使用黑人风格。这样虽然他点燃了黑人观众的火焰，但是也对他的第二类观众灌输了仇恨和恐惧，以及引起了对白人权力结构的愤怒。

类似地，当记者在电视镜头前与总统夫妇会面，总统和第一夫人应该有怎样的行为呢？这个场面是三者之间亲密的社会交往，还是在全国观众面前的公开表演呢？答案是两者都是，却又都不是。总统的行为既不能显得好像只有他和妻子同记者单独在一起，也不能类似于像在盖茨堡对公众进行演讲时那样，而应改变行为以适应特定的社会场合。在某种程度上，新的场合导致了新的行为和新的社会内涵。在这个意义上，我们不仅有了不同的场景，也有了不同的总统，而且长此以往还会有不同的总统职权②。

---

① ［美］约书亚·梅罗维茨：《消失的地域：电子媒介对社会行为的影响》，肖志军译，清华大学出版社，2002 年，第 39 页。

② ［美］约书亚·梅罗维茨：《消失的地域：电子媒介对社会行为的影响》，肖志军译，清华大学出版社，2002 年，第 39～40 页。

（一）中区行为的提出

以电视为代表的电子媒介在日常生活中的普遍使用，使新场景得以产生，进而导致新行为的出现。梅罗维茨在戈夫曼的前台/后台行为的基础上，将新行为命名为“中区”行为。他指出，以后区和前区观念为基础，在混合场景中出现的新行为可被称为“中区”行为。相反地，从场景的分离中产生的两类新行为就被称为“深后区”行为和“前前区”行为①。梅罗维茨进一步解释了三种行为的不同：“中区”或“侧台”行为模式包括最初的台上和台下行为模式的元素，但又缺乏两种行为模式的极端行为。“深后区”和“前前区”行为则由演员与观众分离程度的增加而产生，场景的分离造成了粗犷的后台风格以及更为质朴的台上表现②。

（二）表演真实——以朋友圈为代表的社交媒体实践

1. 通过前前区行为进行理想化表演

在互联网时代，以朋友圈为代表的社交媒体平台，可以被看作是一种新搭建出来的生活表演舞台。人们通过社交媒体分享的内容大多是保持良好礼仪的前前区行为。在这里，人们倾向于展现符合传统价值观的行为，而隐藏那些属于真实自我却不太符合他人期望的行为，即倾向、迎合那些已得到认同的价值，掩饰那些与社会规范、价值不一致的行为。

2. 通过中区行为完成私人化表演

人们在朋友圈除了进行理想化表演以外，还往往展现出混杂着私下行为的侧台/中区行为。比如，在朋友圈中对日常生活中不顺心的吐槽；比如，发布早上睡眼惺忪的照片或情侣照片等。这些本应该面对亲人、朋友才会表露的内容，在互联网促成的融合场景中，统统向观众展示出来。这些不“前”不“后”的中区行为，使个人在社交平台上显得更为真实和坦诚。

我们还应该意识到社交媒体上的前前区行为和中区行为常常是不可分离、相互交织的。前前区行为虽然符合传统的价值标准，但表演痕迹较重；中区行为看起来更真实，但也可能出现爆粗口等不被大众认可的行为，或个人真实生

---

① ［美］约书亚·梅罗维茨：《消失的地域：电子媒介对社会行为的影响》，肖志军译，清华大学出版社，2002 年，第 44 页。

② ［美］约书亚·梅罗维茨：《消失的地域：电子媒介对社会行为的影响》，肖志军译，清华大学出版社，2002 年，第 44 页。

活过度暴露等问题。总的来说，贴近真实生活的中区行为与前前区展示的良好形象共同构成了真实度、可信度较高的网络自我。

3. 不可见、被忽略的深后区

当互联网用户习惯将各自的日常生活搬上朋友圈等社交媒体平台进行展演时，作为观众，我们常常会把中区行为误认成博主的后台表露，而忽略了真正的后台行为。我们应该认识到，在社交媒体上呈现出来的网络行为只涉及了前前区和中区行为，真正的深后区行为是不可见的，如博主对某信息发布或不发布的认真思量，对所发布文字或照片的精心修饰，也包括作为微商获取报酬的具体比例、方式等。

二、社交媒体的情境混杂现象

在面对面的社会交往中，人们通常都处于某一特定的物理场景中，扮演着特定的身份和角色。比如，在教室里，我们分别扮演着老师和学生的角色；在剧院里，人们分别扮演着演员与观众的角色。电子媒介（尤其是电视）的使用打破了传统的情境定义：一是打通了各个群体间原本相互隔绝的后台空间；二是打通了不同年龄段的后台空间；三是使私下行为公开化，这使得私人情境和公共场所的分界变得模糊，出现了情境混杂的现象，从而使人们的社会行为和角色都发生了相应的变化。

社交媒体打破了面对面交往的时空区隔，使得情境混杂现象更为突出。在微信朋友圈中，我们的“朋友关系”是基于血缘、业缘、地缘、学缘等多种现实社交关系的混杂，当我们在朋友圈发布相关内容时，通常既有公开的话语表述又有私人的言语表达；而朋友圈“混杂的”场景却常常被我们忽略，因而可能给我们带来不少误会与困境。比如，董晨宇等在其文章中提到，一位女性在朋友圈中抱怨家里的一些琐事，她的措辞有点模糊，结果被老板看到，误以为她对工作不满意，于是辞退了她[①]。发朋友圈的这位女士大概率只是想向家中某（些）特定的人表达其不满，但由于朋友圈情境混杂的存在，该消息被其公司老板看到并误读，以至于造成严重后果。因此，我们在发布朋友圈时，应尤其注意对混杂场景的规避。

① 董晨宇、丁依然：《当戈夫曼遇到互联网——社交媒体中的自我呈现与表演》，《新闻与写作》，2018年第1期，第57页。

第三节　良好的网络自我能给我们带来什么

人们是否愿意在以朋友圈为代表的社交媒体中进行自我呈现、进行何种程度的自我呈现，受到诸多因素的影响。李华伟指出，个人在朋友圈的自我呈现受到媒介性质、职业身份、个体性别、个体性格和对个人隐私的重视程度等因素的影响①。因此，在媒体化生存时代，我们需要思考的不是“该不该发朋友圈”，而应该深入探究良好的网络自我呈现能给我们带来什么益处，过度沉溺于网络社交又会带来怎样的问题，进而帮助我们结合自身实际思考我们应该在网络上进行怎样的自我呈现。

一、良好网络自我呈现的益处

（一）网络自我表达是一个梳理自我的过程

网络自我呈现是建立在自我表达基础之上的，而社交媒体给使用者提供了一个自我记录和自我表达的平台。在网络上的记录和表达过程与写日记类似，只不过记录的载体从日记本变成了网络。这种表达与记录有着十分重要的作用。人们记日志是因为写作的过程能够帮助他们仔细思考从而了解自己，弄清自己的想法。有学者发现，记日志还有治疗价值，提供给记日志的人一种“写作疗法”，其方式与弗洛伊德谈话疗法的方法类似②。也就是说，我们让情绪、想法形成文字、图片的过程，本身就是一种自我梳理、自我审视的过程。所以，在社交媒体上的自我表达和自我呈现也是建立在自我梳理和审视的基础之上的。同时，社交媒体的自我呈现，通常倾向于采用理想化表演的策略，也即展示自己优秀的一面，在此过程中，还能不断强化“理想自我”，提升自我认同，增强个人的成就感和价值感。

---

① 李华伟：《青年群体在微信朋友圈的自我呈现》，《青年记者》，2017 年第 23 期，第 50 页。

② ［美］阿瑟·阿萨·伯格：《通俗文化、媒介和日常生活中的叙事》，姚媛译，南京大学出版社，第 143 页。

（二）良好的网络自我呈现有助于提升个人的社会资本

社会资本最早由法国社会学家皮埃尔·布尔迪厄（Pierre Bourdieu，1930—2002）提出。他认为，社会资本是实际或潜在资源的集合体，他们与或多或少制度化了的相互认识与认知的持续关系网络联系在一起，将集体拥有的资本的支持提供给他的每一个成员[①]。从社会资本的概念中可以看出，社会资本有两个特征：第一，它是一种与群体成员资格和社会网络联系在一起的资源；第二，它是以相互认识和认知为基础的。而在社交媒体上良好的自我呈现，使人们能够脱离时空的限制，增加群体成员相互认识和认知的途径，并不断维护和扩大个人的社会网络。

罗伯特·帕特南（Robert Putnam，1941—）进一步将社会资本分为桥接型（bridging）社会资本与黏结型（bonding）社会资本[②]。其中，桥接型的社会网络能够联结不同性质的个体，而黏结型的社会网络则是相同性质个体的紧密联结。结合格兰诺维特的强关系、弱关系概念，我们可以认为，桥接型社会资本主要来自个体的弱关系，这些多样化的、不同背景的关系为个体提供了丰富、新鲜和多元的信息；相应地，黏结型社会资本大多来自强关系，即家庭成员以及亲密好友，他们能够提供情感慰藉与实质性支持。因此，人们在社交媒体上良好的网络自我呈现能更加便利地帮助人们维持强关系，拓展弱关系，从而有利于获取不同类型的社会资本。

（三）网络自我呈现帮助人们获得及时、多元的社会反馈

网络自我表达与呈现还能帮助人们获得及时、多样化的社会反馈。网络反馈的及时性自不必多说，这与互联网具有的开放性和即时性特点密切相关。这里重点谈一谈反馈的多样性。

美国社会学家查尔斯·霍顿·库利（Charles Horton Cooley，1864—1929）在《社会组织》（1909）一书中提出“镜中我”（looking-glass self）的概念。他认为，人的行为在很大程度上取决于对自我的认识，而这种认识主要是通过与他人的社会互动形成的，他人对自己的评价、态度等，是反映自我的一面“镜子”，个人透过这面“镜子”来认识和把握自己。“镜中我”也就是

① 转引自周红云：《社会资本：布迪厄、科尔曼与帕特南的比较》，《经济社会体制比较》，2003年第3期，第47页。

② 转引自黄少华：《社会资本对网络政治参与行为的影响——对天津、长沙、西安、兰州四城市居民的调查分析》，《社会学评论》，2018年第2期，第20页。

“社会我”。库利认为“镜中我”的产生，主要来自“初级群体”，而最主要的初级群体就是家庭、邻里和儿童游戏群[①]。也就是说，“镜中我”的来源群体相对有限。

美国社会学家乔治·赫伯特·米德（George Herbert Mead，1863—1931）进一步补充完善了库利的“镜中我”理论。米德认为，个体的自我发展经历了玩耍（paly）、游戏（game）和一般化他人（the generalized other）阶段。他认为，“一般化他人”的概念是在“玩耍”和“游戏”中得以形成的：儿童时期所玩的游戏对于自我的发展非常重要，因为它需要采纳特定个体的观点，从另一个人的角度看待自己。通过玩耍和游戏，采纳多个观点的能力使得个体能够采纳代表社会多数人的抽象的、普遍的观点。一般化他人的态度即个人所处的社会群体或共同体的态度[②]。

在互联网时代，个人在社交媒体中的自我呈现可看作是儿童时期“玩耍”和“游戏”的扩展，通过自我呈现与表达，让人们获得来自强关系、弱关系的多样化的反馈。社交媒体平台来源多样的反馈不仅摆脱了“初级群体”反馈的同质化，还扩大了“一般化他人”的范围。这种反馈使得通过沟通形成的自我认识不会被“初级群体”同质且有限的经验误导，扩大的“一般化他人”能较大范围地反映出社会规范、价值标准和社会期望。社交媒体平台的多样化反馈以便捷的方式体现了“一般化他人”的态度，这有利于深化自我认识，促进自我完善。

（四）众多的网络自我呈现提供了扩大化的社会比较

1954年，美国社会心理学家利昂·费斯廷格（Leon Festinger，1919—1989）提出了社会比较理论。该理论认为人们具有评估自身能力和观点的需求或驱力，当情境中缺乏客观标准时人们会与相似他人进行比较以满足自我评估的需求[③]。通过社会比较可以得出自我认识，但很大程度上依赖于你是在跟谁进行比较。前互联网时代，这种比较大多发生在强关系之中，而强关系人群获取信息的渠道、思维方式、价值观念、行为方式在很大程度上是相似的。而社交媒体上的社会比较却显现出较大的不同。社交媒体拓展了弱关系人群，让我

---

① 转引自郭庆光：《传播学教程（第二版）》，中国人民大学出版社，2011年，第72页。

② ［美］乔治·赫伯特·米德：《心灵、自我和社会》，霍桂桓译，译林出版社，2012年，第170～171页。

③ 黎琳、徐光兴、迟毓凯等：《社会比较对大学生社交焦虑影响的研究》，《心理科学》，2007年第5期，第1218页。

们接触到更多与我们不同的人，从而为我们提供了更大的社会比较的舞台。微信、微博、小红书、抖音等不同类型的社交媒体上众多的网络自我呈现，不仅打破了人与人之间的时空区隔，还显露出部分原本的后台空间，尤其是弱关系人群的后台空间。这样广泛的社会比较在前互联网时代是无法想象的，在这样宽泛的社会比较中得出的自我认识，相较于在相对狭小的强关系比较中得出的自我认知和自我定位往往更为准确。

总的来说，良好的网络自我呈现，不仅能通过网络表达更好地梳理自我，提升个人的社会资本，获得及时而多样的社会反馈，还能为人们提供广泛的社会比较，进而不断帮助个人完善自我认识和自我定位。

二、过度沉溺于网络社交可能存在的问题

网络社交建立在网络自我表达与呈现的基础之上，好的网络自我呈现能给个人带来不少情感慰藉、社会支持；但我们也应该认识到过度沉溺于网络社交可能带来新的问题。

（一）过度沉溺于网络自我可能带来某种程度的自恋

英文中的“自恋”（Narcissism）一词源于希腊神话中的纳西索斯（Narcissus）的故事。美男子纳西索斯是河神与林间仙女的儿子，他拒绝了仙女伊可（Echo）的求爱，一心想寻找自己的完美伴侣，直到在水中看到了自己的倒影。这倒影令他爱慕不已、难以自拔，以至于一直凝视，溺水而亡。纳西索斯神话讲述了自恋造成的悲剧，即被过度的自我欣赏禁锢，因而难以与他人建立良好的联系。

美国学者简·腾格（Jean Twenge）和基斯·坎贝尔（Keith Campbell）在《自恋时代》中指出，社交网站是为自恋者而生的，Myspace 和 Facebook 这类社交网站的结构设置本身就在奖励自恋者的行为，比如自我推销、挑选讨人喜欢的照片发到网上，以及看谁的好友数量最多[①]。在社交媒体中，人们真实、复杂的一面被缩小了，完美、精致的一面则被放大了。在分享的过程中，人们满足了自己被重视、被认可、被崇拜的需要，甚至还会渐渐对自己产生一

① ［美］简·腾格、基斯·坎贝尔：《自恋时代》，付金涛译，江西人民出版社，2017 年，第 140～141 页。

种自带光环的幻觉[①]。为了维持这种幻觉，个人不得不花费更多的时间与精力去思考将要发布的内容，甚至为了社交媒体上的发布内容改变原本的生活安排；对将要发布的照片、视频进行反复的修饰和剪辑；保留足够的注意力回应朋友的点赞和评论……当个人过度沉溺于虚拟的网络自我时，就可能将社交媒体中被修饰、被美化的虚拟自我当作真实自我，导致人们对真实自我缺乏正确的认知与关注。

（二）过度的网络社交可能弱化现实社交能力

在社交媒介进行“自我表演”显然比物理空间中面对面交往时更具可控性。正如特克尔所说：我们的话语总有人听到，我们想把注意力放在哪儿就放在哪儿，我们永远不会独自一人。这三个愿望顺便还带来了另外一个好处，就是我们永远都不会无聊[②]。而现实生活中的社会交往，是全方位的接触，可能会带给人们种种不适，让人感到尴尬而又难以抽身，远不如网络社交来得舒适、有趣。因此，不少人愿意沉溺在“有人陪伴，却无须付出友谊”[③] 的网络社交幻觉中。

此外，网络社交还会不可避免地挤占现实生活中的社交时间。相关研究表明，在网上冲浪 1 分钟，与家庭成员的交流就会减少 20 秒，与朋友的交流会减少 7 秒，与同事的交流则会减少 11 秒[④]。从时间分配上看，网络社交与现实社交是一种此消彼长的零和博弈。但我们的生活不可能始终局限于网络空间，最终还得回归现实社会。因此，网络社交只是现实社交的必要补充，而非替代，只有同时提升个人在现实和网络世界中的社交能力，才更有利于自我的完善和发展。

（三）过度连接带来的压迫感

在网络社交中，除了个人的网络表达与呈现外，还需要对他人的网络表达及时进行点赞、评论等网络互动。这就意味着，网络社交越多，连接越多，人们需要用来维护网络社交的成本就越大。但是，每个人的时间和精力是有限的。英国牛津大学的人类学家罗宾·邓巴（Robin Dunbar）在对灵长类动物大

---

① 董晨宇、丁依然：《当戈夫曼遇到互联网》，《新闻与写作》，2018 年第 1 期，第 58 页。

② ［美］雪莉·特克尔：《重拾交谈》，王晋、边若溪、赵岭译，中信出版社，2017 年，第 29 页。

③ ［美］雪莉·特克尔：《群体性孤独》，周逵、刘菁荆译，浙江人民出版社，2014 年，第 2 页。

④ 董晨宇、张恬：《反思“孤独社交”：社交媒体真的让我们更加疏离吗》，《新闻与写作》，2019 年第 6 期，第 49 页。

脑容量与其群体规模关系的研究中推断，根据人类的大脑容量，人类智力允许拥有稳定社会网络的人数是148人，四舍五入大约是150人。他进一步解释，这是分开后再见面，一眼能认出来的人数①。这个理论被称为“邓巴数”或“150定理”。但今天人们在多个社交平台建立的社交网络，大都远远超过150人这一上限，这也意味着维持相对庞大的网络社交关系可能会在某种程度上成为人们的负担。

三、朋友圈自我呈现的策略

如何既让社交媒体发挥其功用，又规避场景混杂、过度沉溺等问题？这需要我们结合媒介平台、个人职业、性格、性别及使用习惯等具体问题综合考虑，这里仅以朋友圈为例，提出有参考性的实操性策略，以启发我们多平台的网络社交实践。

第一，隔离观众策略，既规避朋友圈的场景混杂，也减少不必要的网络社交。微信朋友圈提供了多个环节帮助用户进行观众的选择和隔离：首先，“是否同意加为好友”是第一个可以选择隔离的环节。其次，即使加了微信好友，仍可以通过设置朋友圈权限，如“仅聊天”“不让他看我的朋友圈”或者“不看他的朋友圈”等选项进行二次隔离。再次，可以对通讯录中的好友进行分组，无论是提前分组，还是在发布朋友圈前，通过“谁可以看”以及“提醒谁看”等选项进行临时分组都可以，只不过，“分组”往往因为“不方便”或“太麻烦”而常常被我们忽视。最后，还有“三天可见”等选项能帮助用户免于被他人通过朋友圈追溯个人的数字历史。

第二，自我审查策略，以建立良好的网络自我形象。自我审查也就是自我把关，当人人都有麦克风的时候，我们就成了“我的日报”信息发布的“把关人”。自我审查的标准与个人的年龄、性别、性格、职业、媒介使用习惯等诸多因素密切相关，很难一概而论，因此，此处只能笼统地提供几个思路。一是在以微信朋友圈为代表的强关系社交平台上，尽可能保持线上线下自我形象的一致性，尽力减少线上“操纵给予”“过度表演”的情形，以避免现实社交时出现的落差。二是在以强关系为主的社交媒体上，尽可能多地展示积极正面的形象，减少“倒苦水”“情绪发泄”等负面行为。三是可以在不同社交平台上进行不同程度、不同面向的自我呈现，这既有利于主体进行多维度的自我展

① ［美］克里斯塔基斯、富勒：《大连接》，简学译，中国人民大学出版社，2013年，第269页。

示，又可以借助不同的网络社交平台对混杂的情境进行物理区隔。四是自我审查还应包括社交媒体使用时长的审查。通过手机中“使用时长”的设置，更主动地把控个人社交媒体的使用时间。

第三，在媒介化生存的当下，我们既要通过以微信朋友圈为代表的社交媒体与外界保持必要的网络连接，也应保证线下与他人交谈、互动等必要的面对面人际交往，还应留出必要的进行自我对话、自我反思的个人独处时光。在新媒体时代，如何在网络交往、面对面人际交往和个人独处中找到平衡，是我们在新媒体实践中需要不断探索与思考的问题。

【课后习题】

1. 为什么在社交媒体上进行误解表演更加容易？如何才能更好地识别误解表演？

2. 结合日常媒介实践谈一谈：我们在网络自我呈现与互动中获得了什么？

3. 为什么在社交媒体中，我们常常会有别人过得比我好的错觉？

4. 结合日常媒介实践谈一谈：我们如何在社交媒体的连接与反连接中找到平衡？

【延伸阅读】

1. 董晨宇、丁依然：《当戈夫曼遇到互联网——社交媒体中的自我呈现与表演》，《新闻与写作》，2018 年第 1 期，第 56～62 页。

2. 董晨宇、张恬：《反思“孤独社交”：社交媒体真的让我们更加疏离吗》，《新闻与写作》，2019 年第 6 期，第 48～52 页。

3. 欧文·戈夫曼：《日常生活中的自我呈现》，冯钢译，北京大学出版社，2008 年。

4. 约书亚·梅罗维茨：《消失的地域：电子媒介对社会行为的影响》，肖志军译，清华大学出版社，2002 年。

5. 雪莉·特克尔：《群体性孤独》，周逵、刘菁荆译，浙江人民出版社，2014 年。

第五章　网络安全：数字时代的个人隐私保护

本章学习要点：

1. 理解科技发展带来的隐私含义的演变

2. 掌握社交媒体的自我表露与隐私悖论，了解在社交媒体中可行的隐私保护行为

3. 掌握大数据时代对隐私的液态监视，了解传统的隐私保护策略为何在大数据时代失效

4. 掌握数字时代个人隐私保护的可行方法

2020年，人民智库发布了由张捷执笔的《当前公众的信息安全意识与隐私观念调查报告》，该报告通过调查问卷的方式，对我国网络时代公众隐私观念的总体状况进行了调研，得出以下结论：第一，当前公众隐私意识处于中等偏高水平，公众隐私意识平均值为58.69分（满分100），还有较大的提升空间。第二，在网络时代，公众虽然非常重视个人生活和私人空间的隐私保护，但对公众人物、公共空间的隐私保护意识还比较薄弱。第三，为维护公共安全和社会秩序，公众表现出愿意让渡部分个人隐私权利的意愿[①]。此外，我国公众对自身隐私价值的评价较高，但隐私防范意识还有待提升，同时，“维权程序太复杂”“成本太高”是妨碍公众采取主动维权行为的主要原因[②]。

该报告将互联网生活中可能泄露公众隐私的途径及公众态度绘制成图（见图5—1）。由图可知，人们可能为了现金回报、操作方便、网络社交等原因，愿意将隐私视作一种“通货”来交换各类生活便利，从而妨碍我们进行隐私保护。

---

① 张捷：《当前公众的信息安全意识与隐私观念调查报告》，《国家治理》，2020年第14期，第45页。

② 张捷：《当前公众的信息安全意识与隐私观念调查报告》，《国家治理》，2020年第14期，第47～48页。

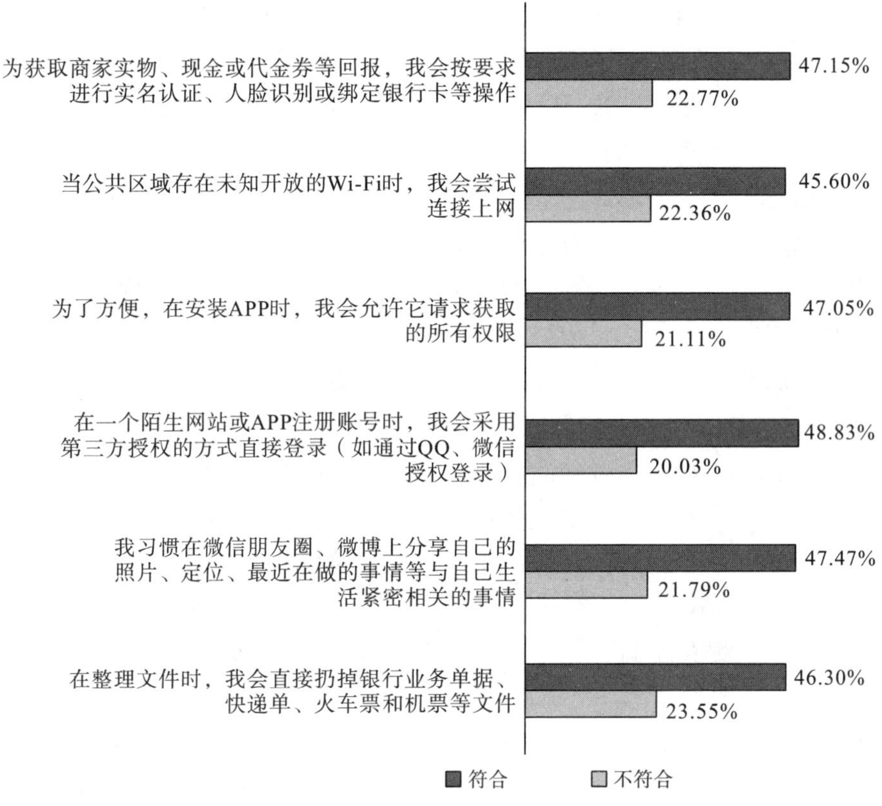

图 5—1　公众对可能造成隐私泄露行为的态度①

本章将分别从隐私含义的演变、社交媒体与隐私（主动表露）、大数据与隐私（被动泄露）等方面深入地探讨隐私保护话题。

第一节　科技发展与隐私含义的演变

隐私的含义随着科学技术的发展也在不断地发生着演变。19 世纪末，随着电报、电话、便携式照相机、录音设备等新技术的发明，给新闻记者提供了强大的音视频采集和信息传送工具，但也使塞缪尔·沃伦（Samuel Warren）夫妇及其家庭成为各大报纸八卦专栏的主角，这让沃伦不堪其扰。针对大众媒

① 张捷：《当前公众的信息安全意识与隐私观念调查报告》，《国家治理》，2020 年第 14 期，第 46 页。

介侵犯私人尤其是名人隐私的乱象，1890 年，沃伦与路易斯·布兰代斯（Louis Brandeis）写下了《隐私权》（The Right to Privacy）一文。他们将隐私权定义为“不被干涉的权利”（the right to be let alone），此时的隐私权体现为由物理隔绝所保障的不受干涉的权利[①]。其实，在计算机尚未大规模进入社会生活的时代，对个人隐私的侵犯主要表现为对个人生活空间的侵犯与窥视。《大数据时代》一书中有这样一段话：“1989 年，柏林墙倒塌，之前的近 40 年间，民主德国国家安全局‘Stasi’雇用了十万左右的全职间谍，时刻在街上开车监视着成千上万民众的一举一动。他们拆看信件、偷窥银行账户信息、在民众家中安装窃听器并且窃听电话。他们还会让情人、夫妇、父母和孩子相互监视，导致人与人之间丧失了最基本的信任。结果，详细记录普通人最私密生活信息的文件至少包括了 3900 万张索引卡片和铺开足有 113 公里长的文档。”[②] 从这段记录中，我们能感受到，即便在 20 世纪中叶之后，对普通人隐私的窥探仍要通过“开车监视”“拆信”“偷窥账户”“安窃听器”等侵入个人生活空间的方式完成，同时与隐私有关的文件储存也颇为不易。总的来说，在科技不那么发达的时代，个人隐私相对能得到较好的保护，大众也少有关于个人隐私的顾虑。

20 世纪 60 年代，政府和商业机构可以通过第三代计算机主机系统的远程链接来开展中央数据库项目。从此时起，信息取代空间成为隐私的主要载体，隐私的存在形态发生了关键转向，由此，催生了隐私保护的新实践与新理论。1967 年，艾伦·威斯汀（Alan Westin）指出隐私是对个人信息的控制，并将隐私定义为，个人、群体或者组织机构决定什么时间、以何种方式以及到什么程度将他们的信息传达给其他人[③]。20 世纪 80 年代以来，个人电脑和通信技术虽然取得长足发展，但大部分的个人电脑都还未接入网络，因此，这一时期人们对个人隐私的担忧也十分有限。90 年代中期以来，互联网的兴起给人们的学习、工作和生活带来种种便利，但也引发了更多关于个人隐私问题的担忧。比如，网络论坛上越来越多的自我表露，网站利用以 Cookies 为代表的跟踪系统识别用户行为，等等。进入 21 世纪后，无线通信技术的飞速发展使手机迅速普及，社交媒体迅速从 BBS、博客迭代为微博、微信、抖音等新型社交

---

① 李凌：《从控制到免于打扰：数字时代隐私保护的范式转变》，2024 年第 4 期，第 122 页。

② ［英］维克托·迈尔-舍恩伯格、肯尼思·库克耶：《大数据时代》，盛杨燕、周涛译，浙江人民出版社，2013 年，第 194 页。

③ 转引自李凌：《从控制到免于打扰：数字时代隐私保护的范式转变》，2024 年第 4 期，第 122 页。

媒体。此时，我们发现威斯汀对隐私的定义仍然适用：用户想要在社交媒体中开展网络社交，就必须在某个社交媒体中表露部分个人信息，但用户仍有权决定在什么时间、以何种方式以及到什么程度将个人信息（如年龄、学校、所在地、兴趣爱好、对事件的态度和看法、个人生活等信息）传达给其他人。在某种程度上说，个人对个体信息的控制仍有一定的自主决定性。

1998 年，哈佛大学法学院教授劳伦斯·莱辛（Lawrence Lessing）提出了关于隐私的第三种观点，他认为隐私是“一个人的社会生活中除掉被监控和可搜寻的部分”①。按照莱辛的说法，“被监控”的部分是指私人生活中被大众以常规方式所观察到的部分。比如，在小区里与人交谈或在超市里购物，这些行为能被邻居或其他人观察到；而“可搜寻”的部分是指依据一个人留下来的信件、日记、脚印以及其他的信息，别人可以追踪到这个人。在科技不发达的年代，人们说的话或者留下的其他信息转瞬即逝或难以触及，很难保留和搜寻，但在大数据时代，电子邮件、电话记录等数据能够被长久保留并容易搜寻。显然，我们在互联网上的行为远比在日常生活中留下了更多的可被观察和追踪的线索，如邮箱中的往来邮件、搜索引擎的搜索历史、购物平台的消费记录等，都使得我们的互联网行为能够被长久观察并追踪。可见，信息技术发展极大地瓦解了隐私观的自主控制基础，信息的生成、流动与处理呈现出敞开式、交互性、动态性、多变性、黑箱化等新特征，也使个人隐私的保护变得更加复杂。

第二节　社交媒体与隐私

自 20 世纪 90 年代以来，从印刷媒体、电视媒体到社交媒体，个人隐私在不同媒介中的呈现也发生了一系列的变化。

一、媒介与隐私

从中国传统观念出发，“隐私”常常更强调“私”，因私才隐。比如“家丑不可外扬”，“家丑”即是“私”，所以不愿为外人道。通常来说，国人十分重视个人生活的私密性，一般不愿将个人情感等较为私密的个人生活展示于众。

---

① 转引自谢文静：《杜交网络的隐私及自我披露》，《新闻春秋》，2015 年第 3 期，第 72 页。

（一）印刷媒体时期——隐私故事的中介讲述（1995—1999）

20世纪90年代中期，在报刊上较为集中地出现了口述隐私专栏，这些专栏以名人及部分普通人的个人生活、私人情感为主要描写对象。其中，最有代表性的是记者安顿在《北京青年报》开设的个人生活访问专栏，其专栏以记录采访对象的隐秘情感为主，引发了大众对个人隐私的窥探热潮。该专栏在1998年以《绝对隐私：当代中国人情感口述实录》为题结集出版，成为当年中国最畅销的图书之一，并多次重印。同年，在中国文化市场上，各种以“隐私”为名的书籍纷纷问世，如《单身隐私》《非常隐私》《贞操隐私》《情人隐私》等，甚至还出现了一大批“安氏姐妹”，比如安琪、安静、安妮、安倩等不一而足[①]。这一拨“隐私”出版热，打破了以往对个人生活的口口相传、窃窃私语的状态，使“隐私”第一次成为大众媒介消费的产物。

这一时期，印刷媒体呈现的隐私故事，既有对名人生活的窥探，又有对普通人隐秘情感的记录。在文字和化名的掩映下，这一时期的隐私故事大多与身体和情感有关，与此后的电视真人秀的家长里短、社交媒体（包括短视频）的日常生活展演相比，其隐秘程度显然更高。此外，这一时期的隐私故事，大多经由专业人士（记者或作家）的加工、改造才能与观众见面，与社交媒体、短视频时期的个人表达也呈现出明显的不同。

（二）电视时代——日常生活的真人秀（2000—2009）

进入21世纪以来，电视媒体对个人生活的展示呈现出爆发式增长的趋势：一方面，娱乐新闻、访谈、真人秀等节目纷纷聚焦于名人明星的个人生活。名人明星的个人生活大多经由个人口述、访谈或生活实录而来，电视画面直观而具象，对名人明星的言谈举止、生活场景等进行了全方位的呈现。另一方面，在普通人的电视展演中，内容往往与家长里短、情感生活有关。有些电视节目为了让嘉宾没有后顾之忧地畅所欲言，还给嘉宾戴上了形形色色的面具，通过诸如“婆媳矛盾”“夫妻矛盾”“妯娌矛盾”等议题的设置来吸引观众的注意力。较印刷时期而言，无论是明星还是素人在直面镜头时，不仅展现的个人生活的隐私程度更低，更重要的是不可避免地增加了更多“表演”，即“秀”的成分。

---

① 殷乐、李艺：《互联网治理中的隐私议题：基于社交媒体的个人生活分享与隐私保护》，《新闻与传播研究》，2016年增刊，第70页。

（三）社交媒体时代——日常生活的累积性展演（2009年至今）

自以微博、微信为代表的社交平台兴起以来，众多社交媒体为个人的日常生活展演提供了无中介的渠道。中国社会科学院舆情调查实验室的研究发现：社交媒体中的个人生活分享呈现出人群规模大、频率高的特点。其中，超八成的被调查者会在社交媒体上分享个人生活，超五成的被调查者一周多次或每天通过社交媒体分享个人生活（见图5－2）。可见，在移动互联网时代，通过社交媒体分享日常生活已经变成人们生活中不可或缺的一部分。

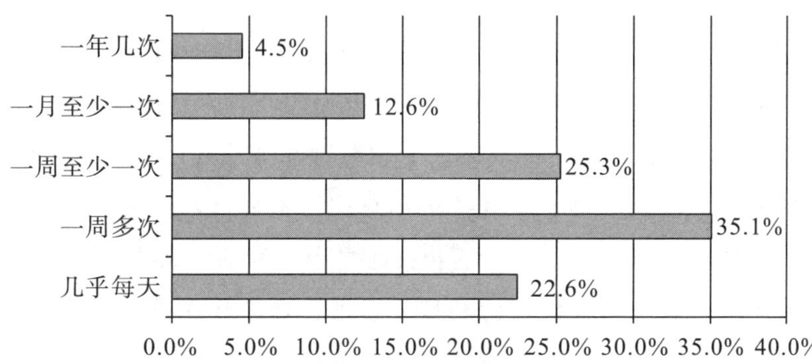

图5－2　在社交媒体（微博、微信、论坛等）分享自己个人生活的频率[①]

社交媒体上的个人生活展演除了（看似）隐私程度不高外，还呈现出可持续、可累积的特点。在社交需求的激励下，个人日常生活成为可以与他人分享的信息，在某种程度上，让人们忽略了累积性的日常生活展演对个人隐私的持续性暴露。

（四）短视频时代——日常生活的视频化展映（2018年至今）

2018年以来，随着抖音、快手等短视频平台的风靡，相比微博、微信"文字＋照片"的信息发布形式而言，短视频的拍摄不仅更方便快捷，呈现的信息量也更为直观、丰富和有冲击力。因此，通过短视频的日常生活展映，个人生活环境、家庭成员状况及真实关系等个人信息会在短视频中得到更全方位的呈现。有学者通过实证分析指出，当移动短视频能让用户获得更多的社会支

---

① 殷乐、李艺：《互联网治理中的隐私议题：基于社交媒体的个人生活分享与隐私保护》，《新闻与传播研究》，2016年增刊，第73页。

持、关注度等感知价值和社会价值时，便会降低对泄露隐私的顾虑[①]。

案例

数字时代的儿童隐私

当下，晒娃已成为父母的日常网络使用行为。在美国，过度晒娃（over—sharenting）也成了一种社会现象：油管有大量的育儿博主，脸书也被青少年认为“已是家长的社交阵地”。但晒娃背后，却可能隐藏着儿童隐私泄露的巨大隐患。哈佛法学教授莉娅·普朗科特（Leah Plunkett）出版了《晒娃请三思》（*Sharenthood: Why We Should Think Before We Talk About Our Kids Online*）。启发普朗科特写书的起因是她自己的经历：作为律师和法学教授，她曾带着孩子参与过一项公益广告的拍摄，事后却发现孩子的照片被盗用在了其他不相关的广告、线下印刷品上。

祁涛等人对我国年轻父母的晒娃习惯进行调查后发现：一方面，父母晒娃行为处于随机感性状态，想晒就晒，多数没有经过对孩子网络形象管理的理性考量，也未征求并遵循儿童的意愿。另一方面，由于短视频对儿童信息的展示更加多样化，丰富的镜头语言也更能吸引受众的关注和互动，所以，父母晒娃的视频化倾向明显。但未经处理的视频将儿童的身体、形象等信息在网络上直观呈现，可辨识度很高。此外，儿童信息还有一个独特的呈现方式，即外部链接。一些学校和教育机构规定的各种打卡、投票活动在微信朋友圈随处可见。而这些链接内容很多情况下常包含儿童的姓名、年龄、肖像等个人信息，在转发的过程中很难保证不被他人不当使用。同时，父母晒娃大多出于父母对陪伴和付出的自我认同和自我满足，所以，父母在晒娃时，常常忽视了社交媒体平台的隐私设置功能和潜在渠道，而是选择将分享内容不加区分地设置成全部人可见。因此，晒娃过程中暗藏着巨大的隐私泄露隐患[②]。

---

① 朱佳妮、张国良、姚君喜：《感知价值对移动短视频依恋的影响研究》，《新闻大学》，2019年第7期，第78~79页。

② 祁涛、景聪会：《年轻父母的晒娃习惯及其对儿童网络隐私保护的认知调查》，《中州大学学报》，2019年第4期，第75~77页。

二、社交媒体时代的自我表露与隐私悖论

自我表露源于社会心理学的研究，指个人自愿表露给别人的关于自己的信息。自我表露是人类各种社会关系形成的前提条件，是信息人际传播的基础。2014 年，莫妮卡（Monica）将人们在社交媒体中自我表露的信息分为基本信息（姓、邮箱）、真实信息（名、生日、职业、通信地址）和敏感信息（照片、个人经历、想法、感受、恐惧、担心等）三种类型①。由于在网络交流中，缺乏面对面交流时诸如外貌、穿着、言谈等必要的线索，因此，在社交媒体中，除了基本信息、真实信息外，必要的敏感信息的表露也成为网络交往的前提和基础。但当转瞬即逝的面对面交流，迁移到可存储、可搜寻、可追踪的互联网时，就可能带来隐私泄露的风险。

尽管社交媒体用户担忧其隐私问题，但他们在使用社交媒体时，通常不会因这种担忧而影响其个人信息的表露行为，苏珊·巴恩斯（Susan Barnes）将这一矛盾现象称为“隐私悖论”②。2016 年，学者薛可等人通过实证研究指出：一方面，个人信息在社交媒体上的发布和传播已经引起了人们的不安，但人们的自我表露行为仍然比较活跃，这直观地展示了隐私悖论的存在；另一方面，当用户使用社交媒体可以获得信息呈现的满足感或提供信息的实际收益时，人们自我表露的活跃度就会大大提高③。换句话说，在社交媒体中，当分享和交换个人信息能满足个人倾诉、交往等心理需求，从而得以建立关系、获取友谊，进而获得更多的社会支持和社会资本时，个人愿意让渡部分隐私以交换能够快速兑现的好处或利益。我们在日常的网络实践中也深有体会：当我们在社交媒体中进行越多的自我表露时，我们与该平台上的其他用户之间的亲密感和关系度就会越强。让渡部分隐私能获得“立等可取”“肉眼可见”的社会支持。因此，未来可能的隐私泄露带来的隐忧在某种程度上就被忽视了。

2019 年 8 月 30 日，一款名为“ZAO”的软件突然在朋友圈走红。只需上传用户照片，该软件就能通过 AI 换脸功能，将自己的照片“嫁接”到电视剧

① 转引自申琦：《自我表露与社交网络隐私保护行为研究——以上海市大学生的微信移动社交应用（APP）为例》，《新闻与传播研究》，2015 年第 4 期，第 6 页。

② 转引自薛可、何佳、余明旭：《社会化媒体中隐私悖论的影响因素研究》，《当代传播》，2016 年第 1 期，第 34 页。

③ 薛可、何佳、余明旭：《社会化媒体中隐私悖论的影响因素研究》，《当代传播》，2016 年第 1 期，第 36～37 页。

主角的小视频里。新奇的换脸方式迅速受到用户的欢迎，人们纷纷下载该APP并在微信朋友圈分享自己的换脸短视频。但很快，该APP被指出存在隐私泄露隐患及版权问题。“ZAO”的用户协议中写明：用户发布内容前，统一授予ZAO及其关联公司完全免费、不可撤销、永久、可转授权等权利。协议中，“ZAO”对采集来的个人图像信息授权及可二次利用做出了明确的规定，也即是说该APP对用户的照片或视频信息不仅可以随意修改，并且还能够转授权给第三方。很少有用户在下载软件、勾选同意用户协议时，认真阅读、仔细思考过这些条款。在上传个人照片、生成换脸短视频时，人们被尝试新鲜事物的新奇、即将与朋友交流讨论的愉悦感所充满，甚少考虑其他隐忧。但这些数据倘若被有心人收集、利用，就可能会带来诸如通过伪造照片或视频实施刷脸支付、诈骗等严重后果。2019年9月3日，工信部约谈了“ZAO”的孵化团队——北京陌陌科技有限公司，要求其组织开展自查整改，强化网络数据和用户个人信息安全保护。此后，该款软件迅速淡出人们的视野。

2021年1月起正式实施的《中华人民共和国民法典》，明确规定不得利用信息技术伪造等方式侵害他人的肖像权，并将AI换脸纳入肖像权的保护范围中。但2021年2月，一款名为Avatarify的换脸软件再次掀起网络热潮。在Avatarify中导入一张人脸照片，选择相应模板，软件就能通过AI算法，自动生成一段随着音乐节奏夸张扭动的短视频，再配上“蚂蚁呀嘿，蚂蚁呀呼，蚂蚁呀哈哈……”的魔性音乐，其迅速在各大社交平台刷屏。无数网友通过此款社交软件参与到这场网络“AI变脸”的娱乐狂欢中。自2021年2月中旬起，Avatarify的下载量便不断攀升，3月2日，Avatarify被下架。但类似换脸软件仍能在网上搜索并下载。上述案例说明，“换脸”在技术上早已并非难事，但将其用于社交、娱乐活动时，可能存在隐私协议不规范、数据泄露、侵犯肖像权等问题，因此，我们在社交媒体上使用此类软件时也要格外谨慎，注意个人信息的保护。

三、社交媒体中的个人隐私保护行为

2007年，维尔茨（Wirtz）将社交媒体上个人所能采取的网络隐私保护行为归纳为伪造（fabricate）、保护（protect）和抑制（withhold）三类[①]。“伪

---

① 转引自申琦：《网络信息隐私关注与网络隐私保护行为研究：以上海市大学生为研究对象》，《国际新闻界》，2013年第2期，第123页。

造”是指人们通过在线提供虚假或不完整的个人信息来掩饰真实身份，保护自己的隐私信息。“保护”是指通过技术手段（如设置密码保护）、确定网站安全性（如事先阅读隐私保护协议）等来保护自己的隐私免受侵犯。“抑制”是指通过拒绝提供个人信息或终止在线行为来保护个人隐私。其中，“保护”被视为积极的网络隐私保护行为，而“伪造”和“抑制”则被视为消极行为。学者申琦对上海市大学生的网络隐私保护行为进行调查研究，得出表5—1。

表5—1　大学生的网络隐私保护行为（%）①

分类	具体隐私保护行为	占比
伪造	在网上提交虚假信息	35.5%
	在网上提供不完整的个人信息	75.8%
保护	求助于朋友、教师等专业人士	8.4%
	会主动阅读网站隐私保护协议	23.2%
	设定较为安全的密码保护	51.9%
	每次删除自己的使用记录	20.7%
抑制	终止正在进行的网络活动（如在线交易等）	14.6%
	转向其他不需要用户提供个人信息的网站	8.2%
	什么也不做，离开网站	15.8%

通过表5—1，我们发现，伪造类“在网上提供不完整的个人信息”是大学生最常采用的隐私保护行为（占比75.8%）；其次是保护类的“设定较为安全的密码保护”，但这种较为积极的隐私保护方式，占比刚刚过半，仅为51.9%；而其余隐私保护行为所占比例大多在35%以下。可见，大学生的网络隐私保护意识还有待进一步提高。此外，在移动互联网与日常生活联系越来越紧密的今天，人们已经习惯在线消费、网络社交等媒介化生存方式，因此，“什么也不做，离开网站”“终止正在进行的网络活动（如在线交易等）”“转向其他不需要我提供个人信息的网站”等抑制类的隐私保护行为发生的可能性更小，也更需要我们在网络实践中，摸索更多的积极隐私保护行为。

2017年，申琦针对上海市大学生微信使用中的隐私保护行为进行了调查研究，该研究将大学生使用微信时会通过哪些具体行为对个人信息进行伪造、

① 申琦：《网络信息隐私关注与网络隐私保护行为研究：以上海市大学生为研究对象》，《国际新闻界》，2013年第2期，第126页。

抑制或保护进行了归纳、整理，见表 5－2。

表 5－2　上海市大学生手机微信使用中的隐私保护行为现状①

分类	具体隐私保护行为	均值（赋值为 1～5，均值为赋分的平均值）
伪造	在填写地区信息时，与实际所处的地区不相同	4.48
	微信中显示的不是真名字	4.30
	绑定别人的 QQ 号或邮箱注册微信账号	1.96
	用别人的手机号注册微信账号	1.83
保护	在朋友圈发布信息时，我将一些私人信息打码或者覆盖之后再发布	4.15
	通常我会设置较为复杂的密码（如登录密码、支付密码等）	4.07
	我的朋友圈仅向亲朋好友开放	3.08
	微信设置中，我会开启陌生人看十张照片功能	2.63
	发朋友圈时，我会关闭所在位置功能	2.62
抑制	如果被他人拖入陌生人的微信群，我会选择退群或者在微信群里保持沉默	3.66
	需要我将微信号授权于第三方时，我会选择关闭退出	2.82
	加微信活动时，若需要提供个人信息，我将退出此活动	2.70

由表 5－2 可知，上海市大学生使用微信时，赋分均值排名前三的具体隐私保护行为分别为“在填写地区信息时，与实际所处的地区不相同”“微信中显示的不是真名字”“在朋友圈发布信息时，我将一些私人信息打码或者覆盖之后再发布”，说明大学生在使用微信时更倾向于采用伪造类和保护类的隐私保护行为。而“微信设置中，我会开启陌生人看十张照片功能”“发朋友圈时，我会关闭所在位置功能”等行为却赋分较低，说明大学生愿意让渡部分个人敏感信息，为自己的网络交往提供更多便利。

---

① 申琦：《风险与成本的权衡：社交网络中的“隐私悖论”——以上海市大学生的微信移动社交应用（APP）为例》，《新闻与传播研究》，2017 年第 8 期，第 62～63 页。

第三节　大数据与隐私

如果说人们在社交媒体上让渡、表露部分个人信息以换取更多的网络交往、社会支持是一种主动的信息表露行为，那么，在互联网时代，还有一种被动的个人隐私泄露情形，即大数据对个人信息的收集、整理和监控。易安信（EMC）是一家美国信息存储资讯科技公司，2013年，该公司数据保护部主任吉姆·肖克（Jim Shook）称，当你开始一天常规工作和生活的时候，看似不相关的打电话、刷卡购物、上传照片至社交网站、开车导航等行为，已将你的地理位置、银行信息、个人照片、消费记录等信息暴露无遗，如果对这些数据加以整合，你就没有太多秘密可言了。

一、互联网上我们的隐私是如何被“监视”的

在大数据支持下的互联网及各类软件应用，使这种信息搜集、整理及监控更加容易实现、更为隐蔽且成本更低。

首先，个人的网络行为处于随时随地的“被监视”之中。如淘宝等购物网站“监视”着消费者的购物习惯；百度等搜索引擎“关注”着网民的网页浏览记录；微博、朋友圈等社交媒体“窥探”着用户的信息发布及社交关系；各类网站的“算法推荐”也是建立在收集用户的个人网络使用数据基础之上的；此外，下载APP时，也有被超范围采集个人信息的风险。当下，我们在下载使用某个APP时，手机屏幕上都会弹出“用户协议和隐私政策”，但这些用户协议动辄上万字乃至数万字，且充斥着大量专业、晦涩的内容，大多数用户没有耐心，也没有专业知识看完并读懂协议，就勾选了同意（否则该APP就没法使用）。但国家网信办监测发现，60.7%的应用收集了安卓ID等设备唯一标识信息，55.4%的应用收集了应用列表信息，13.7%的应用收集了剪切板信息，用于人物画像、个性化推送等业务[①]。

① 张晔：《动辄下笔“万言”　别让冗长App用户协议成隐私陷阱》，《科技日报》，2022年5月5日第5版。

案例

脸书用户数据泄露事件

2018年，社交平台脸书爆出大量个人资料被英国资料分析机构剑桥分析（Cambridge Analytica）不当利用，借以影响美国总统选举，引起社会关注和愤怒。

2014年，英国剑桥大学心理学教授亚历山大·科根（Aleksandr Kogan）推出了一款名为“这是你的数字化生活”的APP，用奖励5美元做诱饵，吸引脸书用户下载该APP，做自己的个性分析测试。大约2.7万名脸书用户当时下载了这个APP。科根因此取得了这2.7万人的个人数据，同时取得了他们脸书好友的个人信息，实际共获取至少5000万用户的数据。这个APP获取的数据包括用户的动态更新、喜好、私信，而用户对自身数据的泄露均不知情。

2018年3月19日，英国媒体第四频道（Channel 4）曝光了剑桥分析利用非法从脸书得到的数据，操纵美国大选及英国脱欧公投。

2018年3月25日，脸书公司首席执行官马克·扎克伯格在英美数家主要报纸上刊登致歉信，就脸书公司在保护用户数据方面犯的错误道歉。

2018年4月5日，脸书承认，多达8700万名用户的个人数据被不恰当地共享给了剑桥分析，远大于之前公布的5000万。

除了影响2016年美国总统大选和英国脱欧公投，剑桥分析声称参与过多达10次首相和总统选举，涵盖亚洲、非洲、欧洲和南美洲，被媒体定位为“掩盖在大数据高科技下的竞选作弊器”。

如果掌握数据的公司或个人，恶意泄密数据，直接的是危害个人隐私和社会安全，间接的还会极大地阻碍信息技术的应用和社会经济的发展①。

其次，个人的现实行为也被置于随时随地的“监视”之中。当我们使用地图或打车软件、同城服务时，个人的位置信息可以被轻易获取；快递单、外卖单将我们的姓名、住址、电话号码等关键信息展示无遗，甚至还有快递员通过

① 熊璋：《脸书用户数据泄露事件的警示》，https://theory.gmw.cn/2018-04/06/content_28233003.htm。

工号出租等方式将后台可见的大量用户个人隐私信息转卖给他人；不少扫码点餐的软件开发者可通过建立独立的服务器和数据库，将顾客扫码点餐产生的各类数据掌握在自己手中，使个人隐私被非法采集；不少知名招聘网站因管理疏漏，员工通过售卖网站上的个人简历导致大量个人信息外泄的现象也时有发生。

由此可见，我们的线上、线下行为都被大数据纳入监视范围，这种“无所不在”“无处不有”的监视，让人心生畏惧。

二、从全景敞式监狱到液态监视

早有学者对这种“无所不在”“无处不有”的监视现象进行过观察和描述。

（一）从圆形监狱设计到全景敞式监狱

英国功利主义哲学家杰里米·边沁（Jeremy Bentham，1748—1832）从巴黎的军事学校和弟弟萨缪尔·边沁（Samuel Bentham，1757—1831）的庄园管理中得到启发，画出了圆形监狱设计图（见图 5−3）。20 世纪 20 年代，古巴独裁者格拉多·马查多将该设计图付诸实践，并将修建成的监狱命名为模范监狱，该监狱现已成为博物馆。

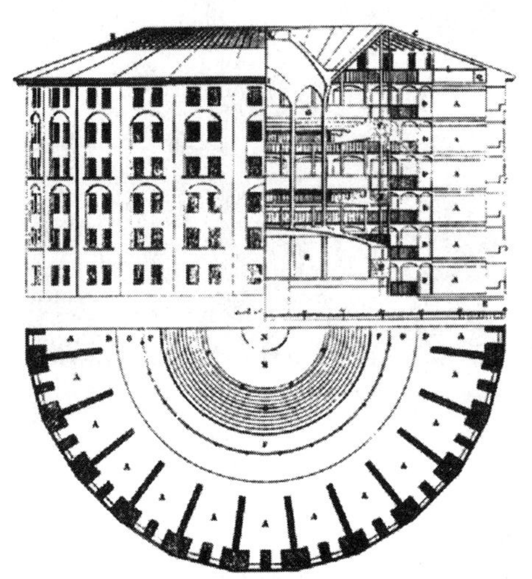

图 5−3　边沁设计的圆形敞式监狱平面图①

① 转引自［法］米歇尔·福柯：《规训与惩罚》，刘北成、杨远婴译，生活·读书·新知三联书店，2007 年，图 17。

著名的法国思想家米歇尔·福柯（Michel Foucault，1926—1984）在他的代表作《规训与惩罚》中将这种圆形监狱设计称为全景敞式建筑，并在书中详细描绘了这一监狱设计：四周是一个环形建筑，中心是一座瞭望塔。瞭望塔有一圈大窗户，对着环形建筑。环形建筑被分成许多小囚室，每个囚室都贯穿建筑物的横切面。各囚室都有两个窗户：一个对着里面，与塔的窗户相对；另一个对着外面，能使光亮从囚室的一端照到另一端。然后，所需要做的就是在中心瞭望塔安排一名监督者……通过逆光效果，人们可以从瞭望塔与光源恰好相反的角度，观察四周囚室里被囚禁者的小人影。这些囚室就像是许多小笼子、小舞台（见图5-4）[①]。福柯指出，全景敞式监狱形象地表达了一个不可见但无处不在的主权者形象，相对地，是无时无刻不被注视、观看、监督之下的囚禁者。所以，“从监督者的角度看，它是被一种可以计算和监视的繁复状态所取代。从被囚禁者的角度看，它是被一种被隔绝和被观察的孤独状态所取代”[②]。

图5-4　一个犯人在自己的单人囚室里，面向中央监视塔做祈祷[③]

① ［法］米歇尔·福柯：《规训与惩罚》，刘北成、杨远婴译，生活·读书·新知三联书店，2007年，第224页。

② ［法］米歇尔·福柯：《规训与惩罚》，刘北成、杨远婴译，生活·读书·新知三联书店，2007年，第225～226页。

③ 转引自［法］米歇尔·福柯：《规训与惩罚》，刘北成、杨远婴译，生活·读书·新知三联书店，2007年，图21。

（二）从超级全景监狱到液态监视

1995年，美国学者马克·波斯特（Mark Poster）在《第二媒介时代》一书中将福柯的全景监狱概念升级为超级全景监狱。波斯特指出，随着电脑数据库的降临，一种新的话语/实践便在社会场中动作，你可以把社会场当作一个超级全景监狱[①]。由此可见，一方面，在全景监狱中，人们能从瞭望塔意识到监视者的存在，而超级全景监狱常常因为“瞭望塔”的不可见，使被监视者忽略监视者的存在；另一方面，在全景监狱中，人们的被监视是被动的，而在超级全景监狱中，这种被监视往往是心甘情愿的。这一观点，像是如今网络行为预言：我们为了购物的便捷性，允许购物网站记录下我们所有的购物清单；为了防止密码的遗忘，允许网站记住我的密码。

2012年，齐格蒙特·鲍曼（Zygmunt Bauman）和大卫·里昂（David Lyon）出版了《液态监视》（*Liquid Surveillence*）一书，书中提出了与超级全景监狱类似的概念“液态监视”。他们认为，“老大哥”走出瞭望塔，闪身隐没进了信息洪流中，监视行为便也随着信息的流动暗自涌向了人之所及的各个场合、各个角落，出现了“去中心化”特征明显的“液态监视”[②]。当下搜索引擎、购物网站、社交媒体等互联网平台都能对个人的网络行为进行精准监控和个性化推送，这说明互联网平台对个人网络行为的监控是“去中心化”的，也说明这种监视本身已悄无声息地嵌入我们日常网络实践的各个场景之中。

三、大数据时代传统保护隐私策略的失效

在《大数据时代》一书中，维克托·迈尔－舍恩伯格（Viktor Mayer－Schönberger）等人详细描述了传统隐私保护的三大策略——告知与许可、信息的模糊化和匿名化——是如何在大数据时代失效的[③]。

首先，“告知与许可”是世界各地执行隐私政策的基础共识，主要指数据收集者在数据收集工作开始前必须告知个人，他们收集了哪些数据、作何用途并征得个人同意。而大数据的价值不再单纯来源于它的基本用途，而更多源于

---

① ［美］马克·波斯特：《第二媒介时代》，南京大学出版社，2001年，第120页。

② 转引自董晨宇、丁依然：《社交媒介中的“液态监视”与隐私让渡》，《新闻与写作》，2019年第4期，第53页。

③ ［英］维克托·迈尔－舍恩伯格、肯尼思·库克耶：《大数据时代》，盛杨燕、周涛译，浙江人民出版社，2013年，第197～198页。

它的二次利用；此外，大数据时代，很多数据在收集时并无意用作其他用途却最终产生了很多创新性的用途。以谷歌为代表的搜索引擎为例，通过检索词“流感”一词频率的迅速上升可预测流感季的到来，但如要遵守“告知与许可”策略，则要征得数亿用户的同意，无论从公司的人力、物力和技术保障，还是用户的体验感来说，这都是难以接受的。

其次，“信息的模糊化”策略在大数据时代可能产生“此地无银三百两”的反效果。以谷歌街景为例，谷歌的图像采集车在很多国家采集了道路和房屋的图像（以及很多备受争议的数据）。德国媒体和民众认为这些图片会帮助黑帮、窃贼选择有利可图的目标，因此强烈抗议了谷歌的行为。有的业主不希望他的房屋或花园出现在这些图片上，谷歌同意将他们的房屋或花园的影像模糊化。但是这种模糊化却起到了反作用，对盗贼来说，这种有意识的模糊化反而提供了更明确的行动目标。

最后，匿名化是指让所有能揭示个人情况的信息都不出现在数据集里，比方说名字、生日、住址、信用卡号或者社会保险号等，以此保证在数据分析时不会威胁到任何人的隐私，但大数据时代却促进了数据的再鉴定。

案例

匿名化策略失效案例

2006 年 8 月，美国在线（AOL）公布了大量的旧搜索查询数据，本意是希望研究人员能够从中得出有趣的见解。这个数据库是由从 3 月 1 日到 5 月 31 日之间的 65.7 万用户的 2000 万条搜索查询记录组成的，整个数据库进行过精心的匿名化——用户名称和地址等个人信息都使用特殊的数字符号进行了代替。这样，研究人员可以把同一个人的所有搜索查询记录联系在一起来分析，而并不包含任何个人信息。

尽管如此，《纽约时报》还是在几天之内通过把“60 岁的单身男性”“有益健康的茶叶”“利尔本的园丁”等搜索记录综合分析考虑后，发现数据库中的 4417749 号代表的是佐治亚州利尔本的一个 62 岁寡妇塞尔玛·阿诺德（Thelma Arnold）。当记者找到她家的时候，这个老人惊叹道，“天呐！我真没想到一直有人在监视我的私人生活”。这引起了公愤，最终美国在线的首席技术官和另外两名员工都被开除了。

事隔仅仅两个月之后，也就是 2006 年 10 月，DVD 租赁商奈飞公司做了一件差不多的事，就是宣布启动“Netflix Prize”算法竞赛。该公司公布了大约来自50万用户的一亿条租赁记录，并且公开悬赏100万美金，举办一个软件设计大赛来提高他们的电影推荐系统的准确度，胜利的条件是把它们提高10%。同样，奈飞公司也对数据进行了精心的匿名化处理。然而还是被一个用户认出来了，一个化名“无名氏”的未出柜的同性恋母亲起诉了奈飞公司，她来自保守的美国中西部[①]。

四、应对大数据挑战的被遗忘权

传统保护隐私的三大策略在大数据时代的失效，对互联网的个人隐私保护提出了更大的挑战。如今我们都觉得自己的隐私受到了威胁，但作为个人又无能为力。“被遗忘权”的提出可以算得上是应对大数据隐私威胁的一次互联网实践。

（一）“被遗忘权”的提出

2009年，被称为大数据之父的舍恩伯格在《删除：大数据取舍之道》一书中，提出“被遗忘权”（ right to be forgotten）的问题。书中，他讲述了安德鲁·费尔德玛（Andrew Feldmar）的不幸遭遇。费尔德玛生活在温哥华，是一位60多岁的心理咨询师。2006年的某一天，他的一位朋友从美国西雅图国际机场赶过来，费尔德玛打算穿过美国与加拿大的边境去接他。但是这次，边境卫兵用互联网的搜索引擎查询了一下费尔德玛。搜索结果显示，费尔德玛在2001年为一本交叉学科杂志所写的一篇文章中提到自己在20世纪60年代曾服用过致幻剂LSD。于是，费尔德玛被扣留了4个小时，在此期间，他被采了指纹，还签署了一份声明，内容是他在大约40年前曾服用过致幻剂，并且不准再进入美国境内。费尔德玛是一位没有犯罪记录、拥有学识的专业人员，他知道当年服用致幻剂确实违反了法律，但他坚称自1974年以来就没再服用过，那是他生命中一段早已远去的时光，一个他认为已被社会遗忘了很久、与现在并不相关的过错。但是，数字技术已经让社会丧失了遗忘的能力，取而代之的则是完善的记忆。费尔德玛未曾在互联网上主动披露过自己服用致

---

① ［英］维克托·迈尔-舍恩伯格、肯尼思·库克耶：《大数据时代》，盛杨燕、周涛译，浙江人民出版社，2013年，第198~199页。

幻剂的信息，但他怎么也不会想到，自己曾经发表过的一篇文章居然成为限制他行动的证据。舍恩伯格指出，对人类而言，遗忘一直是常态，记忆才是例外①。然而，由于数字技术的发展，这种平衡被打破了。戈登·贝尔（Gordon Bell）与吉姆·戈梅尔（Jim Gemmell）在《全面回忆：改变未来的个人大数据》一书中提出生物记忆（Bio－memory）和数字记忆（E－memories）两个不同的概念，他们认为凭借云端存储的方式，数字记忆实现了对生物记忆的无限延伸②。

（二）"被遗忘权"的实践

2010年，西班牙人冈萨雷斯（González）起诉谷歌公司以及一家西班牙大型报纸运营商，要求平台方删除多年前发表的与他有关的一篇文章。这篇文章发布于1998年，仅有36个词，称他的房子被抵押还债。冈萨雷斯担心，如果有人在谷歌上搜索他的名字，这篇文章会出现在显眼的位置。这场官司使"被遗忘权"的概念及相关问题在欧洲地区被广泛而热烈地讨论。

2012年，为强化个人数据保护，欧盟提出了《通用数据保护条例》（GDPR）草案，第17条提出了数据主体应享有"被遗忘权和删除权"（Right to be forgotten and to erasure）。欧盟将"被遗忘权"定义为，"数据主体有权要求数据控制者永久删除有关数据主体的个人数据，有权被互联网所遗忘，除非数据的保留有合法的理由"③。该条例规定：如果符合应用条件，数据主体有权要求数据控制者删除与其相关的个人数据，并不得无故拖延；数据控制者有义务删除数据主体的个人数据，并不得无故拖延（"无故拖延"的界定期一般为一个月左右）。第17条还详细规定了数据可获得删除的六种情形：

（1）数据与收集时或其他处理目的不再相关；

（2）数据主体撤回同意时；

（3）数据主体行使第21条第1款的反对权（right to object），以及基于这些规定而形成的个人画像；

---

① ［英］维克托·迈尔－舍恩伯格：《删除：大数据取舍之道》，袁杰译，浙江人民出版社，2013年，第6页。

② ［美］戈登·贝尔、吉姆·戈梅尔：《全面回忆：改变未来的个人大数据》，漆犇译，浙江人民出版社，2014年，第5页。

③ 转引自吴飞：《名词定义试拟：被遗忘权（Right to Be Forgotten）》，《新闻与传播研究》，2014年第7期，第15页。

（4）个人数据被非法处理时；

（5）为履行欧盟或者成员国的法律义务，数据控制者应删除个人数据；

（6）个人数据是基于第 8 条第 1 项规定，为了提供信息社会服务而进行收集时①。

（三）行使“被遗忘权”的争论

2014 年，欧洲法院裁定谷歌西班牙公司败诉，认为即使当年的报纸刊登关于冈萨雷斯的这则文章是为了公共利益，但谷歌后来展示这些信息的行为侵犯了他的隐私，因此必须移除与冈萨雷斯相关的网络搜索链接信息。但如何行使“被遗忘权”的争议在世界各地却一直没有平息。

1. 被遗忘权与公众知情权

2015 年，日本一名男子控告谷歌，要求从网站的搜索结果中删除他 2011 年因与未成年少女进行性交易被捕的记录。2017 年，日本最高法院裁定谷歌胜诉，无须删除数据。法官在判词中指出，谷歌搜索结果属于网站“信息自由”范围，除非涉案数据的隐私价值远高于公开资料的重要性，否则不应删除数据。日本最高法院认为，搜索引擎决定是否删除结果时，应考虑个人隐私受损程度、特定搜寻涉及的范围，以及提出一方的社会地位。假如数据涉及犯罪记录，只有当罪犯隐私受损的程度远超公众从信息中受益的程度，方可要求删除搜索结果。

2015 年，我国出现首例“被遗忘权”案。原告任某曾于 2014 年在无锡某氏教育公司工作过。离职后，任某进入百度搜索页面，键入自己的姓名后，百度在“相关搜索”处显示有“无锡某氏教育任某”等词汇。任某认为某氏教育的“不好名声”影响其就业，于是请求百度搜索删除与之相关的搜索词及链接。法院审理认为，涉诉工作经历信息是原告任某最近发生的情况，与其目前的个人行业资信具有直接的相关性及时效性，这些信息的保留对于包括原告潜在客户或学生在内的公众知悉原告的相关情况具有客观的必要性。

从冈萨雷斯案及上述两个例子来看，被遗忘权的使用需要根据公众利益、公众知情权和个人利益等情况综合考量，并非对个人隐私的一味偏袒。

2. “被遗忘权”与言论自由

在不同的国家和地区，对于“被遗忘权”与言论自由的关系也有着不同的

① 转引自蔡培如：《被遗忘权制度的反思与再建构》，《清华法学》，2019 年第 5 期，第 170 页。

看法。欧盟认为，当言论从私人领域进入到公共领域，个体可以以保护隐私权为名，用“被遗忘权”删除自己的言论，从而保护个体的言论自由。而以美国为代表的国家认为，言论一旦进入公共领域，就与私人领域无关，即便个体要使用“被遗忘权”保护自己，也与隐私权毫无关系。有不少来自美国的评论认为，“被遗忘权”构建了一个没有先例的在线审查制度，是对言论自由的最大威胁。因此，坚持“被遗忘权”不利于保护言论自由。有研究者指出，欧盟与美国对待隐私权的差异，体现了西方关于隐私的两种文化，即欧洲国家更注重个人隐私保护，而美国更倾向于保护言论自由[①]。

3. “被遗忘权”与公共安全

“9·11”事件后，布什政府向国会提交了《爱国者法案》，该法案要求限制公众获取政府信息的广度，并提高政府控制、检查公民个人信息的程度。这些个人信息很多都属于隐私的范围。例如，根据这项法案，警察和情报机关不需要法院的核准就有权窃听公民的电话，检查公民的电子邮件和医疗、财务甚至在图书馆的借阅记录等一切信息记录。美国公民自由联盟批评这是以“反恐”的名义粗暴侵犯公民的隐私和自由。《爱国者法案》赋予执法和情报机构广泛权力，以防止、调查和打击恐怖主义。法案以众议院357票赞成66票反对，参议院仅1票反对的压倒性优势通过。该法案建立了四大监控计划，众所周知的棱镜计划就是其中之一。而斯诺登对棱镜计划的披露究竟是捍卫了公民的隐私权利，还是损害了美国的反恐制度，美国人的态度仍然存在较大差异。

4. “被遗忘权”在所有地区都一样吗？

2015年6月，法国国家信息自由委员会（CNIL）在一项声明中称，谷歌所有版本的搜索网站，包括谷歌全球域google.com都要执行“被遗忘权”。谷歌没有遵守这一声明，2016年3月，CNIL罚了谷歌10万欧元。2016年5月，谷歌向法国最高行政法院提出上诉。2017年7月，法国最高行政法院将官司呈交欧洲法院。2018年9月，欧盟委员会与谷歌在欧洲法院打了场官司，最终谷歌胜诉。欧洲法院在裁决中表示，谷歌在收到合理的删除请求后，只需要从欧洲的搜索结果中删除链接，而不必考虑世界其他地方。可见，在世界范围内，“被遗忘权”的统一行使也不是一件容易的事。

在我国，2012年11月，工信部颁发了我国首个个人信息保护国家标准《信息安全技术公共及商用服务信息系统个人信息保护指南》。该指南明确规

---

① 郑志峰：《网络社会的被遗忘权研究》，《法商研究》，2015年第6期，第53页。

定，当个人信息主体有正当理由要求删除其个人信息时，应及时对相关个人信息进行删除。2016 年 11 月，全国人大常委会表决通过，自 2017 年 6 月 1 日起施行的《中华人民共和国网络安全法》正式确认了个人对其网上个人信息的“删除权”：“个人发现网络运营者违反法律、行政法规的规定或者双方的约定收集、使用其个人信息的，有权要求网络运营者删除其个人信息。”可见，在我国的法律体系中，“被遗忘权”被列入“删除权”中，这是我国对数字时代个人信息的存留风险做出的法律回应。

值得注意的是，当前，被遗忘权或删除权更多地存在于学界和法律界的讨论中，在互联网实践中，很多人并不知晓它们的存在。此外，由于网络信息复制、截图、扩散的便利，也意味着删除很难“一键实现”。舍恩伯格的“让遗忘回归常态”“遗忘是美德”的期望仍然难以实现。

第四节　数字时代的个人隐私保护

在了解了数字时代的个人隐私面临的威胁与挑战后，我们应该如何应对个人隐私可能被侵害的危险呢？

一、国家层面：不断完善保护网络隐私的法律法规

我国对个人信息的保护散见于不同法律中，多以间接保护方式加以规定。如《中华人民共和国宪法》规定“国家尊重和保障人权”“公民的人格尊严不受侵犯”“公民享有通信自由和通信秘密的权利”“公民住宅不受侵犯”等；《中华人民共和国刑法》规定，“非法搜查他人身体、住宅，或者非法侵入他人住宅”“侵犯公民通信自由”等为犯罪行为；《中华人民共和国民事诉讼法》规定，“对涉及个人隐私的案件应当不公开审理”；《中华人民共和国刑事诉讼法》规定，“涉及个人隐私的案件不公开审理”。此外，《中华人民共和国妇女权益保障法》《中华人民共和国邮政法》《中华人民共和国商业银行法》《中华人民共和国律师法》《中华人民共和国档案法》等也有间接规定[①]。当信息科

① 张平：《大数据时代个人信息保护的立法选择》，《北京大学学报（哲学社会科学版）》，2017 年第 5 期，第 147 页。

技的飞速发展不断对隐私保护提出新的挑战时，2020 年颁布的《中华人民共和国民法典》在总则第五章的民事权利部分规定："自然人的个人信息受法律保护。任何组织或者个人需要获取他人个人信息的，应当依法取得并确保信息安全，不得非法收集、使用、加工、传输他人个人信息，不得非法买卖、提供或者公开他人个人信息。"同时，在第四编人格权中，第六章专章对隐私权和个人信息保护进行了详细的界定。相关的法律法规也陆续出台：2016 至 2021 年，我国陆续颁布并实施了《中华人民共和国网络安全法》《中华人民共和国数据安全法》和《中华人民共和国个人信息保护法》，宏观地确立数据保护的相关制度，并对个人信息定义、信息主体权利和数据处理者义务等进行规定。如《中华人民共和国个人信息保护法》明确提出个人信息保护的必要和最小损害原则，从影响最小、范围最小等维度限制个人信息采集。从目前看来，上述三部法律为中国网络用户隐私保护提供了有力的保障，但仍需要进一步细化法律内容，规范判定流程，加强监管处罚。同时，对不清晰的地方仍需要结合互联网隐私保护实践进一步探索。如个人信息、个人数据和个人隐私的定义模糊，仍未有清晰界限区分，且无社交网络数据隐私保护专门法支撑①。

二、平台层面：重视隐私保护的技术路径，不断增强行业自律

如今，不少侵犯用户网络隐私的行为，与互联网企业及平台都有一定的关系。在利益的诱惑下，很多网络平台失去了职业操守和伦理，缺乏社会责任意识，刻意收集用户信息，将网络用户的个人隐私曝光甚至售卖，严重侵犯了公民的网络隐私权。网络平台应该承担起社会责任，积极维护用户的网络隐私权，守住行业的职业操守和伦理规范。

第一，重视隐私保护技术路径。法律总是滞后于科技的发展。面对日新月异的科技，依靠单一的法律规则来保护用户隐私难以奏效。因此，我们还应该重视隐私保护的技术路径。近年来，隐私保护技术路径中的隐私增强技术受到人们的重视与认可。隐私增强技术主要指增强个人信息保护的技术，包括编码、加密、假名和匿名、防火墙、匿名通信技术等。好的隐私增强技术可以为企业节约保护用户隐私的成本，减少承担法律责任的风险以增强用户信任②。

---

① 杨瑞仙、李航毅、孙倬：《社交网络数据隐私保护：溯源、技术、政策、展望》，《农业图书情报学报》，2024 年第 4 期，第 13 页。

② 郑志峰：《人工智能时代的隐私保护》，《法律科学（西北政法大学学报）》，2019 年第 2 期，第 57 页。

第二，互联网平台不断增强行业自律。通过明确告知（如在其网站或应用内明确告知用户隐私政策，包括个人信息的收集、使用、存储和传输方式，以及用户享有的权利，如访问、更正、删除个人信息的权利等）、限制收集（在收集用户个人信息时，应遵循最小必要原则，即只收集实现特定功能所必需的数据，避免过度收集）和建立投诉与解决机制等方式，不断加强互联网平台企业在用户隐私保护方面的行业自律。

三、用户层面：增加隐私管理意识，提升隐私保护能力

对网络用户而言，应全方位地提升个人的“隐私素养”。

首先，我们要建立防患于未然的网络安全意识，即我们线上线下的行为都可能会被别人跟踪和盗用。我们不仅要提升个人信息的保护意识，还要提升对公众人物、对普通网友的隐私保护意识，不参与人肉搜索、泄露他人隐私的网络活动。

其次，在互联网的日常媒介实践中，摸索掌握一些保护个人隐私的小技巧，如主动阅读了解网站的隐私保护政策、定期删除网站 Cookies、安装防火墙、定期清理自己的上网痕迹、拒绝可能有危险的网站对个人终端的访问、使用假名注册、在分享照片时涂抹关键个人信息（如身份证号、姓名）、朋友圈的三天可见等。

最后，个人隐私信息如若遭遇侵犯，应保持冷静，及时采取合理、有效的应对措施。如尽快保留所有与隐私侵犯相关的证据，包括但不限于邮件、短信、通话记录、截图等。同时，通知个人隐私遭遇侵犯的平台，告知其隐私侵犯的情况，要求其立即采取相应的措施。如果隐私侵犯涉及犯罪行为（如身份盗窃、诈骗等），还应及时向当地公安机关报案。

【课后习题】

1. 在社交媒体的使用中，哪些隐私保护行为是既能保护隐私又不影响网络社交的？

2. 结合日常媒介实践，梳理总结一下，哪些行为可能无意间泄露个人隐私？我们在媒介使用中如何规避这些行为？

3. 在日常的媒介实践中，你还有哪些好的防止个人信息泄露的技巧和方法？

【延伸阅读】

1. 申琦、邱艺：《打开隐私悖论背后的认知黑箱》，《西南政法大学学报》，2021 年第 5 期，第 84～95 页。

2. 林爱珺、蔡牧：《大数据中的隐私流动与个人信息保护》，《现代传播》，2020 年第 4 期，第 79～83 页。

3. 吴飞、傅正科：《大数据与“被遗忘权”》，《浙江大学学报（人文社会科学版）》，2015 年第 2 期，第 68～78 页。

4. 维克托·迈尔-舍恩伯格、肯尼思·库克耶：《大数据时代》，盛杨燕、周涛译，浙江人民出版社，2010 年。

第六章　网络消费：想清楚为何而消费

本章学习要点：

1. 了解我国网络消费发展的大致脉络
2. 掌握网络消费的特征
3. 理解网络消费信贷产品的实质
4. 掌握如何培养理性的网络消费观念

第一节　我国网络消费发展大事记

从广义上看，网络消费就是网络信息消费，不仅包括网络购物、网络游戏等需要进行货币性支出的消费，也包括网络娱乐、网络社交等在线信息消费，甚至信息生产本身就是消费的过程。只要我们进入网络界面进行点击，就进入了网络消费的世界[①]。由于广义的网络消费内涵过于丰富，因而本章讨论的对象主要集中在“网络购物”，即狭义的网络消费上。

一、第一阶段：电商平台的初创期（1994—2002）

1994 年 4 月 20 日，中国正式接入国际互联网，开启了中国互联网元年。但即使该事件被列入当年的中国十大科技事件之一，当时的人们仍然难以预见接入互联网对中国产生的重大意义。1996 年 11 月，中国第一笔网络购物交易

① 蒋建国：《消费主义背景下的网络导向型生活与精神迷失》，《现代传播》，2015 年第 2 期，第 69 页。

发生，购物人是时任加拿大驻中国大使霍华德·贝详（Howard Balloch）。他通过实华开公司的网点，购进了一只景泰蓝“龙凤牡丹”。1996 年，外贸部成立中国国际电子商务中心。1997 年，网上书店开始出现，网上购物及中国商品订货系统如日方升。1998 年 3 月 6 日，国内第一笔网上电子商务交易成功。当时，中央电视台的王轲平先生通过中国银行的网上银行服务，从世纪互联公司购买了 10 小时的上网机时。

1998 年 6 月，刘强东创立京东公司。1998 年 11 月，马化腾、张志东等五位创始人创立腾讯。1999 年 9 月，马云等人在杭州成立阿里巴巴公司。1999 年 11 月，当当网正式开通。千禧年之前，中国互联网的先行者们建立了一批 B2C 网站，致力于推动中国的网络购物。但网络购物在当时遭遇了普遍质疑，主要质疑来自以下几点：第一，是否会有足够多的消费者选择在线购物？第二，网络购物如何解决物流配送的问题？第三，网络购物如何解决网络支付的问题？在今天看来，这些显然都不是问题。《第 53 次中国互联网络发展状况统计报告》显示，截至 2023 年 12 月，我国网络支付用户规模达 9.54 亿人，占网民整体的 87.3%，网络购物用户规模达 9.15 亿人，占网民整体的 83.8%①。顺丰、京东、“四通一达”、极兔、菜鸟驿站、丰巢等则全方位解决了网络购物的物流配送问题，而以支付宝、微信为代表的网络支付也已全面进入我们的日常生活。

二、第二阶段：电商平台的高速发展期（2003—2015）

2003 年，面对非典的袭击，越来越多的人意识到网上购物的重要性和可行性。当当网以图书这个低价格、标准化的商品作为网络购物的切入点，借助快递配送和货到付款的交易流程，开始逐步建立自己的市场基础。同年，阿里巴巴旗下的淘宝网成立，2004 年推出担保交易机制和第三方支付工具支付宝，显著提升了用户体验和交易安全性，促进了网络交易量的快速增长。2005 年，国际电商巨头易趣在中国的市场份额逐步被淘宝挤占。2008 年，饿了么上线，开启了国内外卖新市场。2008 年，我国网民数量达 2.53 亿，首次超越美国跃居世界第一②，这也为网络购物提供了足够的用户基础。2009 年，阿里巴巴推

① 中国互联网络信息中心：《第 53 次中国互联网络发展状况统计报告》，https://www.cnnic.net.cn/NMediaFile/2024/0325/MAIN1711355296414FIQ9XKZV63.pdf，第 1～2 页。

② 中国互联网络信息中心：《第 21 次中国互联网络发展状况统计报告》，https://www.cnnic.net.cn/NMediaFile/2022/0830/MAIN1661848787213RHRPZ27GU2.pdf，第 5 页。

出首个“双 11”促销活动。次年，京东推出“京东 618”促销活动。2011 年，王兴创办的美团网上线。同年，滴滴打车正式上线。

2012 年，我国手机网民规模达到 3.88 亿，首次超过 PC 网民规模①。这也意味着移动购物进入发展快车道。同年，手机网购用户年增长 136.5%，达到 5550 万人，手机网络购物成为拉动网络购物用户增长的重要力量②。2013 年，美团外卖上线，与饿了么成为外卖两巨头。2013 年 8 月，微信与财付通合作，正式推出了微信支付。2014 年 1 月，微信支付与“滴滴打车”合作，用户在打车成功后，凡用微信支付进行付款的，每笔车费减少 10 元，同时司机也可能获得 10 元补贴，微信通过高额补贴的方式让微信支付向支付宝发起挑战。2014 年春节，微信又推出“抢红包”活动。据统计，从除夕到初八，有超过 800 万用户参与了抢红包活动，超过 4000 万个红包被领取，高峰期间 1 分钟内有 2.5 万个红包被领取，平均每个红包金额在 10 元以内③。凭借种种“神操作”，微信支付迅速成长为与支付宝并驾齐驱的中国移动支付平台。2015 年，日后与淘宝、京东三分天下的电商平台拼多多上线，拼多多开启了社交电商的新纪元。

这一阶段，电商平台的迅速发展塑造出新的消费文化。2009 年之后，每年的“双 11”和“618”都成为消费者的狂欢节，网络购物渗透进整个社会的日常生活。这一时期的网络消费建立在充分可靠的商品信息流、网络支付安全、物流传递便利三大基础之上。电商平台使供需双方实现了信息的即时传递与交互，消费者足不出户即可货比三家，实现性价比最优化。在身份认证和数据加密的基础上，网络支付不断发展成熟，商品和服务的买卖不再必须通过现金交易，转变成以数字化方式的资金流转。在信息流和资金流实现网络合流后，繁荣的市场又驱动了物流的快速发展与流转。

三、第三阶段：直播电商开辟新赛道（2016 年至今）

2016 年，网络直播兴起。网络直播是指“依托网页或者客户端技术搭建

---

① 中国互联网络信息中心：《第 30 次中国互联网络发展状况统计报告》，https://www.cnnic.net.cn/NMediaFile/old_attach/P020120723477451202474.pdf，第 4 页。

② 中国互联网络信息中心：《第 30 次中国互联网络发展状况统计报告》，https://www.cnnic.net.cn/NMediaFile/old_attach/P020120723477451202474.pdf，第 30 页。

③ 廖丰、李斌：《八百万用户春节抢微信红包　微信支付挑战支付宝》，http://media.people.com.cn/n/2014/0210/c40606-24307293.html。

虚拟现实平台，以主播（主要是草根达人）提供表演、创作、展示以及支持主播与用户之间互动打赏的平台，是一种基于视频直播技术的互动形式”①。由于网络直播具有可视性、互动性、真实性和娱乐性等特征，能引导社群消费者创造礼物经济或实现网络消费，因而催生出大批草根达人，并逐渐演化出游戏直播、秀场直播、娱乐直播、电商直播等多种直播类型。

2016年，淘宝成为最早的直播电商，日后占据直播电商头把交椅的抖音也在这一年上线。直播电商是指主播（明星、网红、KOL、KOC、创作者等）借助视频直播形式推荐卖货并实现“品效合一”的新兴电商形式②。2020年，线上经济增长空前迅速，直播电商也乘势而起。经过短短几年的发展，直播电商已迅速成长为网络购物的重要分支，并持续助力传统产业数字化转型。2023年12月商务部发布的数据显示，1—11月，全国网上零售额14万亿元，同比增长11%。其中，11月，直播电商保持快速增长势头，持续赋能实体商家，店播销售额占比增至一半③。此外，农产品电商直播由于具有参与主体范围广、准入门槛低、简单易学等特点，成为乡村振兴和网络扶贫融合发展的重要手段，取得了显著的经济效益和社会效益。

电商直播突出了消费虚拟在场的拟真性、互动性、情感性和社会关系性，使消费者不再是与其他买家隔离的“孤岛”，而被置于与他人共同虚拟在场的线上购物情境之中。这种多人共在的虚拟在场的购物场景，无论是直播中的实时互动，与主播建立的拟亲属社交关系，还是在直播间里受到他人的引导或感到来自他人的压力，都使直播交易效率明显高于传统电商。这也是直播电商能在短时间内异军突起的重要原因。

第二节　网络消费的特征

如今，网络消费成为我们最重要的消费渠道之一，呈现出以下四个主要

---

① 喻国明：《从技术逻辑到社交平台：视频直播新形态的价值探讨》，《新闻与写作》，2017年第2期，第51页。

② 郭全中：《中国直播电商的发展动因、现状与趋势》，《新闻与写作》，2020年第8期，第86页。

③ 孙红丽：《前11个月全国网上零售额14万亿元　同比增长11%》，http://finance.people.com.cn/n1/2023/1221/c1004-40144226.html。

特征。

第一，网络消费呈现单件理性与总体不理性的特征①。较线下消费而言，网络消费让消费者拥有更多的信息主动权。在网络消费中，消费者能通过商品详情页、各类测评信息、商品评论等方式获得更多关于某一具体商品的详细信息（数据），还能通过同类产品或者同一产品的多平台比价等方式比传统线下购物拥有更多的信息主动权。这种信息主动权的拥有能让消费者在做消费决策、完成购买行为时更有主动感、获得感，也更为理性。另外，网络购物，尤其是移动购物呈现出随时随地和碎片化的特点，使得总购物时长增加。同时，商家推出的“秒杀”“限购”“限时”“满减”“优惠券”“包邮”“买贵包退”“不满意包退”等种类繁多的促销活动，通过制造“害怕错过”的气氛，让消费者购买很多现实生活中并不那么需要的商品，从而呈现出总体消费的不理性。因此，常常出现家里的物品越来越多、“双 11”囤的化妆品还没拆封，“618”大促又来了的情形。

第二，在网络消费中，消费冲动更易转化为行动。移动终端的普及和对“即刻满足感”的追求催化了消费者的快速购买行为。《移动购买路径研究白皮书》（2016）显示，有超过 80%的消费者希望当天购买。网络直播营造的拟真的社会临场感、互动性，也不断刺激着消费者的购买冲动。电商平台越来越便捷的一键式支付也让购买冲动迅速转化为购买行为。此外，花呗、借呗、白条等种类繁多的网络信贷产品更为消费者提供了超前消费的可能。

第三，电商平台个性化的商品推送提高了用户消费的可能性。算法推荐是平台在积累了海量用户数据资源的基础上，基于用户历史浏览数据及购买行为对用户进行画像，向用户推送其感兴趣的产品或服务，通过个性化推送使用户能随时随地看到与自己兴趣相匹配的内容的机制。如果用户长期对某种风格的商品感兴趣，平台推荐就不仅仅以该用户自身的画像为依据，可能还会利用与该用户相似的其他用户，找出被他们看过而没有被该用户看过的商品来进行推荐，以提高用户消费的可能性。

第四，多途径的购物体验分享和传播不断刺激着消费者的购买欲。一方面，无所不在的网络达人或素人在小红书、抖音等社交平台分享他们对某商品的使用体验。达人或素人会频繁地、不遗余力地发布“种草”文案或视频，其动力主要是获得平台的创作收入（根据图文或视频的点击量等指标获得）或商家提供的佣金（通过购物链接产生实际购买的提成）。另一方面，商家通过

---

① 张志安：《新媒体素养》，高等教育出版社，2019 年，第 161 页。

"好评返现"等手段不断提高商品的评分和评论区中商品的美誉度。通常商品评论会对我们的购买决策产生重要影响，但不少商家为了提高商品评分，除了使用"好评返现"等常规手段外，还运用商业化更强的"刷好评""刷分"等方式，以至于让不少消费者对商品评论及评分产生了某种不信任感。

总的来说，我们发现网络购物虽然可以让消费者掌握更多商品信息的主动权，但增加购物总时长、综合使用多种促销方式、推荐个性化商品、多途径的商品使用体验分享等，也使网络消费中的非理性比重增加。因此，如何尽可能降低购物时的非理性行为，是互联网消费者需要认真思考的问题。

第三节　谨慎使用网络信贷服务

近年来，以互联网为代表的信息技术广泛应用于金融领域，推动我国金融业的服务理念、服务方式等发生巨大变化，深刻影响了传统的金融经营模式，以传统银行为中心的社会资金循环体系正在一定程度上受到互联网金融的冲击。互联网平台为社会领域的融资提供了多元化便利的媒介系统，使企业和个人的融资方式日益多样化。

一、从校园贷到网络信贷服务

在 2009 年之前，商业银行信用卡业务粗放发展，尤其是向大学生群体发放信用卡后造成坏账积累、风险增大。2009 年 7 月中国银行监督管理委员会发布《关于进一步规范信用卡业务的通知》，要求商业银行不再面向大学生群体办理信用卡及提供相关信用服务，大学生消费金融需求被暂时压制。

（一）校园贷

2010 年以来，互联网与金融开始逐步融合，形成了新的金融信用供给渠道。2013 年，互联网金融机构针对大学生这一有消费刚需却又缺乏消费能力的特殊群体，推出了专门的互联网金融贷款产品或服务，即校园网络贷款，又称校园贷。在一定程度上，适度的资金供给确实能帮助学生实现自我投资和自我提升的目标。但是，一时间，针对大学生群体提供互联网金融服务野蛮生长，不少互联网平台以免抵押、低利息为诱饵诱导学生贷款，要求学生提供照片、视频、身份证和家属电话号码等作为贷款抵押和担保。同时，所借债款以惊人的速度“利滚利”。一旦学生无法如期还款，便衍生出威胁恐吓、裸照催款等各种暴力催收行为。因“校园贷”引发的恶性案件数量迅速增多，2017年，教育部、中国银行监督管理委员会及中华人民共和国人力资源和社会保障部联合发布了《关于进一步加强校园贷规范管理工作的通知》，要求网贷机构一律暂停开展在校大学生网贷业务。此后，我国不良校园贷的整体发生率大幅下降。但是随着时间的推移，网络平台通过更新手法和创新套路，用所谓的创业贷、美容贷、求职贷、培训贷、回租贷、购物贷、吃饭贷、注销校园贷等新花样继续从事校园贷业务。2021 年 2 月，中国银行保险监督管理委员会办公厅、教育部办公厅、公安部办公厅等部门联合发布《关于进一步规范大学生互联网消费贷款监督管理工作的通知》，进一步规范大学生互联网消费贷款，严禁小额贷款公司将大学生设定为互联网消费贷款的目标客户群，不得向大学生发放互联网消费贷款。在多部委的联合干预下，非法校园贷平台逐渐被取缔，正规网贷平台也只能对大学生提供网络消费信贷服务，而非网络贷款服务。但由于大部分网贷平台未能接入权威学籍数据库，只能要求 23 周岁（含）以下的用户手动点击确认“非学生承诺”才能进入核审放款环节。因此，由借款人主动签署的“非学生承诺函”便成为新的争议点。

（二）网络信贷服务

目前，主流的贷款平台均不再给在校大学生提供贷款服务，但仍能为大学生提供网络信贷服务。网络信贷服务的形式主要是购物消费分期。目前，市场上能为年满 18 周岁的在校大学生提供网络信贷服务的主要是主流的网购电商平台，如淘宝、京东、苏宁易购、抖音电商等。这类消费信贷产品主要以消费者在自家购物平台上消费所产生的数据为基础进行信用评估，为在自家平台上信用等级高、有消费需求的用户提供先消费、后付款的服务，将信用供给、消费场景在自家的企业生态链里闭合，从而进一步将消费者和特定电商紧密捆绑，有别于以往的信用消费。同时，互联网信贷服务看似是商业银行传统分期付款方式下的“物理移位”，但互联网信贷以互联网数据为基础，实现了传统金融服务的延伸和扩展，具有方便、快捷、高效、高覆盖、开通门槛低等新特点[①]，因此深受大学生群体的欢迎。

---

① 冯逸华、丁佩悦：《互联网消费信贷产品对大学生消费的影响——以南京高校为例》，《现代经济信息》，2017 年第 3 期，第 277 页。

二、大学生使用网络消费信贷服务的原因分析

大学生是网络购物中的重要群体，他们乐于尝试新事物、新产品，也的确有一定的高端消费品，尤其是电子产品（如手机、电脑）的消费需求，但却缺乏稳定的经济来源，于是，形成了较大的消费信贷市场。而广告、网络社交也进一步激化了大学生的消费信贷需求。

（一）广告营销成为影响大学生使用网络信贷服务的重要诱因

刘铮在对大学生使用消费金融产品的实证研究中发现广告营销是大学生使用消费金融工具的强影响因素①。网络信贷产品常常通过温情、励志的广告不断击中消费者的情感软肋。如某网络信贷产品在视频广告《活成我想要的样子》中讲述了快递员用该网络信贷产品分期买了人生第一把萨克斯；大学毕业生在工作前用它开始自己的环球旅行；小情侣用它换了4个城市生活，表达出“自由的感觉真好”；几位创业者用它买了办公桌开始创业，以此表达该网络信贷产品可以帮助人们活成想要的样子。这些温情的故事往往让观众忽略了网络消费信贷产品的实质。

（二）网络社交是影响大学生使用网络信贷服务的另一重要因素

刘铮的实证研究发现，网络社交超过“父母”和“同学”的影响，成为大学生是否使用“花呗”这类消费金融工具的另一重要影响因素②。这说明，一方面，当大学生在社交媒体上看到别人在使用这类新奇的网络消费信贷工具时，会很容易被新生事物吸引；另一方面，社交媒体让社会比较越来越直观，进一步刺激了大学生的消费欲望。当大学生在社交媒体上看到别人晒新型电子产品、晒包包、晒美食、晒旅游的时候，因社会比较而产生的虚荣心较容易驱使大学生进行超出现有消费能力的消费，而这时，各类便捷的网络信贷产品就给他们提供了超前消费的可能。

---

① 刘铮：《基于SOR与理性行为模型的大学生使用消费金融工具行为影响因素及机理研究——以“蚂蚁花呗”为例》，《金融与实践》，2020年第7期，第65页。

② 刘铮：《基于SOR与理性行为模型的大学生使用消费金融工具行为影响因素及机理研究——以“蚂蚁花呗”为例》，《金融与实践》，2020年第7期，第65页。

三、网络信贷服务的实质

正如上述广告中展示的那样，网络信贷产品在很多时候的确能帮助消费者解决燃眉之急，但温情脉脉的广告没有告诉我们，通过网络消费信贷产品预支及超前消费的金额需要按照合同约定按期还款。以上文的广告为例，买萨克斯、环球旅行、辗转多个城市居住以及创业所需的费用都不是一笔小数目，谁能保证下个月的收入一定能按约还款？如若不能按照合同约定还款，就需要偿还利息。这就涉及消费信贷产品的第二个实质：消费信贷产品的利息通常远高于银行贷款利息。也就是说，一键式便捷操作的网络消费信贷产品看起来给消费者提供了巨大的便利，但实际上却潜藏着未来需支付的高额利息。目前，主流电商的购物分期利率一般采用的是月费率的形式，月费率在0.6%～1%之间，看起来似乎并不高。但通常我们所说的贷款利率是按年计而并非按月计，上述月费率的单利年化利率实际在13.8%～22.4%之间①。以中国人民银行2024年7月22日公布的贷款市场报价利率为参照，1年期的贷款市场报价利率（LPR）为3.35%，5年期以上LPR为3.85%②；银行提供的住房商业贷款年利率大多在3%～6%之间浮动。两相比较，我们就能感受到网络消费信贷的利息有多么惊人。目前，电商平台大多仅显示月化利率，并未额外显示实际的单利年化利率，对大学生具有一定的诱导性，这使得大学生很难了解到分期消费的实际利率高低。

大学生既对新鲜事物感到好奇，又易受到广告和社交媒体“晒文化”的影响而冲动消费，可能一不小心就陷入网络信贷消费的陷阱，利息越滚越高，给自己带来巨大的心理压力和生活压力。

我们还应注意的是，自2021年9月以来，花呗、白条等市场上稍有名气的网络消费信贷服务都已陆续接入央行征信系统。在使用这类产品时，用户一旦签署《个人征信查询报送授权书》，就意味着同意授权平台向金融信用信息基础数据库查询/报送相关信息。这说明网络消费信贷服务与其他银行贷款服务一样，如果出现逾期等违约情形，除了会被收取逾期费用外，还会直接影响

---

①　王立洋、张建学、王胜迎：《互联网背景下不良校园贷防范路径研究》，《石家庄学院学报》，2023年第1期，第154页。

②　中国人民银行货币政策司：《2024年7月22日全国银行间同业拆借中心受权公布贷款市场报价利率（LPR）及调整发布时间公告》，http://camlmac.pbc.gov.cn/zhengcehuobisi/125207/125213/125440/3876551/5410019/index.html。

用户征信，从而影响用户今后的各类银行贷款审批。

因此，对于网络消费信贷产品而言，我们一定要保持慎重、审慎的态度，既要认清其实质，还要弄清楚其相对复杂的使用规则、后续影响等，切不可因冲动消费和一键式便捷操作，给自己的学习、生活和工作带来不必要的压力和麻烦。

第四节　如何树立理性的网络消费观

在媒介化生存的当下，我们应当培养怎样的理性网络消费观念呢？本节从别轻易掉入消费主义陷阱、抵制过度的炫耀性消费和想清楚为何而消费几个视角进行讨论。

一、别轻易掉入消费主义的陷阱

让·鲍德里亚（Jean Baudrillard，1929—2007）在《消费社会》一书中指出，“今天，在我们的周围，存在着一种由不断增长的物、服务和物质财富所构成的惊人的消费和丰盛现象，它构成了人类自然环境中的一种根本变化。恰当地说，富裕的人们不再像过去那样受到人的包围，而是受到物（OBJECTS）的包围”①。也就是说，随着社会生产力的飞速发展，社会结构已从生产主导的社会转向消费主导的社会。在移动互联网中，弹窗广告、开屏广告、广告的个性化推送、直播带货、社交媒体中流行的“晒文化”……更让我们时时刻刻处于商品的包围之中。

不仅如此，商品还通过广告被赋予新的意义和价值，以此激发、创造出大众新的消费欲望。正如张一兵所说，符号制造意义和象征这个事实，正是当代资本主义消费控制的秘密②。其中，最著名的例子就是广告不仅使钻石成为人们心中永恒爱情的象征，更成为新婚夫妇必备的消费品。1888 年，英国商人塞西尔·罗兹（Cecil Rhodes）成立了戴比尔斯（De Beers）公司，此时，地

① ［法］让·鲍德里亚：《消费社会》，刘成富、全志钢译，南京大学出版社，2014 年，第 1 页。

② 张一兵：《消费意识形态：符码操控中的真实之死——鲍德里亚的〈消费社会〉解读》，《江汉论坛》，2008 年第 9 期，第 25 页。

球上已发现的钻石储存量非常大，即便戴比尔斯小心地控制钻石的产出量仍无法维持钻石的超高售价。于是戴比尔斯花费巨额广告费，将坚硬的、晶莹的钻石打造成忠贞不渝爱情的象征，将钻石与人类内心对于爱情和永恒的向往联系起来，使得钻石成为世界各地订婚、结婚的必需品。而钻石本身不过就是比较透明好看的金刚石，是高温碳结晶体，其本质和煤炭差不多，只是比煤炭好看而已。但在诸如“钻石恒久远，一颗永流传”等广告语的加持下，钻石不仅能一直维持远超本身价值的价格，还成为新婚夫妇购物清单中必不可少的一项商品。再如，上文提及的广告《活成我想要的样子》，通过几个小故事的讲述，将网络信贷产品的使用与丰富、自由、温情而富有创造力的生活勾连起来，广告向消费者提供这样的暗示：只要使用了这样的网络信贷产品，就可以无限接近广告中的理想生活。正如鲍德里亚所说，广告既不让人去理解，也不让人去学习，而是让人去希望[①]。此外，名人明星广告也在向消费者暗示，只要使用了广告中的明星同款商品，我们也能像明星一样（美）。广告就是这样将本来毫无关系的符号通过拼贴和并置，赋予商品虚幻的“符号价值”，从而创造消费。

在传统媒体时代，大众传媒对广告起到了推波助澜的作用，而在互联网中被发动起来的 UGC（User Generated Content），更激励着广大用户参与到广告的生产与制作中来。以抖音为例，用户的收入主要由短视频播放量收益，短视频或直播带货佣金、广告分成、直播的打赏等组成，这就激励着成千上万的用户努力挖掘、创造出商品更多的象征和幻象，“无意识地诱劝”[②] 着观众的消费行为。你以为你有自由的消费意志，其实你的购买决策很大程度上是“生产厂商+精心制作的广告+营销策略+个性化推送”等共同作用的结果。

此外，鲍德里亚发现，广告还通过“赠品意识形态”，“如折扣、削价、厂家提供的礼品、购物时赠送的种种小摆设、‘诱人的玩意儿’”[③]，放大某种免费的服务或好处，从而让人无意识地购买也许你并不需要的东西。所以，在各类互联网购物平台所看到的秒杀、限时、限量、抢红包、好评返现、满额减、礼券、赠品等各类促销手段，都是这种“赠品意识形态”在网络促销中的变

---

① ［法］让·鲍德里亚：《消费社会》，刘成富、全志钢译，南京大学出版社，2014 年，第 119 页。

② 张一兵：《消费意识形态：符码操控中的真实之死——鲍德里亚的〈消费社会〉解读》，《江汉论坛》，2008 年第 9 期，第 26 页。

③ ［法］让·鲍德里亚：《消费社会》，刘成富、全志钢译，南京大学出版社，2014 年，第 162 页。

形，通过为消费者制造“害怕失去”的心理使他们进行冲动消费。

二、抵制过度的炫耀性消费

托斯丹·凡勃伦（Thorstein Veblen，1857—1929）在《有闲阶级论》中提出了“炫耀性消费”：为了夸示财富而不是满足真实需求的消费活动，这种消费的动机是谋求某种社会地位，其深层含义是人与人之间在需求和效用上存在相互影响[①]。可见，炫耀性消费具有区分有闲阶级与普通劳动者的功用。布尔迪厄在《区分：判断力的社会批判》一书中指出，社会空间中有着相似位置的个人，他们有着相似的生活处境，培养了相似的阶级惯习，从而形成了包括艺术审美、饮食习惯、消费习惯等在内的相似的文化实践[②]。换言之，不同团体可以通过“品位”（taste）的选择来表现自己的生活方式，不同品位的消费不仅体现了消费者的经济差异，更体现了地位差异、文化差异。也就是说，消费具有区分身份的功用。

当主播、网络达人或名人明星在短视频或直播中，“无意识”地展示自己及家人在使用某款商品时，观众不仅会将他们此前积累的信誉及声誉移植到某商品中，也会将对偶像的喜爱、信任投射到他们展示的商品中，更会通过使用“明星同款”“爆款”来获取某种身份认同的快感。

不可否认，我们已经进入消费主导的社会，消费不再仅仅是满足最基本的物质生活所需，也成为快感、幸福感和身份认同的重要来源之一。这里所要抵制的“炫耀性消费”，是指明显超出了个人消费能力，需要通过长期节衣缩食来补偿消费带来的短暂愉悦，并希望通过展示消费商品来彰显社会身份（地位）的过度的炫耀性消费。这类炫耀性消费，往往只能在日常生活或社交媒体中获得短暂的、虚幻的幸福感。“社会区隔”看似在购入或使用某种商品时得到弥合，但符号消费不过是一场拟真的幻象，并不能真的弥合真实的社会区隔；相反，消费者却可能因超前消费引发财务问题、心理焦虑等，进一步加剧现实的社会区隔。

---

① 邓晓辉、戴俐秋：《炫耀性消费理论及其最新进展》，《外国经济与管理》，2005年第4期，第2页。

② 朱伟珏、姚瑶：《阶级、阶层与文化消费——布迪厄文化消费理论研究》，《湖南社会科学》，2012年第4期，第53页。

三、想清楚为何而消费

近年来，中国社会发展模式正在向消费主导型转变，消费对GDP增长的贡献率已超过50%。我们不是要否认消费对社会发展的重要作用，而应该认识到消费主义、炫耀性消费带来的负面影响。我们不能将社会中的一切活动简化为消费活动，也不能将消费能力、消费水平与自我价值等同起来，消费只是彰显个人的身份和价值的途径之一，消费品位也不能完全决定个人的社会地位。通过购入明星同款、打卡网红餐厅、购买限量版商品……也许能在社会交往中短暂地获得“存在感”和一定的社交资本，但仅仅依靠消费是难以获得切实的身份认同和社会地位提升的。

所以，当我们身处于铺天盖地的广告、直播带货、个性化推送、社交媒体……之中时，想清楚因何而消费尤为重要。我们可以因为对所需之物的缺乏而购物，也可以因为满足个人的兴趣爱好而购物，还可以因为表达亲情、爱情而购物……总之，网络消费也要充分体现消费者的主体性，而不是被种类繁多的促销活动、精巧的主播话术、精心设计的广告幻象……诱导、迷惑。

【课后习题】

1. 结合日常网络购物实践谈一谈：哪些因素会促成你的冲动购物？

2. 使用过网络信贷服务吗？谈一谈你的使用体验和感受。

3. 结合个人经历或实例谈一谈：广告和“晒文化”是如何促成网络消费的？

【延伸阅读】

1. 林江、李梦晗：《“精致”人设的自我呈现：青年超前消费问题探析》，《中国青年研究》，2021年第3期，第61～67页，第75页。

2. 燕道成、李菲：《场景·符号·权力：电商直播的视觉景观与价值反思》，《现代传播》，2020年第6期，第124～129页。

3. 刘铮：《基于SOR与理性行为模型的大学生使用消费金融工具行为影响因素及机理研究——以“蚂蚁花呗”为例》，《金融与实践》，2020年第7期，第59～66页。

4. 让·鲍德里亚：《消费社会》，刘成富、全志钢译，南京大学出版社，2014年。

第三编

新媒体社会参与素养

第七章　新媒体如何构建我们头脑中的世界

本章学习要点：

1. 掌握传统媒体、社交媒体是如何共同设置公共议程的
2. 掌握沉默的螺旋理论在新媒体环境如何发挥作用
3. 掌握在新媒体环境下，涵化效果为何变得更加复杂

1922年，沃特尔·李普曼（Walter Lippmann，1889—1974）在《舆论》（*Public Opinion*）一书中提出了“拟态环境”（pseudo－environment）的概念。他指出，由于真实的环境在总体上过于庞大、复杂，且总是转瞬即逝，令人难以对其深刻理解，我们实在没有能力对如此微妙、如此多元、拥有如此丰富可能性的外部世界应付自如。而且，尽管我们必须在真实环境中行动，但为了能够对其加以把握，就必须依照某个更加简单的模型对真实环境进行重建。这就像一个人若想环游世界，就必须有一张世界地图[①]。也就是说，由于现代社会的巨大化和复杂化，人们不得不对真实世界进行简单化、模型化的认知，而这种简单化、模型化的认知在很大程度上是由媒介提供的。拟态环境是指媒介通过对象征性事件进行选择、加工后向人们提示的信息环境。这些信息往往能塑造影响人们对真实世界的看法和认知。李普曼还指出，我们必须格外注意人与其所处的环境之间存在的那个拟态环境。人的所有行为都是针对这一拟态环境做出的，不过这些行为产生的后果不是作用于催生了这些行为的拟态环境，而是作用于那个实实在在承载了这些行动的真实环境[②]。由此可见，拟态环境不仅构建了“我们头脑中的世界”，还能对真实世界产生直接而深远的影响。

---

① ［美］沃特尔·李普曼：《舆论》，常江、肖寒译，北京大学出版社，2018年，第15页。

② ［美］沃特尔·李普曼：《舆论》，常江、肖寒译，北京大学出版社，2018年，第14页。

那么，在人人都有麦克风的新媒体时代，新的拟态环境与大众媒体时代的拟态环境有何不同？本章将从议程设置、沉默的螺旋、涵化理论等传播学经典理论入手，帮助我们理解在新媒体时代，我们头脑中的世界是如何被构建的。

第一节　谁在设置公共议程

20 世纪 70 年代，马克斯韦尔·麦库姆斯（Maxwell McCombs，1939—2024）和唐纳德·肖（Donald Shaw，1936—2021）提出的议程设置理论可以说是影响力最大的传播理论之一。自 1944 年拉扎斯菲尔德的《人民的选择——选民如何在总统选战中做决定》发表以来，人们认为大众传播在改变个人态度方面的效果相当有限，此后，大众传播有限效果论盛行了二十余年。20 世纪 60 年代，麦库姆斯在加利福尼亚大学任教时，观察到在体育酒吧里，人们谈论的主要是报纸上的头条新闻，报纸似乎设置了酒吧里客人的谈话议程，“议程设置”（agenda setting）的概念开始在他脑海中闪现。

一、经典的议程设置理论

1967 年，当麦库姆斯来到北卡罗来纳州立大学任教后，与学者唐纳德·肖一起对 1968 年的总统选举进行了研究。

他们在 1968 年总统大选期间，对北卡罗来纳州的查普尔希尔（Chapel Hill，又译教堂山）就传播媒介的选举报道对选民的影响进行了调查研究。该研究主要分两部分进行：首先，他们选择了教堂山地区可见的报纸、电视、杂志为样本，并编制了内容分析的编码单，让学生记录在 1968 年总统竞选期间大众媒体中提及的主题（topic）；其次，使用概率抽样在教堂山地区选定了 100 个左右的被试，派出学生进行入户访谈，询问被试，他们认为当下什么是最重要的主题；最后，研究发现，媒介提及的议题与公众提到的议题的相关性超过了 0.97[①]。从其对比研究可以看出：第一，选民对当前重要问题的判断与大众媒介反复报道和强调的问题之间，存在着高度一致的对应关系，即传媒强

① 袁潇：《数字时代中议程设置理论的嬗变与革新——专访议程设置奠基人之一唐纳德·肖教授》，《国际新闻界》，2016 年第 4 期，第 69 页。

调得越多，公众对该问题的重视程度也越高。第二，根据这种高度对应关系，大众传播具有一种为公众设置“议事日程”的功能，即传媒的新闻报道和信息传达活动通过赋予各种“议题”不同程度的显著性，影响着人们对周围世界的“大事”及其重要性的判断[①]。该研究成果《大众传媒的议程设置功能》发表在1972年的《公共舆论》季刊上。两年后，这篇论文成为《公共舆论》自1938年以来引用率最高的论文。议程设置理论有力地扭转了当时盛行的媒介“有限效果论”，为媒介重回“强大效果论”奠定了基础。

议程设置理论与“有限效果论”最大的不同之处在于，其不再执着于大众媒体对受众“态度”的改变，而是着眼于传播效果发生作用的最初阶段——“认知”，而当传播效果的第一个层面——“认知”发生转变之后，传播效果的第二、第三层面，即“态度”和“行动”相应地也会产生连锁反应。正如伯纳德·科恩（Bernard Cohen）所说：“在大多数时间内媒介并不能告诉人们对事情的看法（what to think），但却能成功地告诉读者该认真考虑些什么（what to think about）。”[②] 也就是说，媒体的报道能够直接影响人们的认知。

学者芬克豪泽（Funkhouser）关心这一问题的另一面向：在实际生活中具体事件的重要程度，与媒介报道及公众认为的重要程度一致吗？芬克豪泽采用了盖洛普民意调查的结果，该测验询问公众的问题是“你认为20世纪60年代，美国面临的最重大的问题是什么”，以考察公众对事件重要程度的看法；对当时美国最有影响的三家周刊《时代》《新闻周刊》《美国新闻和世界报道》出现的各种事件的次数进行统计，以获得媒介认为哪些事件重要的统计情况；同时，他还根据《美国统计摘要》及其他信息来源，得出事件在现实生活中实际的重要程度[③]。其研究结果的前半部分与议程设置理论一致，即公众按重要程度对事件的排序与媒体对该事件报道的频率有着明显对应的关系。通过表7-1我们发现，媒体对越战、种族关系（和城市暴乱）、校园骚动、通货膨胀、电视和大众传媒等议题报道数量的排序，与大众认为的这一阶段的重大问题排序基本相同。

① 转引自郭庆光：《传播学教程（第二版）》，中国人民大学出版社，2011年，第194页。

② 转引自张军芳：《“议程设置”：内涵、衍变与反思》，《新闻与传播研究》，2015年第10期，第111页。

③ 转引自［美］沃纳·赛佛林、小詹姆斯·坦卡德：《传播理论：起源、方法与应用》，郭镇之、孟颖、赵丽芳等译，华夏出版社，2000年，第249页。

表 7—1　20 世纪 60 年代全国新闻杂志对各类议题的报道数量，以及这些议题作为这一阶段“美国面临的最重大问题”的排序榜①

议题	文章数量	排序	重要性排序
越战	861	1	1
种族关系（和城市暴乱）	687	2	2
校园骚动	267	3	4
通货膨胀	234	4	5
电视和大众媒体	218	5	12*
犯罪	203	6	3
毒品	173	7	9
环境和污染	109	8	6
吸烟	99	9	12*
贫穷	74	10	7
性（道德下降）	62	11	8
妇女权利	47	12	12*
科学和社会	37	13	12*
人口	36	12	12*

注：在排序榜上媒介报道和重要性之间的关系=0.78（p=0.001）。

* 这些媒介报道在盖格普调查中从来没有被当作“最重要问题”提出过，所以它们的排序相等，列在已有排序的项目之后。

芬克豪泽还分析了实际生活与媒介之间的关系。在这一组关系中，媒介的报道并不总是与事件的真实很好地吻合。如对于越战、校园骚动、城市暴乱等事件，媒介报道的高峰期要比事件的真实高潮早一至两年。有关毒品和通货膨胀的报道则基本上与事实的进程一致；但涉及种族关系、犯罪、贫困和环境污染问题的报道，则与实际情况大相径庭。这说明，媒体虽然能为公众设置议程，但媒体并不能完全如实地告诉公众发生了什么。

随着对议程设置理论研究的不断深入，1989 年，丹尼利和瑞斯（Danielian & Reese）又提出“媒介间议程设置”现象：影响媒介议程的重要力量来自其他媒介的内部，精英媒介似乎能为其他媒介设置议程。他们发现，

① 转引自［美］沃纳·赛佛林、小詹姆斯·坦卡德：《传播理论：起源、方法与应用》，郭镇之、孟颖、赵丽芳等译，华夏出版社，2000 年，第 250 页。

1985—1986年间，毒品问题在许多媒介上都异常突出，而这其实是媒介之间互设议程、相互炒作的结果，而并非社会毒品问题恶化所致。他们指出，媒介之间议程设置的影响力一般是从《纽约时报》流向其他媒介，总体看来，是印刷媒介引导电视网的议程[①]，也即精英媒介为一般媒介设置议程。

二、传统媒体与社交媒体共同设置公众议程

那么，当互联网时代来临，尤其是用户被集中到几个重要的社交媒体平台之后，议程设置理论发生了哪些新的变化呢?

（一）传统媒体仍为社交媒体设置议程

在议程设置研究40年后的2008年，麦库姆斯等学者在教堂山地区使用了与40年前相同的内容分析法和访谈法，观测了70个选民的样本及其与电视议题之间的相关系数，此时的相关系数约为0.87，虽然没有之前0.97那么高，但显示出传统大众媒体在为社交媒体设置议程方面的能力依旧非常强大。不久之后，他们又观察了2012年的总统竞选，发现推特中的新闻被受众转发的次数和其在大众媒体中出现的次数是成比例的。所以，至少在推特中，大众媒体对受众依然存在非常强的议程设置效果。

（二）传统媒体为公众议题提供主题与属性，社交媒体为同一议题提供更多元的属性或观点

议程设置理论认为，媒介的议程设置第一层是关于主题（issues）的设置，第二层是关于属性（attributes）的设置。唐纳德·肖指出，在新媒体时代，传统媒体和社交媒体对公众的议程设置共同发生作用：传统媒体倾向于提供主题与属性，而社交媒体则倾向于重新安排这些属性[②]。唐纳德·肖举了这样一个例子：男性和女性普遍同意“孩子”是个重要的主题，但男人和女人可能在孩子的属性上会有异议。男人认为孩子是渴求的，因为孩子会增加家庭收

---

① 转引自［美］沃纳·赛佛林、小詹姆斯·坦卡德：《传播理论：起源、方法与应用》，郭镇之、孟颖、赵丽芳等译，华夏出版社，2000年，第263页。

② 袁潇：《数字时代中议程设置理论的嬗变与革新——专访议程设置奠基人之一唐纳德·肖教授》，《国际新闻界》，2016年第4期，第71页。

入；女人认为孩子是有价值的，因为孩子需要受到教育并拥有美好人生①。肖说，这可能不是一个特别妥当的例子，但其证实了他们可能在主题上达成共识，但却在属性上存在分歧②。换句话说，社交媒体在告诉大众“怎么想”上能发挥更多的作用。

唐纳德·肖还指出，传统媒体强调报道总统、众议院、参议院等，告诉人们政府正在做什么，这体现了金字塔式的社会结构，金字塔顶端相当于总统或是主席等角色③。相应地，肖提出了“莎草纸社会”的概念。他认为，在金字塔中所处层级不同的人群，正在被脸书、推特等连接，这种连接更像埃及人发明的莎草纸。埃及人收割纸莎草，将其绿色外皮削去，把内茎取出切成薄片，然后将这些长条并排放成一层，在上面盖上另一层，上下反复交织，挤压使其变干。莎草纸体现着均衡力量，莎草纸社会意味着权力的分享而不是集中④。也就是说，金字塔顶端的人群并不能完全地控制媒体，位于金字塔下方的人们可以通过社交媒体相互分享并获取社会支持。在新媒体时代，传统媒体辐射社会所有阶层，为公众议题提供主题与属性。而社交媒体（水平媒体）一方面使人与人之间相互关联、上下编织，并通过联结人群给人们赋权，提供更多的信息和社会支持，从而使金字塔的权力变得更加扁平，缩短了顶端与底层的距离；另一方面，社交媒体能为同一议题提供更多元的属性或观点，从而进一步激发人们在互联网中的商议与讨论。

（三）社交媒体能对传统媒体进行反向议程设置吗？

上文提到，在20世纪80年代，精英媒体（如《纽约时报》）能为其他媒体设置议程。在新媒体实践中，我们发现，媒介间的议程设置，似乎不再是传统媒体等精英媒体为社交媒体提供议程设置，社交媒体也能对传统媒体进行反向的议程设置。

事实果真如此吗？麦库姆斯指出，“如果公众对事件有兴趣，就会引起媒

① 袁潇：《数字时代中议程设置理论的嬗变与革新——专访议程设置奠基人之一唐纳德·肖教授》，《国际新闻界》，2016年第4期，第71页。

② 袁潇：《数字时代中议程设置理论的嬗变与革新——专访议程设置奠基人之一唐纳德·肖教授》，《国际新闻界》，2016年第4期，第71~72页。

③ 袁潇：《数字时代中议程设置理论的嬗变与革新——专访议程设置奠基人之一唐纳德·肖教授》，《国际新闻界》，2016年第4期，第72页。

④ 袁潇：《数字时代中议程设置理论的嬗变与革新——专访议程设置奠基人之一唐纳德·肖教授》，《国际新闻界》，2016年第4期，第72页。

体的注意，议程就会出现”[①]。这肯定了反向议程设置的存在。但他接着用了一个非常有意思的比喻来形容议程设置与反向议程设置：正如将传统媒体比喻成一条同方向的六车道的高速干道，反向议程只不过是与此相反的一条小路。呼啸的大众媒体主流具有很强的效果，议程设置形成的关键是不同媒体一遍又一遍地重复同一个话题形成议程，偶尔这条高速公路上的交通换了个方向就会成功引起媒体的注意[②]。也就是说，虽然社交媒体向传统媒体设置议程的反向议程设置的确存在，但相较传统媒体对社交媒体进行设置的议程数量而言，仍然有极大的差别。

在新媒体环境下，传统媒体对社交媒体、公众依然发挥着强大的议程设置效果。而社交媒体通过水平联结给受众赋权，不仅为传统媒体设置的议题提供了更为多元化的属性或观点，也为反向议程设置提供了通道。

第二节　沉默的螺旋理论还适用吗

1965 年，联邦德国进行议会选举，主要竞选对手是社会民主党与基督教民主联盟和基督教社会联盟的联合阵线。在整个竞选过程中，双方支持率一直处于胶着状态，但在最后投票之际却发生了选民的“雪崩现象”——联合阵线以压倒优势战胜了社会民主党。时任阿伦斯巴赫研究所所长的伊丽莎白·诺依曼（Elisabeth Neumann）为了解释这一使德国选民感到困惑的现象，对选举期间追踪调查到的全部数据重新进行了分析。她发现，尽管双方的支持率一直变化不大，但对获胜者的“估计”却发生了明显的倾斜，即认为联合阵线会获胜的人不断增多，到投票前夕变成了绝对多数。这种由周围意见环境认知带来的压力，导致许多人最终改变了投票对象。

一、经典的沉默的螺旋理论

此后，诺依曼对“意见环境”（opinion climate）和“多数意见”对个人的

---

① 赵蕾：《议程设置 50 年：新媒体环境下议程设置理论的发展与转向——议程设置奠基人马克斯韦尔·麦库姆斯、唐纳德·肖与大卫·韦弗教授访谈》，《国际新闻界》，2019 年第 1 期，第 73 页。

② 赵蕾：《议程设置 50 年：新媒体环境下议程设置理论的发展与转向——议程设置奠基人马克斯韦尔·麦库姆斯、唐纳德·肖与大卫·韦弗教授访谈》，《国际新闻界》，2019 年第 1 期，第 73 页。

压力又进行了多次实证研究。1974 年，她在《传播学刊》上发表了《舆论是我们的皮肤》一文，首次提出沉默的螺旋理论。1980 年，德文版的《沉默的螺旋：舆论——我们的社会皮肤》一书出版，全面地介绍了该理论假说。“沉默的螺旋”理论可以通过图 7－1 简要描述。

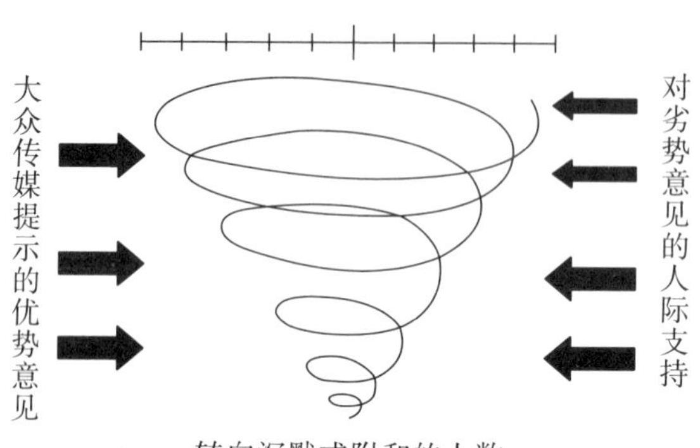

图 7－1　沉默的螺旋示意图①

沉默的螺旋理论的基本观点是：人们在表达自己观点的时候，如果发现自己所持有的观点处于优势地位，会倾向于积极而大胆地表达；反之，会倾向于保持沉默，甚至会转向支持优势观点。如此循环往复，支持优势意见的人数越来越多，而支持劣势意见的则逐渐走向销声匿迹，形成一个螺旋运动的过程。

这一理论由三个命题组成：

第一，个人意见的表明是一个心理过程。人作为一种社会动物，总是力图从周围环境中寻求支持，因为“被孤立的恐惧”，个人在表明自己观点时，首先要对周围的意见环境进行观察，当发现自己所持观点属于多数意见时，便倾向于积极表明自己的观点；当发现自己属于少数意见时，一般会屈从环境的压力而转向沉默，这也是群体压力的直观体现。

第二，“优势”意见的表明和“沉默”的扩散是一个螺旋式的社会传播过程。一方的“沉默”，造成另一方意见的增强，使“优势”意见显得更加强大，这种强大反过来迫使更多的持不同意见者转向“沉默”。如此循环，便形成了一个一方越来越大声疾呼，一方越来越沉默下去的螺旋式过程。于是，便出现了社会生活中“舆论的一边倒”“关键时刻的雪崩”等现象。

第三，大众传播通过营造“意见环境”来影响和制约舆论。诺依曼认为，舆论的形成不是社会公众“理性讨论”的结果，而是“意见环境”的压力作用

① 转引自郭庆光：《传播学教程（第二版）》，中国人民大学出版社，2011 年，第 200 页。

于人们惧怕孤立的心理，强制人们对“优势意见”采取趋同行动这一非合理过程的产物。此外，诺依曼指出，人们判断意见环境的主要信息源有两个：一是所处的社会群体，二是大众传播。尤其在超出人们直接感知范围的认知上，大众传播的影响更大。多数大众媒体报道内容的类似性（产生共鸣效果）、同类信息传播的连续性和重复性（产生累积效果）、信息到达范围的广泛性（产生遍在效果）使大众媒体的报道对人们的意见乃至舆论产生重大影响①。

二、网络传播环境下“反沉默的螺旋”理论的提出

其实，这一沉默的螺旋理论自问世以来，就一直饱受质疑，其质疑除了“被孤立的恐惧”这一理论前提过于简单外，还有难以用量化的社会科学方法加以检验等。对此，2001年，诺依曼在对其著作进行补遗时说：对于一个获得了如此多的关注的理论，很显然它也会成为被误解的对象。许多对它的误解是很容易解释的。例如，偶尔会有抱怨，这个理论过于复杂了，并且依赖于如此多的边际条件，因此它几乎不可能用社会学研究工具去检验②。

而随着网络时代的来临，“沉默的螺旋”理论遭遇更多诘难：第一，网络的虚拟性、匿名性使人们在网络环境下发表不同意见时所承受的群体压力变小，持少数派意见的网民即使面对优势意见的压力，也敢于将自己的观点表达出来，而不用担心被孤立。即使被孤立，也可以通过转换空间的方式离开某个网络平台。第二，互联网环境中的“意见气候”呈现出多元化的特点，这鼓励大众勇于表达基于自己立场的意见和看法，人们在互联网环境中的能动性更高，能更独立地选择信息、表达自我，更有甚者通过故意“唱反调”来收获关注和流量。第三，一旦有自我确信度高的“中坚分子”或“意见领袖”在网络上发表了与媒介舆论相悖的意见，往往会引起受众的反向思维，使沉默的螺旋倒戈。由此，“反沉默的螺旋”理论也登上了历史舞台。

事实上，我们发现，“反沉默的螺旋”的确时有发生，但与“沉默的螺旋”发生时那种浩大的、一边倒的情形相比，“反沉默的螺旋”的影响力仍然显得微不足道。同时，有些网络舆情的反转看似是“反沉默的螺旋”发生作用，但舆情反转往往是在更多事实真相被进一步披露的背景下发生的，如果将其视为

---

① 郭庆光：《传播学教程（第二版）》，中国人民大学出版社，2011年，第200～201页。

② ［德］伊里莎白·诺依曼：《沉默的螺旋：舆论——我们社会的皮肤》，董璐译，北京大学出版社，2013年，第248～249页。

“反沉默的螺旋”的话，是对沉默的螺旋理论过于片面和简单的理解。

三、新媒体时代沉默的螺旋理论依然适用

在新媒体时代，沉默的螺旋理论依然适用，并常常以网络舆情一边倒的形式呈现出来，我们认为主要有以下三方面的原因。

（一）网络“意见环境”营造的主体由大众媒体转为普通大众

在大众媒体时代，“意见环境”的营造主要是来源于组织化、精英化的大众媒体，再加上把关人制度，使得新闻生产和社会舆论能保持相对的客观、理性与平衡。而在网络传播中，技术赋予了普通网民表达个人意见的权力和机会，昔日处于被引导、被支配地位的“沉默的大多数”成为营造“意见环境”的主体。而这些主体既对信息生产的复杂性缺乏必要的认知，在网络群体传播中又极易受到偏执、非理性、情绪化的群体心理影响，因此，极易形成极端化的一边倒的观点。韩国学者李罗莲、金龙焕研究了118名韩国记者在推特上发表的有关韩国争议性话题的言论行为，结果表明，沉默的螺旋理论不仅适用于一般网民，也适用于舆论领袖特别是记者：当感到自己的观点与推特用户的观点存在很大差异时，一些记者不愿意在推特上发表观点，特别是那些政治立场保守的记者容易认为自己的观点是少数派①。

（二）人们主要依靠网络群体传播感知“意见环境”

诺依曼指出，在大众传播环境下，沉默的螺旋形成是大众传播、人际传播和人们对“意见环境”的认知心理三者相互作用的结果。但在网络传播环境下，人们对“意见环境”的感知从大众传播、人际传播转变为网络上的群体传播。隋岩指出，网络传播的本质属性是群体传播②。网络群体是指因对某一事件的关注借助网络随机组成的偶然群体，互联网帮助他们跨越物理空间在互联网上汇聚而成。群体传播具有的非制度化、非中心化、缺乏管理主体性、信源不确定性等特性，极易引发群体盲从性、群体感染性。当群体传播中一旦形成某种初始意见或态度，就会在群体暗示、群体感染、群体模仿和群体匿名性等

---

① 转引自郭小安：《舆论的寡头铁律：“沉默的螺旋”理论适用边界的再思考》，《国际新闻界》，2015年第5期，第58页。

② 隋岩：《群体传播时代：信息生产方式的变革与影响》，《中国社会科学》，2018年第11期，第117页。

特殊传播机制的影响下迅速蔓延[①]，从而使情绪化、极端化的观点和态度成为群体意见。在网络传播中，虽然“被孤立的恐惧”有所减弱，“意见的多元化”有所增强，但当人们主要依靠网络群体传播感知“意见环境”时，人们感知到的大多是极端的、偏执的、情绪化的观点和意见。

（三）舆论本身就是集中化和非理性的

诺依曼多次指出，舆论的形成不是社会公众“理性讨论”的结果。她说，不是理性使公共舆论不同寻常，恰恰相反，是非理性因素附着在公共舆论上面[②]。郭小安指出，“沉默的螺旋”实质上揭示了舆论的集中化和寡头化现象[③]。由此看来，网络上屡见不鲜的舆论一边倒的情形，正是舆论集中化和寡头化的体现。沉默的螺旋的实质在网络传播中并没有发生改变，甚至在网络群体传播的加持下，再叠加上碎片化阅读、选择性接触等网络传播特性，使这种集中化和寡头化现象更为突出。因此，网络舆论有时并非个人理性思考、深思熟虑的结果，而是非理性的、情绪化的意见表达，这是在人的社会本质作用下自然而然的过程。

可见，在网络传播中，意见营造主体从传统媒体变成普罗大众，人们主要依靠情绪化的网络群体传播感知意见环境，形成的网络舆论更是集中化和非理性的，因此，网络舆论常常呈现出一边倒的现象。

四、网络舆论一边倒可能带来的危害

沉默的螺旋理论不仅强调了媒介“强有力”的社会效果和影响，更展示了其“强大影响”并不止于认知阶段，而是影响了传播效果，即影响人们从认知、态度到行动的全过程，可见传媒有“创造社会现实”的巨大力量[④]。

（一）网络舆论一边倒对当事人的影响

网络舆论一边倒除了影响网民对某一事件的认知和态度外，常常还会发展

---

① 郭庆光：《传播学概论（第二版）》，中国人民大学出版社，2011 年，第 85 页。

② ［德］伊里莎白·诺依曼：《沉默的螺旋：舆论——我们社会的皮肤》，董璐译，北京大学出版社，2013 年，第 182 页。

③ 郭小安：《舆论的寡头铁律：“沉默的螺旋”理论适用边界的再思考》，《国际新闻界》，2015 年第 5 期，第 57 页。

④ 郭庆光：《传播学教程（第二版）》，中国人民大学出版社，2011 年，第 202 页。

到对当事人展开严重的网络语言暴力、人肉搜索等网络欺凌行为。这些行为不仅使当事人的个人信息和隐私在互联网中被无底线的暴露，那些无端的指责、诋毁和攻击更给当事人带来悲伤、愤怒、挫败、压力等负面情绪，进而产生自尊下降、无助感、社交焦虑和自我存在感降低等严重负面影响。还有不少网络事件发展成“正义的”网友从线上到现实生活中对当事人的围追堵截、侮辱谩骂，极大地影响了当事人的正常工作与生活。值得注意的是，由于互联网的虚拟性、匿名性，人们在网络舆论一边倒的公共表达中，更体现出“去个性化”“少抑制”的特点，使语言暴力、人肉搜索这类网络欺凌行为比现实生活中“面对面”的欺凌行为更为频发、更具恶意，受害者所遭受的伤害和痛苦也更大。实际上，网络欺凌是一场双输的游戏，它不仅使遭受网络欺凌的人遭受生理、心理及线下生活的多重创伤，同时，也使施暴者的移情能力降低甚至失效，平移到现实生活中，这些人也会越发自我，从而影响现实人际关系。

（二）网络舆论一边倒对社会的影响和危害

网络舆论一边倒现象，除了常常对当事人产生严重的消极影响外，有时还会给社会公共事务带来负面影响。一是可能误导公众认知，破坏社会和谐。网络舆论一边倒往往伴随着大量未经核实的信息、观点和强烈的情绪色彩，这些观点和情绪不但会误导公众的认知和判断，还容易引发群体的对立和冲突，进而对社会的和谐与稳定造成潜在威胁。二是可能对涉事企业、行业发展产生负面影响。当网络舆论一边倒地涉及某一企业、行业时，往往会对该企业、行业的声誉造成影响，负面舆论可能导致消费者对该企业、行业的不信任，进而影响涉事企业、行业的市场表现和经济利益。三是还可能干扰司法程序，影响司法公正。网络舆论一边倒时，公众情绪可能形成强大的舆论压力，进而对司法程序产生不当影响，导致司法审判难以独立公正地进行，进而影响法治的权威性和公正性。

第三节　涵化效果为何变得更复杂

如果最近你喜欢看悬疑剧，你是不是比平时更担心社会治安问题？如果你喜欢追剧，影视剧中的暴力犯罪出现的比例远高于其他犯罪，你会不会认为在现实生活中，暴力犯罪的比例同样高于其他犯罪类型？如果答案是肯定的话，就是我们误把影视剧中的情节当作社会现实中会真实发生的事情，从而高估了现实世界的危险性。这也说明，媒介内容在很大程度上影响了我们对现实世界的看法和判断。

一、经典的涵化理论

20 世纪 60 年代后期，当时，美国社会的暴力和犯罪问题十分严重，美国政府专门成立了“暴力起因与防范委员会”来研究解决对策。该委员会组织了 7 个特派小组和 5 个调查研究组，经过一年半时间的研究，委员会提出了 15 卷本的系列报告。美国著名的媒体研究学者乔治·格伯纳（George Gerbner，1919—2005）参与了系列报告之一《暴力与媒体》的调研和撰写。该研究从一开始就聚焦于两个问题：第一个问题是分析电视画面上的凶杀和暴力内容与社会犯罪之间的关系，第二个问题是考察电视的凶杀和暴力内容对人们认识社会现实的影响。研究结果发现，电视暴力内容对青少年犯罪除了诱发效果外，并没有更多的联系；但电视节目中充斥的暴力内容增大了人们对现实社会环境危险程度的判断，而且看电视时间越长的人，这种不安全感越强。

我们将格伯纳在“暴力与媒体”的研究中对调查者的部分提问、答案及与电视内容呈现的关系整理成表 7－2。

表 7－2　格伯纳在涵化理论研究中的部分问题及答案整理①

问题	大量看电视观众的答案	正确答案	电视内容呈现
在任何一周之内，你被卷入某种形式的暴力概率有多大？	＞10％	＜1％	美国三大电视网从 1967 年至 1978 年在黄金时间播出的 1548 部电视剧中，包含暴力内容的电视剧达 80％，每部电视剧中出现的暴力场面平均为 5.2 次，与暴力场面有关的人物占出场人物的 64％。
美国人任职执法机构的人所占百分比？	＞1％	1％	“黄金时间”电视剧中律师、法官和警察占 20％。
人们值得信任吗？	如何小心也不为过		

① 整理自［美］沃纳·赛佛林、小詹姆斯·坦卡德：《传播理论：起源、方法与应用》，郭镇之、孟颖、赵丽芳等译，华夏出版社，2000 年，第 292～293 页；郭庆光：《传播学概论（第二版）》，中国人民大学出版社，2011 年，第 204～206 页。

从表 7－2 可知，电视可能正在引导大量看电视者感受到一个“罪恶世界”——一个跟客观世界不同的象征性世界，这个象征性世界大大夸张了真实世界的危险感和不安全感，即大众传播所提供的象征性现实与客观现实之间存在距离。为什么电视节目如此钟爱暴力犯罪？这与暴力犯罪（动作的形象感）能给观众带来直接的感官刺激有关。另外，格伯纳在研究中还提到，年轻人在各类节目中出现的比例远高于老年人，因此，常常观看这些媒介内容的人们通常会认为，社会中年轻人的数量远高于老年人。但这类媒介内容的生产与年轻人的购买力、消费意愿远高于老年人有关。换句话说，我们常常忽略了媒介内容生产背后的众多不可见因素，而当我们长久地沉浸于这些媒介内容时，我们对于世界的认识可能更接近媒介的描述，而不是客观现实。

格伯纳及其同事结合当时一般的美国观众平均每天看电视 4 个小时，大量看电视的观众看的时间比这个平均数还要多的现实，指出对大量看电视的观众来说，电视主宰了他们的信息、观念来源，培养了观众共同的世界观、价值观。由此，格伯纳提出了涵化理论（cultivation theory，又被译为教养理论、培养理论、教化分析等）。涵化理论指观看电视数量多的人比观看电视数量少的人更倾向于按照电视的叙述方式认知世界。涵化理论一方面让我们意识到，电视提供的“象征性现实”与客观的社会现实之间存在着较大的差距，但一般观众很容易将象征性现实当作社会现实来接受。另一方面，我们也应看到，大众媒体对观众的涵化，在形成“主流化”和“社会共识”方面亦发挥了正面作用。“共识”是社会作为一个统一整体存在的前提，“共识”一旦形成，则可以作为社会成员认识、判断和行动的基础。现代传媒在塑造社会“主流”和“共识”上发挥的作用，远远超过传统社会中教育和宗教的作用。

二、新媒体环境下涵化效果变得更为复杂

总的来说，早期的涵化理论相对简单：第一，电视观看数量是电视影响观众的主要因素，观看数量与观众认知之间是正向的线性关系；第二，即电视对观众的影响是单向的、整体的。但在新媒体环境下，由于观看内容的多样性、多元化及观众更具有能动性和选择权，因此，观看数量与认知之间的正向关系、电视涵化的单向性、整体性都被打破了。

（一）受众的主动性和参与性增加了涵化效果的不确定性

新媒体的互动性、参与性使在电视机前被动的受众能够以传播主体的姿态

进入传播过程。因此，学者石长顺等指出，观众能对传播媒介进行个体化使用，他们的情感表达、认知态度和后续活动等各种社会因素的介入使传统的涵化理论变得更加复杂①。

1. 观众的主动性和参与性可能会弱化媒介内容的涵化效果

在早期涵化理论中，电视作为主导性叙述主体在传播中起到控制和操纵的作用，其他传播因素则是附属的、边缘的。而在新媒体语境下，观众的认知心理作为电视影响的竞争性因素介入涵化过程，其作用体现在涵化的各个阶段（见图 7—2）。在内容获取阶段，观众的观看动机、选择性注意、观看时的活动、情感状态、对媒体内容的理解等主观因素不仅影响观众对媒体内容的观看，而且影响对媒体内容的解释。在储存阶段，观众的注意力决定了哪些内容将被储存，而观众自身的习惯性认知结构则决定了哪些内容将被长期记忆。在重新提取阶段，观众面对新的认知对象将从长期记忆中提取相关信息对其进行分析和判断。因此，观众认知的主动性与参与性，再加上社会情境和时间延续的不确定性，都可能弱化媒介内容原有的涵化效果。

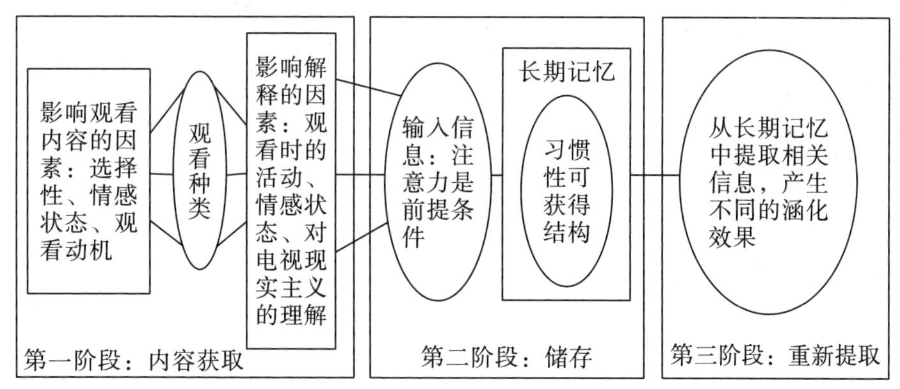

图 7—2　新媒体语境下涵化生态认知模式②

2. 观众的主动性和参与性也可能强化媒介内容的涵化效果

用户在新媒体平台上体现出的主动性与参与性也可能会强化媒介内容的涵化效果。王玲宇等人以上海市青少年为研究对象，研究了网络暴力游戏（如《反恐精英》《魔兽争霸》《奇迹》）对青少年的涵化影响。该研究发现，偏好网

① 石长顺、周莉：《新媒体语境下涵化理论的模式转变》，《国际新闻界》，2008 年第 6 期，第 57 页。

② 石长顺、周莉：《新媒体语境下涵化理论的模式转变》，《国际新闻界》，2008 年第 6 期，第 57 页。

络暴力游戏与青少年的暴力赞成程度显著相关[1]。该研究指出，网络游戏不同于电视、电影之处就在于使用它的受众不再是简单的、被动的观看，而是参与其中，其暴力表现是通过玩家的作用显现出来的。电影和电视并不激发观众的主动性，即观众参与的主动性是有限的，而人们玩游戏的过程有反馈和动作，更能体现出一种主动的心理状态[2]。所以，暴力内容表现因为加入了人的主动性而更加逼近真实性。在暴力游戏的乌托邦世界里，人们已经不仅仅限于遐想，而是去主动实现，因此，青少年越偏好网络暴力游戏对暴力的态度也越赞成。

在某一时段，当媒体集中报道某类负面新闻事件时，人们往往通过主动搜索、整合同类型的消息，通过转发、评论等方式表达个人的愤慨，这种主动性和参与性，不仅让我们感到自己与新闻本身的关联度更高，同时，更在我们头脑中放大了偶发事件在社会中发生的概率，夸大了这类事件发生的可能性，进而强化负面新闻的涵化效果。

（二）新技术权力使涵化效果变得更加复杂

早期涵化理论重点关注政治、经济权力对电视，即媒介内容生产的影响，认为在资本主义商业媒体体制中，电视控制在少数权力集团手中，成为经济垄断和政治控制的工具。但是，媒体技术的发展改变了传统媒体的权力结构，技术在媒介涵化作用中发挥了更为显著的作用。

其中，最显而易见的就是算法推荐在涵化效果中的作用。一方面，通过算法对用户进行信息推送以实现精准的涵化效果，这是技术强化涵化效果的一种表现形式。如 2018 年，英国资料分析机构剑桥分析公司就被爆出，其能根据用户的信息偏好习惯，精准推送不同类型的信息，以影响个人在 2016 年英国脱欧公投和美国总统选举中的态度。另一方面，算法推荐常常导致“自我涵化”或“反向涵化”，这是技术强化涵化效果的另一种表现形式。张蕊以城镇化留守儿童为研究对象，指出当城镇化留守儿童遭遇生活、学习的困境，而媒介使用又缺少父母监管时，他们习惯于浏览过度娱乐、猎奇、扮丑等短视频内容，而短视频平台通过追踪儿童观看短视频的时间、频率、内容偏好后，通过大数据算法给留守儿童推送的视频内容，实际上是平台被儿童的浏览习惯与偏好“反向涵化”了。被“反向涵化”后的短视频平台，通过不断推送与儿童原

---

① 王玲宇、张国良：《网络暴力游戏对青少年的“涵化”影响》，《当代青年研究》，2005 年第 5 期，第 8 页。

② 王玲宇、张国良：《网络暴力游戏对青少年的“涵化”影响》，《当代青年研究》，2005 年第 5 期，第 9 页。

有观点相同或类似的信息再度“涵化”儿童，让处于被迎合、被迷惑、被愉悦状态中的儿童愿意长时间地停留在短视频平台中。正是在“涵化”和“反向涵化”的回环往复中（见图 7—3），可能涵化出留守儿童对社会的片面认知，甚至可能对其思维方式、行为方式产生较为负面的影响。

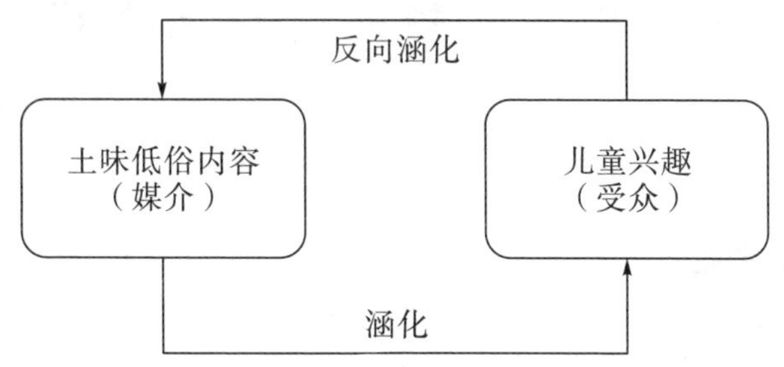

图 7—3　城镇化留守儿童与土味短视频呈现出交互涵化图①

【课后习题】

1. 结合实例谈一谈：我们应如何看待社交媒体的反向议程设置？

2. 举例说明网络舆情是如何影响人们从认知、态度到行动的全过程的。当个人面对网络舆情一边倒的现象时，应该如何应对？

3. 反向涵化是如何发生的？可能产生什么后果？当意识到技术会对我们进行反向涵化时，我们能做些什么？

【延伸阅读】

1. 袁潇：《数字时代中议程设置理论的嬗变与革新——专访议程设置奠基人之一唐纳德·肖教授》，《国际新闻界》，2016 年第 4 期，第 67～78 页。

2. 郭小安：《舆论的寡头铁律：“沉默的螺旋”理论适用边界的再思考》，《国际新闻界》，2015 年第 5 期，第 51～65 页。

3. 张蕊：《交互涵化效应下土味短视频对城镇化留守儿童的影响》，《现代传播》，2019 年第 5 期，第 162～168 页。

4. 沃特尔·李普曼：《舆论》，常江、肖寒译，北京大学出版社，2018 年。

5. 伊里莎白·诺依曼：《沉默的螺旋：舆论——我们社会的皮肤》，董璐译，北京大学出版社，2013 年。

---

① 张蕊：《交互涵化效应下土味短视频对城镇化留守儿童的影响》，《现代传播》，2019 年第 5 期，第 168 页。

第八章　网络谣言有何不同

本章学习要点：

1. 掌握网络谣言的传播模式及传播机理
2. 掌握突发事件谣言生成和扩散的原因
3. 掌握健康谣言的特征和传播动机
4. 理解网络谣言的智能化演变
5. 掌握应对网络谣言的可能方法

谣言被称为世界上最古老的传播媒介，几乎可以说，语言产生之初，谣言就产生了。当我们进入 Web 2.0 时代，网络的内容生产模式发生了革命性变化，所有用户都能参与到信息的生产与传播之中。这样一个开放而自由的网络空间给人们带来了信息社会的种种好处，同时也为谣言的滋生和传播创造了条件，以致网络谣言频繁出现，日趋活跃，有的网络谣言甚至严重影响了正常的社会秩序。因此，网络谣言迅速引起社会各界的高度重视。

第一节　网络谣言的传播模式及传播机理

古希腊和古罗马人视谣言为“神谕”，通过有形的建筑与无形的文学对谣言女神顶礼膜拜。与西方文化对谣言的敬畏之心不同，中国古代先贤对谣言有更为冷静客观的看法。如荀子在《致士》篇中指出，“凡流言、流说、流谋、流誉、流愬，不官而衡至者，君子慎之”[①]。其中，“不官而衡至者，君子慎之”，即是指那些未经官方确认的消息或言论，君子应持慎重的态度。这与我

① 《荀子》，方勇、李波译注，中华书局，2015 年，第 220 页。

们当下对谣言的认识不谋而合。

一、对谣言认识的演进及其基本特征

第二次世界大战期间，对谣言的研究开始得到重视。20 世纪 40 年代，西方学者将“谣言”作为一个学术概念予以考察和认识。

（一）对谣言认识的演进

在第二次世界大战的烽火中，美国社会学家罗伯特·纳普（Robert Knapp）、戈登·奥尔波特（Gordon Allport）、利奥·波斯特曼（Leo Postman）等人受命研究谣言对军队士气的不良影响。奥尔波特和波斯特曼认为谣言是与当前时事相关的说法，为了使人相信，一般以口耳相传的方式在人们之间流传，但缺乏具体的资料以证实其确切性[①]。此后，在西方的谣言研究中对谣言消极负面的看法一度成为主流，但随着研究视野的拓宽和社会现实的转变，20 世纪 80 年代，法国学者让－诺埃尔·卡普费雷（Jean－Noël Kapferer）在对谣言进行深入研究后，直言不讳地指出：这种负面观念是站不住脚的。一方面，它把对谣言的理解引上一条死胡同；另一方面，这一观念似乎是由一心想教训人和教条的想法所驱使[②]。因此，他对谣言的看法更为中性：“在社会中出现并流传的未经官方公开证实或者已经被官方辟谣的信息。”[③] 2006 年，迪方佐和波迪亚（DiFonzo & Bordia）对谣言的看法更进一步，他们认为谣言是在模糊或危险情境下产生的未经证实却正在流传的工具性的说法，它能够帮助人们弄清楚事实并控制风险[④]。我们发现，不同时期的人们对谣言的看法虽有所不同，但都在谣言“未经证实却广为流传”的特性上达成共识，同时，人们对谣言的认识经历了从负面到中性，再到工具性的逐步演变过程。

在国内，对谣言的研究起步虽然相对较晚，但对谣言的认识也经历了从负面到相对全面的过程。早期，我国学者认为谣言往往是“恶意”或“故意”

---

① 转引自周裕琼：《当代中国社会的网络谣言研究》，商务印书馆，2012 年，第 12 页。

② 让－诺埃尔·卡普费雷：《谣言：世界最古老的传媒》，郑若麟译，上海人民出版社，2008 年，第 287 页。

③ 让－诺埃尔·卡普费雷：《谣言：世界最古老的传媒》，郑若麟译，上海人民出版社，2008 年，第 15 页。

④ 转引自周裕琼：《当代中国社会的网络谣言研究》，商务印书馆，2012 年，第 13 页。

的、旨在“诽谤”“攻讦”“造谣生事”的“负面舆论”；认为谣言往往是“缺乏事实依据”或“凭空捏造”的谎言。如，谣言是没有任何根据的事实描述，并带有诽谤的意义指向，因此，它不是中性的传闻，而是攻讦性的负向舆论①。但随着我国学者对谣言研究的不断深入，对谣言的认识也更为准确客观。周裕琼认为，谣言是未经官方证实却在民间广为流传的对现实世界的假设，或人们在议论过程中产生的即兴新闻，它可以作为一种工具性的说法，帮助人们解读当前模糊而重要的情境②。

（二）谣言的基本特征

首先，谣言最根本的特征是“未经官方证实”所导致的“似是而非”的模糊性。未经官方证实并不一定就意味着是假的，但一定是模糊不清、似是而非的。在官方权威声音缺席的情境下，人们只有相信谣言是真的，才能对发生的事件进行有意义的解读。这也是为何在重大自然灾害、公共卫生事件、紧急事件发生后，谣言会大量出现的重要原因。

其次，谣言总是“非官方”的，活跃于非正式（民间）话语空间。这里的官方，不仅指政府，也指掌握有权威信息的社会机构或个人。在涉及公众利益的社会事件中，政府部门代表官方发布权威信息；在涉及商业利益或其他个人权益的话题上，官方信息还可以来自第三方的权威机构、知情者或专业人士等。

再次，谣言必须是“广为流传”的。在非正式的话语空间里，每天都会产生大量的“未经证实”的“非官方”的消息，这些消息大部分像泡沫一样迅速消失在舆论的海洋里，只有少数消息基于各种原因而吸引了众多关注，在社会上广为流传。李彪指出，80％左右的谣言会自动消解，60％的谣言会在3天内消亡，只有20％左右的谣言会获得不断转发和重复出现的机会③。

最后，谣言具有“新闻性”，在特定情景下，发挥着“替代性新闻”的重要作用。谣言总是和当前时事有关，它或是对刚刚发生的事件的解释，或是对正在发生的事件的报道。作为“替代性新闻”出现的谣言，其想象成分往往多于现实成分。然而，对忐忑不安的民众来说，任何资讯（哪怕是错误的资讯）都是有价值的。

---

① 刘建明，《社会舆论学原理》，华夏出版社，2002年，第211页

② 周裕琼：《当代中国社会的网络谣言研究》，商务印书馆，2012年，第13页。

③ 李彪：《正本清源：重大疫情下的虚假信息治理》，中国人民大学出版社，2020年，第22～23页。

二、网络谣言的传播模式及传播机理

随着网络技术的迅速发展和社交媒体的兴起，谣言的传播也突破了以往口口相传的主要传播路径。学者黄爱萍指出，网络谣言作为谣言的一种，并未脱离谣言的基本特点，之所以称为“网络谣言”，只不过因其发布及主要传播过程是通过网络进行的[①]。由于谣言发布及传播载体发生了变化，网络谣言与传统谣言在传播媒介、传播形态、保存方式和公开程度等方面呈现出诸多不同（见表 8－1）。

表 8－1　不同传播时代谣言生成和传播方式的不同

<table>
<tr><th>传播发展阶段</th><th>传播媒介</th><th>传播形态</th><th>保存方式</th><th>公开程度</th><th>把关人</th></tr>
<tr><td>口语传播时代</td><td rowspan="3">语言</td><td rowspan="3">口语为主</td><td rowspan="3">人脑记忆</td><td rowspan="3">人际交往</td><td>缺失</td></tr>
<tr><td>文字印刷传播时代</td><td rowspan="2">传播组织多级把关</td></tr>
<tr><td>广电传播时代</td></tr>
<tr><td>网络传播时代</td><td>网络</td><td>文字、图片、视频等</td><td>网络存储</td><td>网络公开性</td><td>缺失</td></tr>
</table>

由表 8－1 可知，由于网络传播速度快、范围广，又融合了文字、图像、视频等多种传播形态，再加上把关人的缺失，因而网络谣言在传播模式、传播机理上显得更为复杂。

（一）网络谣言的传播模式更为复杂

由于互联网几乎囊括了人类传播的所有形态，谣言在互联网上的传播模式也变得复杂多样。黄爱萍对网络谣言的传播模式进行了如下的分类：

一是链状传播。链状是一环扣一环，即谣言从一个人传到另一个人。链状传播是一切传播（包括谣言传播）的基本模式。链状传播也是口传谣言时代谣言形成的重要原因，在链状传播的过程中，往往因为误听误传而形成谣言。

二是树状传播。树状传播是指谣言从一个人传到几个人，再从几个人分别再传到一定数量的人，像滚雪球一样传递下去，形成一种几何倍数增长的传播模式。这种模式是比较典型的口传谣言传播模式，网络谣言的传播也建立在这种传播模式的基础上。美国的传播学者曾用“葡萄藤”来形容谣言的传播。他

① 转引自周裕琼：《当代中国社会的网络谣言研究》，商务印书馆，2012 年，第 24 页。

们发现，“葡萄藤”传播具有速度快、信息量大、反馈性强等特点，呈现出一种双向性、交叉性，其传播覆盖面以几何级的速度增长。

三是放射状传播。放射状传播是指谣言从信源向无数接收者发送，就像光源向四周发射光热一样。这是网络谣言特有的传播模式。在口传谣言时代，这种情况比较少见。网络谣言却能很容易同时被无数人接收，达到极高的传播效率。

四是“漩涡”型复式传播。在一场完整的谣言传播过程中，往往既有人际口头传播和其他媒体的组合，也有大众媒体与网络之间的交叉。这种媒介的交叉组合容易形成谣言信息的“漩涡”型传播而积累更大的能量①。

（二）看图说话式的网络谣言成为谣言的重要样态

网络媒体时代，图（包括视频）文并茂的方式增强了信息内容的可读性和视觉冲击力。从“无图无真相”的网络流行语可看出，图片或视频已成为网友确定事件真实性的重要媒介形态。在新媒体时代，“随手拍”使得大量的图片或视频在网络空间涌现。然而，由于图片或视频的上下文信息可能被省略或篡改，仅凭图片或视频进行解读往往容易偏离事实真相，而导致误解或误导。别有用心的造谣者更可通过 PS 技术，以移花接木、断章取义等方式进一步加剧看图说话式网络谣言的泛滥。而图片或视频往往给观众带来“虚拟在场”的现场感和直观的感观冲击力，极大地满足了网民“在场围观”的观感需求，因而有力提升了谣言的冲击力和传播力。因此，看图说话式的网络谣言成为有别于传统谣言的重要样态。

（三）自媒体对网络谣言的推波助澜

在新媒体时代，传播主体的多样性及传统把关人的缺失，为虚假信息的传播提供了便利条件。作为信息接收者的大众，往往很难知晓传播主体的真实传播动机。不少自媒体往往打着维护公共利益的旗号，但实际上是为了实现个人或组织获得流量和关注度的目标，进而获取更多的社会资本。近年来，随着短视频的发展，一些 MCN（Multi-Channel Network，指内容生产者、平台方、广告方等之间的中介组织）机构，通过设计剧本、话术等方式制造谣言，以博取眼球、赚取流量，借以孵化粉丝网红账号，再通过开设网店或直播带货获取不当收益。这种行为不仅严重违背了公序良俗，甚至还触犯了法律法规。这类

---

① 转引自周裕琼：《当代中国社会的网络谣言研究》，商务印书馆，2012 年，第 65～66 页。

网络谣言的生产者大都是为了经济利益，罔顾事实真相，捏造、歪曲事实的表达者，但他们的表达往往因能巧妙地迎合网友的情绪而被广泛关注和大量转发，进而严重扰乱网络秩序，对社会秩序和公众利益造成了较大危害和不良影响。

（四）网络谣言在传播过程中易引发联想叠加效应

在网络媒体时代，网络议题的转换速度令人目不暇接，仅靠单个网络议题很难维持公众的兴奋度，从近年来的网络舆情发展态势看，网络舆情与网络谣言的传播已超越简单的单线型传播路线，走上关联化、序列化传播路径，进而产生联想叠加效应。网络舆情的联想叠加主要有以下三种模式：一是横向联想叠加模式。横向联想叠加模式是指在一定时间段（舆情的兴奋周期）内发生一件重大事件后，同时段的相类似议题不断被挖掘的现象。二是纵向联想叠加模式。纵向联想叠加模式是指一个事件的发生激活了不同时段同类事件的集体记忆，这种同类事件的集中化呈现到一定程度后，会形成一种既定的认知框架，影响道德判断和现实行为。三是横向与纵向交织联想叠加模式。横向与纵向交织联想叠加模式是指事件的发展呈现共时与历时热点素材交叠的现象，它既从同时段的素材中进行横向联想，又从历史素材中寻找新的舆情热点①。

舆情的联想叠加虽然延长了公众的兴奋周期，但是，过度的舆情的联想叠加也容易产生不良的后果，它将孤立、偶然的单个事件串联成序列化、集中化的呈现，容易使公众对偶然事件的认知必然化、对异常事件的认知正常化，使信息进一步被简化和扭曲，从而加深偏见，加速谣言的传播。

（五）反馈机制的缺失使网络谣言传播加剧②

在传统的人际社会中，谣言传播是在一对一或者一对多的人际圈子中，首先由“谣言感染者”发起谣言。其次倾听者们会逐一表示自己的态度：认同、反对或者沉默。在这个交流的圈子中，“认同者”会增加圈子中个体进一步将谣言带入下一个交际圈的兴趣；相反，“反对者”会减弱圈子里个体对于谣言的兴趣，毕竟对于大多数只是“八卦”并非别有用心的人来说，传播一个容易被识别的假谣言是很没面子的。

---

① 郭小安：《网络舆情联想叠加的基本模式及反思》，《现代传播》，2015 年第 3 期，第 124～126 页。

② 喻国明：《双因机制：移动互联网时代的谣言生成》，《新闻与写作》，2018 年第 3 期，第 47 页。

而在社交媒体中，由于信息发布的单向导通和局域广播性，谣言的传播机制发生了改变：谣言发布—推送给交际圈中每一个个体—认同者进行个体转发—再次推送给新的圈子。而再次的推送、反馈都发生在新的交际圈中。在整个传播机制中，一方面，由于谣言迅速进入不同社群（圈子），谣言的反对者对于谣言的反馈无法与谣言的传播同步，谣言的单向导通也使得信息并不需要获得反馈就可以传播，这就导致对谣言的反馈远远滞后；另一方面，社交网络的反馈只针对谣言发起者，并不具有与谣言传播同等的局域广播性，使得反馈变得异常微弱。严重时滞和微弱到不起眼的谣言反馈，使得真实社交中的人际传播反馈机制根本无法发挥作用。

国外的研究者曾做过相关实验，对同等参数条件下社交网络和现实社会中谣言传播感染密度进行数据分析，见图 8—1。

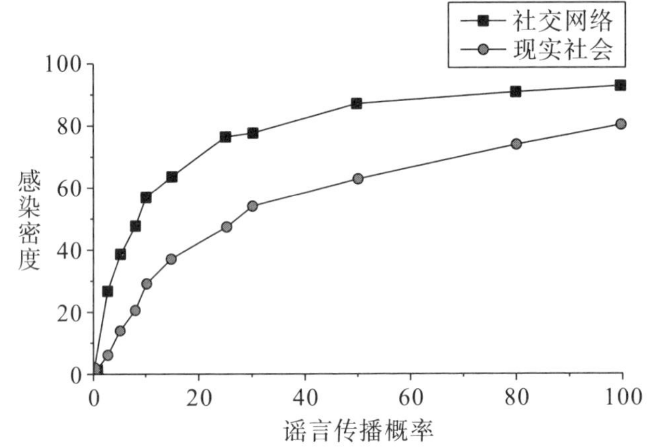

图 8—1　社交网络和现实社会中谣言传播感染密度比较①

从图 8—1 中可以看出，真实人际社会中人际谣言反馈机制比社交网络上的谣言反馈机制具有更强的抑制作用。相关研究表明，低传染性谣言下，人际反馈机制基本可以减低一半以上的感染密度。高传染性谣言下，抑制作用在 15％～25％。而在社交网络中能够传播的谣言，60％～70％在真实人际社会中都无法形成规模扩散。

① 转引自喻国明：《双因机制：移动互联网时代的谣言生成》，《新闻与写作》，2018 年第 3 期，第 48 页。

第二节　突发事件谣言的生成和传播动因

谣言的分类方法有很多种，有用颜色指代谣言的，如玫瑰色谣言是“好的”，黑色谣言是“坏的”，白色谣言是“中性的”。有用谣言所投射的心理进行分类的：一是愿望型谣言，即把愿望当作现实的乐观谣言，如在奥运会、世界杯前预测某国的奖牌榜排名或金牌数；二是恐惧型谣言，即各类对末日或妖怪的恐惧或忧虑的谣言，如 2012 年世界末日论谣言；三是敌意型谣言，即以制造对抗、离间团体为目的的各类谣言。纳普对第二次世界大战中的上千条谣言进行了分类，他指出，其中愿望型谣言只占 2%，恐惧型谣言占 66%，而敌意型谣言占 25%[①]。此外，还有根据谣言的内容特征进行分类的，如政治谣言、军事谣言、经济谣言、社会生活谣言和自然现象谣言等。本书根据谣言内容的不同，重点讨论突发事件谣言、健康谣言的生成及其扩散原因。

一、突发事件谣言生成和扩散原因

突发事件是指突然发生、造成或者可能造成严重社会危害、需要采取应急处置措施予以应对的自然灾害、事故灾难、公共卫生事件和社会安全事件，通常分为特别重大、重大、较大和一般四个等级[②]。党的二十大报告指出，当前，我国发展进入战略机遇和风险挑战并存、不确定和难预料因素增多的时期。各类突发事件随时可能出现，公众对于此类突然发生，且异于常态的社会热点事件，通常缺乏思想准备但普遍予以高度关注。

（一）事件的突发性和不可预知性为谣言的生成提供了社会土壤

奥尔波特在回顾了战争时期的谣言后，提出了著名的谣言公式：谣言的流传程度（Rumor）=事件重要性（Importance）× 事件的模糊性（Ambiguous）（$R=I\times A$）[③]。突发事件往往由于其突发性、紧迫性及社会影响的广泛性而备

① 转引自周裕琼：《当代中国社会的网络谣言研究》，商务印书馆，2012 年，第 22 页。

② 《中华人民共和国突发事件应对法》，https://www.gov.cn/yaowen/liebiao/202406/content_6960130.htm。

③ 转引自郭庆光：《传播学教程（第二版）》，中国人民大学出版社，2011 年，第 87 页。

受人们关注。同时，由于事件本身的复杂性，媒体也很难在第一时间完成信息的收集验证从而全面、准确地报道。因此，由于议题的重要性和事实的模糊程度都较高，突发事件极易成为谣言滋生的温床，激发公众情绪并激化网络负面舆情。

奥尔波特和波斯特曼在《谣言心理学》一书中还指出，“平化”（Leveling）、“锐化”（Sharpening）、“同化”（Assimilation）是谣言变异的三大机制[①]。在此过程中，事实的原貌已被遮盖，大众会根据信息需求及情感动机或过往经验决定哪些信息被强调（锐化）、哪些信息被忽略（平化），进而不断锐化或强化偏好的核心细节，平化或简化周边信息，使谣言朝着网民感兴趣的方向变化（同化）。在突发事件发生后，各方信息纷至沓来，其中既有真实的信息，也有虚假的谣言。在这些信息的传播过程中，那些难以预防或预料的自然灾害、事故灾难、公共卫生事件和社会安全事件对公众造成巨大冲击的感受被锐化了，由此引发的社会焦虑和恐慌也不断被锐化和同化；而那些相对理性、客观的报道在传播过程中却常常被忽略和平化。

（二）突发事件造成的社会焦虑与恐慌为谣言生长提供心理空间

突发事件背景下，不安的社会环境、网络舆论环境为谣言滋生提供了心理空间。大众为了解自身情况以及现实处境，出于猎奇或恐慌心理会对事件的处理进度投入较多关注，表现出极强的信息渴求性[②]。大众对信息越渴求，越容易沉浸于社交媒体的相关信息中，越倾向于对找寻到的信息进行二次或多次传播。相应地，他们在信息中感受到的抑郁、焦虑也就越大，在社交媒体上对相关信息进行的二次或多次传播就越多。于是，社交媒体的传播行为与公众的心理状况成了互相加速的“陀螺”。

然而，面对具有较强煽动性和高关切的网络谣言，即使是专家也需仔细分辨，有的谣言甚至要经过科学验证才能判定真伪。可想而知，在焦虑和恐慌中的公众其实很难对纷繁复杂的信息去伪存真。与常态时期相比，突发事件发生后的公众常常抱着“宁可信其有”的心态，轻信谣言和不实信息。

---

① 转引自江苏佳：《信息疫情：新冠肺炎疫情谣言传播及应对研究》，《科普研究》，2020年第1期，第71页。

② 转引自王建华、布玉婷：《突发公共事件背景下社交网络谣言治理的现实困境与对策研究》，《新闻与传播评论》，2020年第5期，第37页。

二、认知失调让突发事件的辟谣信息难以广泛散播

1957年，美国心理学家费斯廷格提出了认知失调理论，这一理论能帮助我们理解为何在突发事件中，人们宁愿相信先入为主的虚假信息。费斯廷格认为，个体的态度与其行为间出现不一致时，会产生不和谐、不愉快的情绪，为缓解紧张，个体会通过改变认知或改变行为来重新恢复协调状态[①]。换句话说，人们已有的态度、感知和知识与他们的行为通常具有一致性。当外界出现了新情况或接收到新消息，而这些信息与已有的知识、观点甚至行为不一致时，就会出现某种程度的认知失调，主要表现为一定的心理压力或不愉快感。为了消除由认知失调带来的不适感，人们通常采用两种策略应对：要么否定新的认知，继续寻求符合自己立场的信息；要么更多地寻求与新认知有关的信息以完全取代旧的认知。同时，社会群体是个体认知失调的重要来源，也是消除和减少可能存在的失调的重要依托。

在突发事件中，人本身就处于某种不确定性中。这时，人不是理性看待事物的个体，而是渴望寻求群体认同，增加归属感，倾向于将事物合理化的个体。因此，人们通常会在无意识的情况下，弱化理性的独立判断，自发地调整自己的观点和看法，使之与网络上的大多数意见保持一致。突发事件后，谣言通过微信、微博、抖音等社交媒体交叉转发，实现谣言信息间的叠加和强化，使越来越多的公众逐渐与之保持一致。而当人们花费越来越多的时间，选择性地注意到越来越多的谣言相互印证的时候，当人们不断在网络上转发、评论谣言信息的时候，他们对谣言或虚假信息的认可程度也就越来越高。

因此，即便后来权威媒体、主流媒体发布辟谣文章，但为了保持个人的心理愉悦，维护其之前在网络上奔走呼告的“正确性”，这类辟谣文章难以像谣言一样在社交媒体上迅速广泛地传播，也较难以对社交媒体上形成的网络舆论发挥足够的引导作用。

① 转引自周知、周赵鋆、张窈：《认知失调背景下数字原住民网络谣言接受影响因素研究》，《情报理论与实践》，2024年第3期，第139页。

第三节　健康谣言的特征及传播动因

健康传播作为一个横跨医学、心理学与传播学的交叉研究议题，具有明显的跨学科特征。自1971年由传播学者和医疗专家共同推进“斯坦福心脏预防计划”起，50余年间，国内外学者对健康传播话题的讨论热度不减。当技术进入生活，在微博、微信等社交平台的助力、大规模用户群体的支撑、健康传播自有的公共属性和外部公共卫生事件的刺激等多种因素的交互作用下，健康传播越发受到大众的重视，但这也为健康议题中谣言与虚假信息的传播提供了温床。健康谣言（health rumors）是指与公众的健康相关，但流通中未经官方证实的信息。近年来，医疗类、食品安全类谣言是国内学者研究的热门话题。

一、社交媒体中健康谣言的特征

在社交媒体中，健康谣言主要体现出以下三个特征：

第一，主题特征，即健康谣言的议题主要与食品安全类、养生类有关（见图8-2）。这些议题通常与大众的日常生活密切相关，由于生活化的健康议题关乎公众的切身利益，因而，相关的健康谣言更易引起公众的共鸣和追随①。

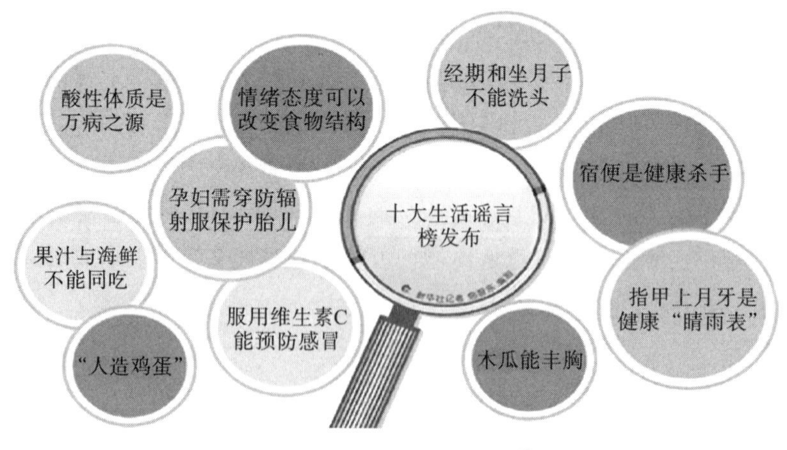

图8-2　十大生活谣言榜②

① 朱梦蝶、付少雄、郑德俊等：《文献视角下的社交媒体健康谣言研究：特征、传播与治理》，《图书情报知识》，2022年第5期，第135页。

② 朱可：《十大生活谣言忽悠了你》，《天津政协》，2013年第10期，第57页。

第二，情感特征，即健康谣言通常在语言表达上带有强烈的情绪化特征，其情感往往比正常言论更加强烈和丰富。情绪化的表达更易影响受众从而催生转发行为，使健康谣言具有更强的传播性，如“苹果这样吃，功效翻 10 倍，轻松赶走心血管疾病”“冬天第一大补，不是燕窝也不是人参，而是这种家常菜”。

第三，形式特征，即健康谣言通常会采用文字与图片、视频相结合的形式来增强代入感。与单一的文本形式相比，图片和视频使健康谣言的表现形式更加丰富，能够呈现更多的延伸信息。尤其是随着抖音、快手等短视频平台的快速发展，以视频形式传播的健康谣言逐渐增多。

二、在社交媒体上传播健康谣言的心理动因

网民传播健康谣言的心理动机可以从利他主义、人际交往需求与跟风从众等方面进行分析。

一是为了避免自己和亲友遭受更大的损失的利他主义。部分传播者在分辨不出健康谣言真实性的情况下，容易将某些虚假的健康谣言误认为是可靠的健康信息。传播者希望通过向其他用户分享信息内容，达到提醒他人的目的。如，在“相亲相爱一家人”的家人微信群里，许多女性长者用户十分热衷于转发食品安全类谣言，以达到提醒亲友不要食用某些“危险”食品的目的。

二是分享信息是实现网络人际交往（即“刷存在感”）的重要过程。用户通过转发、分享某些健康谣言来满足自己的倾诉、社交等需求，进而在网络人际交往中实现某种自我满足。对健康谣言传播者的人口统计学特征显示，在性别方面，女性比男性的健康谣言分享意愿更高；在年龄上，年长者的健康谣言分享意愿更高。女性及年长者愿意转发此类信息，在很大程度上是为了提升个人网络人际交往频率，满足自身的倾诉、社交等需求。

三是跟风从众。健康谣言传播者的跟风从众心理指面对健康谣言泛滥的情况，个体倾向于融入群体，不经思考地跟随其他用户进行传播。即使个体发现健康谣言可能是虚假的，为了“合群”或是“第三人效应”也会选择沉默或继续传播。如，2011 年日本核泄漏引发的“抢盐潮”就揭示了谣言传播过程中用户的盲目从众心理。

三、健康谣言传播的辟谣难题

健康谣言的辟谣难题可以从两个方面进行分析：一是网络传播的事后审查机制，增加了健康谣言传播的可能性。以微博、微信为代表的自媒体平台大多采取“先发布，后审查”的监管策略，难以从生产源头对谣言进行及时过滤。虽然中央网信办开设了“中国互联网联合辟谣平台”，微博开设了@微博辟谣账号，微信开设了“微信辟谣助手”“腾讯较真辟谣”小程序，但这类事后辟谣机制由于反馈机制的缺失及认知失调理论，影响力十分有限：截至2024年7月，微博辟谣账号仅230.1万粉丝，其每条辟谣微博下转发、评论、点赞大都仅有个位数。同样，使用过“中国互联网联合辟谣平台”“微信辟谣助手”“腾讯较真辟谣”小程序的读者恐怕也寥寥无几。二是自媒体平台的传播环境往往具有内向性和封闭性，比如家人群、大V粉丝群成员在相对同质的群体中易于形成信息的闭环，为健康谣言的产生与扩散提供了契机；闭环式的社群传播环境也为健康谣言治理增加了较大的难度。值得注意的是，健康谣言的影响力、危害性虽然不像突发事件那样显而易见、威力巨大，但却以“细水长流”的形式影响着我们的日常生活。

第四节　网络谣言的智能化演变

随着大数据、人工智能、物联网、虚拟现实等技术的日益普及及广泛应用，信息传播也进入了智能化时代。随之出现的智能化网络谣言不论是内容形态还是传播方式都在传统谣言的基础上全面升级。学者黄河从智能技术对网络谣言的生产、扩散等方面的改造，智能化谣言传播对信息秩序与社会生态的挑战等方面深入分析了网络谣言的智能化演变。

第一，谣言的生产从精细化、定制化走向深度伪造。智能内容生产的核心优势是基于大数据分析技术的内容精准生产与基于人工智能技术的内容自动生产。两者相互叠加能够共同提升网络内容生产的精准度与效率，使网络谣言内容生产的“精准化”“精细化”“定制化”程度越来越高。当前，智能技术的异化发展还创造出一种全新的谣言内容——深度伪造（Deepfake），也即利用人工智能和机器学习技术实现音视频的模拟、合成与伪造。其典型应用实践包括图像和视频“换脸”、操纵视频人物的表情和语音、伪造不存在的人物等。例如，2019年，脸书首席执行官马克·扎克伯格被制作了一则吹嘘自己“完全控制数十亿人的失窃数据”的深度伪造视频。种种事实告诉我们，如今不论是文字、图片，还是声音、影像，均可轻而易举地被伪造，传播形式已无法作为辨识信息真伪的关键证据。

第二，谣言的扩散方式从精准投放到社交机器人成为“超级传播者”。在网络谣言的传播扩散方面，智能技术也发挥着推波助澜的作用。一是基于算法的智能化分发不仅能在短时间内完成大规模扩散，还能解决谣言与个体用户间的匹配问题。智能化分发能根据身份特征、心理诉求、关切议题、阅读习惯、媒介偏好等标准寻找到易于被谣言“感染”的用户并向其精准投放。二是社交机器人成为谣言信息的“超级传播者”。社交机器人可以凭借大规模的自动点赞、转发、搜索等行为，用“谎言灌喷”的方式将众多谣言送入网民的视野，借此形成虚假的意见氛围与舆论环境，挤占真实信息可能传播的时间与空间，以操纵公众意见。

第三，智能化谣言传播对信息秩序与社会生态提出更大的挑战。一方面，智能化谣言可能会带来更为普遍且严重的权利与利益伤害。不论是深度伪造还是定制内容精准分发，智能化谣言都要以抓取和运用用户的身份信息、网络行为数据乃至生物性数据为前提，因此往往伴随着对公众隐私权、肖像权、名誉权等个人权利的潜在威胁与直接侵犯。另一方面，智能化谣言的传播易对健康的社会舆论环境造成冲击。智能化谣言鉴别难度高，更易引发极化倾向，进而造成群体对立、社会冲突，甚至可能成为煽动恐怖和暴力活动、挑拨国家与社会矛盾的工具。在更根本的层面上，智能化谣言的传播还可能进一步消解网络社会已然摇摇欲坠的真实观念与真相机制，让人逐渐放弃分辨真假，随波逐流[①]。

第五节　如何应对网络谣言

有效治理网络谣言少不了政府、社交媒体平台、传统媒体机构和公众等多主体的共同协作。

---

① 黄河：《网络谣言的智能化演变及治理》，《人民论坛》，2023年第4期，第62～64页。

一、政府部门着力构建治理谣言的制度、法律体系

一是对谣言建立分类管理与疏控结合的应对机制。首先，对于故意造谣传谣且造成严重社会后果者应加大法律制裁力度；尤其是对那些可能造成社会危机或集群行为的谣言，要坚决依法打击，绝不手软。而对于某些传播范围较小、社会后果有限的造谣、传谣者，应根据其动机、造成的社会后果的不同予以刑事拘留、批评教育等不同程度的处罚。其次，对谣言的处罚还要做到公开透明规范。谣言散布者所说的谣言究竟是什么，和事实真相偏离了多少？有多大的传播范围？造成了什么样的社会影响？整个操作流程要公开、透明、规范，处罚单位应给出详细的说明。再次，谣言，特别是公共事件谣言，还可成为社会预警器，从中可以了解社会民心，找出社会深层次的矛盾，从修复社会信任和加强社会共识入手，从根本上减少民众的不安与焦虑，减少此类谣言的生存土壤。

二是对于迅速的谣言智能化演变，政府应主导构建治理智能化网络谣言的相关制度与法律体系。对内要建立起有关智能化谣言治理的制度体系、法律法规与行动框架，强化针对智能技术的综合治理能力，如从数据复核制度、数据管理制度、数据运用制度等方面设计针对算法治理的相关制度，从源头防范信息保护和使用中可能产生的问题。对外则应加强国际智能技术交流和治理合作，形成跨国规制智能化网络谣言的制度与规则，限制和规范智能技术在国际传播领域的不当使用。

二、社交媒体平台不断提升识别、控制、阻断谣言的能力

政府机构、媒体以及公众都可在社交媒体平台上发布信息，因此社交媒体平台是连接着政府机构、媒体以及公众的纽带，在网络谣言的多主体协同治理机制中处于关键位置。因此，对社交媒体平台一是应不断加强虚假信息检测与核查技术研发，通过“以技术反制技术”的方法来提高识别、控制乃至阻断谣言的能力，在继承过去网络谣言治理方法的基础上强调在网络谣言智能化的演化中，通过对算法模型的不断优化以提高识别、控制与更正智能化谣言的能力，预防和及时阻断智能化网络谣言的传播与扩散。二是社交媒体平台应该提供更为灵活的谣言辨别方式，如开辟专门的辟谣网站（辟谣账号），对谣言或造谣者予以标注，要求造谣传谣者刊登辟谣声明，对造谣传谣者实行禁言或封

号惩罚等。

三、主流媒体重视发挥意见领袖的作用

媒体机构是社交媒体平台上最具影响力的群体之一。主流媒体和官方媒体是政府的“传声筒”，是公众的重要消息来源。无论是在突发事件中，还是健康谣言的传播中，主流媒体应主动承担社会责任，一是及时回应，快速公布事件的真相，满足受众关切，扮演好“舆论引导者”和“新闻把关者”的角色。二是加强受众接受度高的意见领袖的日常培养。如《人民日报》、新华社的官方微博、微信公众号和抖音号，通过日常运营积累起数千万的关注度和较高的美誉度，一旦过激性的谣言大面积传播，这类意见领袖的及时介入，能在一定程度上起到澄清真相、引导舆论的作用。

四、公众需不断提高识别、抵制谣言的能力

1953 年，传播学者克罗斯（Chorus）对奥尔波特的谣言传播模式进行了修改，提出了新的谣言公式：$R=I\times A/C$（谣言=事件的重要性×事件的模糊性÷公众批判能力）[①]。由此可见，终结网络谣言不仅需要政府着力构建谣言治理制度和相关法律体系，社交媒体平台提升识别、阻断谣言的能力，主流媒体及时发声让谣言止于真相，同时还需公众提高鉴别能力，让谣言止于智者。

因此，对于网民个人来说，要更好地识别和抵制谣言，减少谣言对个人的侵蚀，就需要不断提高自身的媒介素养。一方面，作为社会公众，我们有权要求政府和主流媒体及时公布事件真相，但同时，我们也应该意识到事件水落石出往往需要时间。所以，在事件发生初期，网络舆论一边倒的时候，我们不要盲目从众、着急站队，让“子弹飞一会”，给事件真相一点浮出水面的时间。另一方面，对于各种网络谣言，我们还应养成核查的习惯。到哪里可以核查呢？在突发事件中，我们可以通过主流媒体进行信息核查，因为其发布的信息大都经过层层把关；在日常生活中，我们可以关注一些专业性强的微信公众号（如深圳卫健委、四川大学华西医院微信公众号）、专家学者个人微博微信号。

① 转引自喻国明：《网络谣言的文本结构与表达特征——基于腾讯大数据筛选鉴定的 6000+谣言文本的分析研究》，《新闻与写作》，2018 年第 2 期，第 53 页。

这样，我们不仅可以在日常的阅读中，积累专业的健康知识，还可以在某类健康谣言散播时，快速找到可靠的信息源，进行主动搜索与核查，从而减少健康谣言对个人生活造成的不良影响。

【课后习题】

1. 与传统谣言相比，网络谣言的传播模式和传播机理发生了怎样的变化？

2. 选择一则你熟悉的突发事件谣言，谈一谈在其网络传播过程中，谣言变异的三大机制（“平化”“锐化”“同化”）是如何发生的。在面对突发事件谣言时，你是如何应对的？

3. 在日常的媒介实践中，你遇到过什么样的健康谣言？通常在什么情况下会注意到这类谣言？你对这类谣言有什么好的应对办法吗？

4. 你能识别智能演化的网络谣言吗？个人对这类谣言有什么好的应对方法？

【延伸阅读】

1. 黄河：《网络谣言的智能化演变及治理》，《人民论坛》，2023 年第 4 期，第 62～65 页。

2. 周裕琼：《当代中国社会的网络谣言研究》，商务印书馆，2012 年。

3. 郭小安：《当代中国网络谣言的社会心理研究》，中国社会科学出版社，2015 年。

第九章　信息消费与生产：数字劳工还是文化参与

本章学习要点：

1. 掌握何为受众商品论和数字劳工，理解新媒体时代的新型数字劳工
2. 掌握何为参与式文化及如何在文化参与中重建受众的主体性

2017 年 3 月，网易云音乐直接搬用了点赞数最高的 5000 条优质乐评作为地铁广告文案，其中诸如“一房两人三餐四季”“假如生活出卖了我，我希望是论斤卖”等文字一时引领了地铁文案的潮流。想一想，如果是你的乐评文案被网易云音乐使用了，你的感受是文案被认可的开心，还是劳动成果被他人无偿占有而愤怒。答案大概率是前者。我们通常认为，无论是刷朋友圈、刷抖音，或者发朋友圈、发短视频，甚至是点赞、写评论，都是闲暇时间的一种休闲娱乐。但英国学者克里斯蒂安·福克斯（Christian Fuchs）却不这么看。她认为，互联网时代的受众不仅仅是被动的观看者，更是内容的生产者，但这些内容生产者花费了时间、精力创作的内容却没有获得相应的经济回报，因此她提出了“数字劳工”的说法。

第一节　从“受众商品”到“数字劳工”

当前，数字技术正在以不可思议的发展速度将互联网、大数据、人工智能和人们的日常生活与工作场景紧密地联系在一起，深刻地影响着当前人们的生产和生活方式。传播政治经济学也密切关注着数字技术在全球引发的种种新现象。

一、传播政治经济学视野下的受众商品论

劳动是马克思主义思想体系中一个重要的理论基础和核心概念，在马克思的分析框架下，劳动被认为“首先是人和自然之间的过程，是人以自身的活动为中介，调整和控制自然之间的物质交换的过程”[①]。但是劳动概念在传播领域的研究中一直处于被忽视的状态。随着加拿大学者达拉斯·斯迈兹（Dallas Smythe，1907—1992）等学者对“劳动”开展一系列的研究，劳动议题才逐渐进入传播学者的视野。1977 年，作为传播政治经济学奠基人之一的达拉斯·斯迈兹发表了《传播：西方马克思主义的盲点》（Communications: Blindspot of Western Marxism，以下简称《盲点》）一文。在文中，斯迈兹指出，传播研究的首要任务是确定大众传播产业在生产什么，广告商们出资所购买的商品形式又是什么。当时的西方马克思主义传播学者给出的答案是信息、新闻、影像、娱乐、教育或者操纵……但斯迈兹史无前例地指出，大众媒介生产的产品和广告商出资购买的商品都是受众。斯迈兹指出，在资本主义商业传播体制下，媒介机构、受众和广告商之间存在着一种隐秘的三角关系，即媒介机构生产大量优良的电视节目来吸引受众，并将它们售卖给广告商，从而获取利润。也就是说，在资本主义制度下，媒介机构生产的真正商品不是其提供的优良的电视节目，也不是标价出售的广告时段，而是受众的注意力。斯迈兹认为广播电视节目的观众之所以能“免费”享用海量的视听资源，是因为他们用于收听/观看节目的时间与注意力被作为“受众商品”（audience commodity）出售给了广告商[②]。《盲点》一文首次将受众与商品联系在一起，开启了受众研究的政治经济学视角。

因此，在大众媒体时代，受众在劳动和休闲之间的界限日趋模糊：表面上受众通过媒介娱乐进行休息，实质上其闲暇时间亦变得商品化。也就是说，人们在业余时间消费媒介内容的行为，事实上已成为劳动的延伸；但他们为传媒付出的时间和劳动却没有获得相应的经济回报。姚建华指出，受众商品论的价值在于揭示出，在大众传播时代，媒介机构将受众及其闲暇时间全部纳入劳动的范畴，体现出“工作闲暇一体化”“工作时间碎片化”“工作空间任意化”的

---

① ［德］马克思：《资本论（第一卷）》，中共中央马克思恩格斯列宁斯大林著作编译局编译，人民出版社，2018 年，第 207～208 页。

② 转引自吴鼎铭：《网络“受众”的劳工化：传播政治经济学视角下网络“受众”的产业地位研究》，《国际新闻界》，2017 年第 6 期，第 126 页。

一般特征[①]。

二、互联网时代的"数字劳工"

进入互联网时代后，英国学者福克斯指出互联网时代的受众不仅仅是被动的观看者，更是内容的生产者[②]。随着用户生成内容、社交平台的兴起，用户上传照片和图像、撰写帖子和评论，生产者花费了时间、精力创作的内容却没有获得相应的经济回报。

福克斯指出，社交媒体的用户是商品化过程中的双重客体[③]。

首先，社交媒体的用户本身就是商品。这与传统媒体时代的"受众商品"相似，但相较传统媒体而言，互联网公司掌握更精准的用户数据，比如为了互联网使用的便利，用户不得不把个人资料、社会关系、地理位置等信息让渡给相应的互联网平台，在大数据和算法推荐的加持下，网络广告的投放远比电视广告更加精准。不仅如此，复旦大学管理学院的孙金云副教授带领他的团队，在 5 个城市，打车 800 多次，确定了算法不仅会帮助企业"杀熟"，还可能会帮助企业"看人叫价"。

其次，互联网用户成为生产性的产消者，根据马克思的劳动理论，这就意味着用户成为生产性劳动者，他们生产的剩余价值成为资本剥削的对象[④]。本章开篇所提到的网易云音乐直接搬用网友的高赞乐评文案作为广告文案，网友拍摄上传的照片、短视频被各大媒体无偿转载等都属于其生产的剩余价值被无偿占有。福克斯认为，新媒体公司不会或者很少会为用户生产的内容支付报酬。这些公司给用户提供免费的服务和平台，让用户生产内容并且吸引更多数量的产消者，然后将他们售卖给第三方广告商。这构成了新媒体公司最为重要的资本积累方式[⑤]。一个平台拥有的用户越多，广告费用自然也就越高。网友

① 姚建华：《〈受众商品、数字劳动之争、马克思主义政治经济学与批判理论〉一文的代编者按》，《国外社会科学前沿》，2021 年第 4 期，第 17 页。

② ［英］克里斯蒂安·福克斯：《受众商品、数字劳动之争、马克思主义政治经济学与批判理论》，汪金汉、潘璟玲译，《国外社会科学前沿》，2021 年第 4 期，第 25 页。

③ ［英］克里斯蒂安·福克斯：《受众商品、数字劳动之争、马克思主义政治经济学与批判理论》，汪金汉、潘璟玲译，《国外社会科学前沿》，2021 年第 4 期，第 25 页。

④ ［英］克里斯蒂安·福克斯：《受众商品、数字劳动之争、马克思主义政治经济学与批判理论》，汪金汉、潘璟玲译，《国外社会科学前沿》，2021 年第 4 期，第 25 页。

⑤ ［英］克里斯蒂安·福克斯：《受众商品、数字劳动之争、马克思主义政治经济学与批判理论》，汪金汉、潘璟玲译，《国外社会科学前沿》，2021 年第 4 期，第 25 页。

通过个人劳动生产的各类信息，如发布的朋友圈、短视频，包括我们在观看别人生产内容时的点赞、评论等社交行为，通通都被“商品化”以增加用户的使用时长或吸引更多用户，用户的这些劳动最终都转换成了这些平台高额的广告费用。也有人通过各类平台成为网红，但能把“做网红”当成自己的事业和生意的毕竟是少数人，绝大多数网民一直在为互联网公司“免费劳动”，却无法（或少量）获得物质上的报酬。福克斯指出，在社交媒体中，创造剩余价值的主体是产消者，假如产消者停止使用脸书或推特，那么这些新媒体平台的用户数量就会骤减，广告商也会因没有广告对象或者潜在产品消费者数量的骤减而停止投资，相关公司的利润将会下降，甚至破产①。

在互联网时代，商业资本对“数字劳工”的剥削具有三个特征：一是强迫性。随着日常交流与社会关系的网络化与数字化，人们不得不使用互联网中的各类媒体平台。二是异化。互联网公司而非用户占有平台，却并不进行内容生产，而是从用户无偿生产的内容中获取巨额利润。三是双重商品化。使用者本身是一种商品，使用者所生产的信息也是一种商品。

但为何我们在网络平台上的劳动不易被自己察觉，我们却仍然常常乐在其中？这是因为我们在社交媒体中的劳动，往往伴随着愉快和满足。学者蒂兹纳·特拉诺瓦（Tiziana Terranova）在《免费劳动：为数字经济生产文化》一文中提出了“免费劳动”的概念，认为数字劳工的劳动虽然没有经济作为补偿，但他们得到了交流的快乐②。

三、新媒体时代的数字劳工

在当下的移动互联网环境中，还有哪些显而易见但又常常被我们忽视的数字劳工存在呢？

（一）弹性雇佣制度下的“网络写手”

《第 53 次中国互联网络发展状况统计报告》显示，截至 2023 年 12 月，我国网络文学受众规模达 5.20 亿人，较 2022 年 12 月增长 2783 万人，占网民整

① ［英］克里斯蒂安·福克斯：《受众商品、数字劳动之争、马克思主义政治经济学与批判理论》，汪金汉、潘璟玲译，《国外社会科学前沿》，2021 年第 4 期，第 27 页。

② 转引自胡婷：《基于传播政治经济学视角的网络受众“劳工化”探究》，《新媒体研究》，2019 年第 12 期，第 16 页。

体的47.6%[①]。《2023中国网络文学出海趋势报告》显示，中国网络文学行业2022年总营收达317.8亿元，同比增长18.94%；海外营收规模达40.63亿元，同比增长39.87%。同期，中国网络文学作品累计总量达到3458.84万部，同比增长7.93%。中国网络文学作品的翻译语种达20多种，涉及东南亚、北美、欧洲和非洲的40多个国家和地区，中国网络文学已成为中国文化走出去最具活力的载体之一[②]。网络文学的繁荣，网络写手功不可没。他们源源不断地输出自己的创意、才智与想象，可以说没有网络写手的积极参与，就没有如今网络文学的兴盛。但网络写手在整个网络文学产业链中，却未得到应有的关注与关照。

与普通网民不同的是，写手进行创作的目的直接指向获取金钱利益。他们看似是弹性雇佣制下的“自由工作者”，但与典型雇佣制度中的相对固定薪酬不同，网络文学写手所获取的收益也相当“弹性化”。根据一份网文写手提供的签约协议，销售分成的具体规则大致如下：“每千字文章节内容稿酬为：每千字定价×用户订阅数×销售分成比例”，其中，分成比例普遍在40%以下[③]，使得用户订阅数成为影响写手收益的主要因素。因此，写手不得不最大限度地迎合网民的偏好与需求进行写作。但网络写手与网站的关系，也与一般的员工与公司的关系不同。网络作家与签约的文学网站间并无直接的雇佣关系，因此社保、医保等均需写手自理。由此可知职业的网络写手是一份手停则口停，社会保障相对缺乏的职业。

另外，网络写手与平台看似是弹性雇佣关系，但实际上写手却强烈依赖甚至依附于网站，不得不服从于网站制定的各项规则。2020年4月28日起，不少阅文平台旗下的签约作者集体发起“五五断更节”，以断更（停止更新）的方式，抵制阅文集团推出的新合约。虽然阅文集团高层很快于5月3日回应说，作为新上任的管理团队，阅文非常重视与各位网文写手的合作且已经着手重新审视令写手不满的新合约，将会与作家们进行广泛的沟通，对不合理的条款做出相应的修改。但“断更”活动的发起，在某种程度上本身就说明了网络写手窘迫的职业环境，他们在整个行业链中处于议价权较弱的一方。

---

① 中国互联网络信息中心：《第53次中国互联网络发展状况统计报告》，https://www.cnnic.net.cn/NMediaFile/2024/0325/MAIN1711355296414FIQ9XKZV63.pdf，第2页。

② 转引自赵世锋：《受欢迎的中国网络文学》，http://world.people.com.cn/n1/2024/0129/c1002-40168171.html。

③ 张铮、吴福仲：《数字文化生产者的劳动境遇考察——以网络文学签约写手为例》，《同济大学学报（社会科学版）》，2019年第3期，第38页。

既然写手的处境如此，那是什么支持着庞大的网络写手群体坚持下去的呢？一般来说，“兴趣”是网络写手参与网络写作（劳动）的最初动因，但兴趣难以成为写手高强度劳动下的持久驱动力。随着网络文学产业化进程的推进，以及诸如《盗墓笔记》《鬼吹灯》等现象级作品的涌现，平台方也越来越注重通过层级化的酬劳制度和“造神运动”，使处于行业链底层的写手在“成名的想象”驱动下，愿意暂时忍受低收入、低声望的职业处境，签订长期的劳动承诺。但其实从众多写手中脱颖而出的佼佼者毕竟只是极少数，网络写手向上流动的通道十分狭窄，绝大多数的网络写手不得不长期处于强烈依赖平台、议价能力弱的弱势境地。

（二）游戏产业链中的廉价“玩工”

尤利安·库克里（Julian Kücklich）是较早关注玩工（playbour）问题的学者，他认为“玩工”既是游戏公司重要的创造力来源，也是无酬劳动的典型代表。“玩工”是指通过玩耍的形式，在其闲暇时间创造价值的用户。宗菲认为，游戏为玩家提供了虚拟的休闲娱乐场所，占有其注意力和休闲性时间以进行非物质劳动生产，通过发布任务、等级制度等隐性的控制逻辑将玩家转变为生产性闲暇的“玩工”，侵占不自觉劳动产出的剩余价值，并在各种赶工机制的配合下制造同意，使娱乐场变为游戏工厂①。

网络游戏中的“玩家”可以分为以下几种类型：普通玩家、金币农夫与电竞玩家。普通玩家以爱好之名，花费大量时间与精力在网络游戏上，为游戏公司与平台公司创造了利润，看似休闲时间的娱乐却成为游戏与平台公司的剥削过程。“金币农夫”依靠重复和枯燥的鼠标点击换取游戏升级所需的虚拟钱币，并上交给他们的雇佣老板统一出售从而获得金钱利益。据统计，在中国，近200万人以这种报酬低廉的劳动形式谋生，他们不仅要忍受雇佣老板的劳动剥削，出售自己的时间与体力，同时他们的点击劳动也在无偿地驱动着网络游戏产业的发展与增值②。他们是游戏产业链中最为廉价、遭受剥削最为严重的数字劳工。“电竞玩家”将电子游戏竞技当作一种职业，依靠在比赛中获胜赚取奖金。他们在玩家中处于相对高端的位置，他们的存在意味着游戏的“去污名化”。因此，游戏公司与平台公司愿意让渡更多的利益作为在大型比赛中的高额奖金，

---

① 宗菲：《异化的“玩工”：资本游戏的控制与博弈》，《青年记者》，2023年第24期，第101页。

② 吴鼎铭：《网络“受众”的劳工化：传播政治经济学视角下网络“受众”的产业地位研究》，《国际新闻界》，2017年第6期，第129页。

以此吸引更多的普通玩家前赴后继地将自己的休闲时间、金钱投入游戏中去。

在这三类玩家中，付出闲暇时间和大量金钱的普通玩家，因从游戏中得到或娱乐，或放松，或刺激的别样体验，进而常常忽略自己劳动创造的价值被他人占有；而金币农夫、电竞玩家与网络写手类似，是通过超负荷的工作换取相对微薄的劳动报酬，而处于行业产业链顶端的游戏公司和平台公司则占有了大量的超额利润。

（三）情感驱使的粉丝“数据劳动”

粉丝通过组织化、高强度的劳动为心目中的流量明星“做数据”“刷榜单”已经是公开的秘密。高寒凝在《“数字劳工”们的战争：“饭圈”乱象与互联网时代的偶像工业生产机制》一文中指出，建立在流量经济基础之上的新型偶像工业生产机制（见图 9－1）是互联网资本、流量明星与粉丝之间三方博弈的结果，具体表现为：互联网资本通过控制 IP（知识产权）剥削粉丝的“数字劳动”，或雇佣流量明星这一“流量数据汇总装置”，间接地占有粉丝的“数字劳动”；流量明星则以“亲密关系劳动”换取粉丝的“数字劳动”，从而在彼此之间结成某种“准社会关系”。

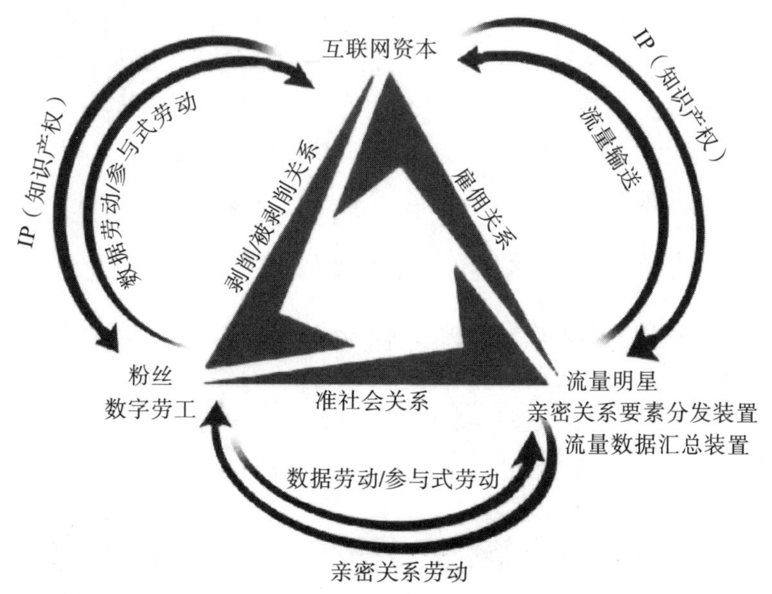

图 9－1　以流量经济为基础的新型偶像工业生产机制流程图①

① 高寒凝：《“数字劳工”们的战争：“饭圈”乱象与互联网时代的偶像工业生产机制》，《文艺理论与批评》，2022 年第 4 期，第 164 页。

文章以寻艺网“艺人新媒体指数排行榜”和微博“明星势力榜”为例，其中寻艺网艺人新媒体指数计算公式为：艺人新媒体指数=参演电视剧/综艺的每日播放量×A+微博数据×B+贴吧数据×C+豆瓣数据×D+搜索数据×E+其他×F[24]①。而微博由于天然地掌握着大量数据资料，包括明星微博账号的阅读量、互动情况（指点赞、评论、转发的数量）以及明星在微博平台被搜索、被提及的记录等，设立的“明星势力榜”能有效地将上述数据资料转化为“信息商品”。上述榜单的评分规则显示，绝大多数原始数据，例如电视剧/综艺的播放量、微博阅读量、评论转发数以及被搜索次数等，都是对互联网用户与特定娱乐明星相关的“使用记录”进行汇总统计所得出的结果。但在这些榜单数据背后，我们无从分辨，哪些是出于流量明星的真实影响，哪些又出自粉丝“长时间、自发性、群体性、免费性、重复性的劳动”刷出来的数据。总而言之，互联网资本直接或借助“流量明星”间接剥削粉丝的“数据劳动”，占据由粉丝“做数据”或“刷流量”的劳动所创造的超额利润。

为何粉丝群体能长期保持远超正常文化娱乐活动的无酬劳动。阿莉·拉塞尔·霍克希尔德（Arlie Russell Hochschild）在1983年对于达美空乘的民族志研究中提出了“情感劳动”（emotional labor）概念。此后，情感劳动成为分析粉丝文化的重要依据：粉丝不仅通过“女友粉”“妈妈粉”“泥塑粉”等角色，从偶像那里获得某种类似“亲密关系”的情感支持，还通过发帖、点赞、评论等情感劳动实现某种程度的自我满足与自我享受，而粉丝间的互动更构建出紧密的想象共同体，让粉丝获得归属感和认同感，因此，粉丝们能长久地沉浸其中，乐此不疲。

（四）直播平台中缺乏保障的“主播劳工”

《第53次中国互联网络发展状况统计报告》显示，截至2023年12月，我国网络直播用户规模达8.16亿人，较2022年12月增长6501万人，占网民整体的74.7%。按直播用户规模从大到小排列，依次为电商直播、体育直播、游戏直播、真人秀直播、演唱会直播，其中电商直播用户规模最大，为5.97亿人，占网民整体的54.7%②。

姚建华、陈曦在《网络直播的政治经济学分析：资本和权力的视角》一文

---

① 寻艺网官方并未就“艺人新媒体指数排行榜”计算公式中加权系数A、B、C、D的设置给出相应的规则或依据，对各平台数据如何汇总计算，也没有更为详细的说明。

② 中国互联网络信息中心：《第53次中国互联网络发展状况统计报告》，https://www.cnnic.net.cn/NMediaFile/2024/0325/MAIN1711355296414FIQ9XKZV63.pdf，第48～49页。

中指出，主播实际上是不稳定的、缺乏保障的数字劳工，而受众则成为被奇观剥夺了休闲时间的无酬劳工[①]。主播作为商品按照受众审美被标准化地生产出来，在台前进行着同质化的展演，平台提供的直播内容成为诱导受众进行消费的入口和带有某种目的性的“免费”午餐。而受众是网络直播平台主要的收入来源。网络直播将受众在劳动之余的休闲时间整合到为企业积累资本和创造利润的过程之中。观看直播内容占用的是受众的休闲时间，却为平台带来了流量、人气与收益，这一行为本身实则是受众为网络直播平台劳动的过程，也是网络直播产业链中的关键一环。此外，受众基于平台生产的数据作为商品，成为网络直播平台与广告商进行合作并获得资本市场青睐的基础。然而，在这一过程中，平台并未向受众支付任何实际报酬。也就是说，网络直播平台不仅剥夺了受众劳动力的价值，还攫取了他们创造的剩余价值。同样，受众自身并没有察觉到自己休闲娱乐的活动时间已经成为“劳动”的一部分，因为他们在观看直播和为主播“刷礼物”的互动中获得社会报偿、心理报偿，即某种程度的归属感和认同感。

董晨宇等在受众观看直播是出于情感劳动之外，又引入了“关系劳动”的视角[②]。“关系劳动”是贝姆（Baym）在对北欧音乐人的研究中提出的。贝姆认为，随着互联网技术和社交媒体平台的高度普及，音乐人与他们的听众或粉丝维系着一种“持续的、常规化的交流”，从而形成一个能够孵化其工作利益的社会关系[③]。在这种关系中，粉丝更类似于音乐人的朋友、家人，而不是消费者、顾客。音乐家出于出售商品的目的与顾客建立人际关系，而主播通过称观众为“家人”，让观众通过网络摄像头进入他们的私人空间，分享他们的私人生活，甚至与忠实观众通过互加微信等方式在直播间外持续维护这种观看与被观看关系，主播通过让渡部分私人领域，获取更多的经济收益。

（五）被忽视的“数字童工”

张铮在《数字童工：智媒时代数字劳工低龄化现象探析——以抖音 App 为例》一文中指出，随着 Pad 与手机等智能终端的普及，媒介产业链上的

---

① 姚建华、陈曦：《网络直播的政治经济学分析：资本和权力的视角》，《现代视听》，2019 第 8 期，第 37 页。

② 董晨宇、叶蓁：《做主播：一项关系劳动的数码民族志》，《国际新闻界》，2021 年第 12 期，第 9 页。

③ 董晨宇、叶蓁：《做主播：一项关系劳动的数码民族志》，《国际新闻界》，2021 年第 12 期，第 9 页。

"数字劳工"呈现低龄化的趋势。以提高信息技能、辅助学习为目的的家长让孩子过早地进入虚拟世界，使他们虽然收获了快乐与知识，也过早地跌入"数字童工"的境地。数字童工分为三类①：一是成人规则下"被迫营业"的傀儡劳工。因为孩子的生活片段与童真言论更易获得粉丝和点赞，于是不少用户开始拍摄自家儿童生活的场景，上学、吃饭、睡觉，甚至洗澡这样具有私密性质的视频都被大量生产和传播。这些视频，往往经过大人们的精心策划，忽视了孩子的主观能动性，使孩童不自觉地成为迎合眼球经济的傀儡。二是内容模仿创作的生产劳工。随着美颜、特效等技术的发展，能让一个个即使不会化妆的小孩也能轻松拥有展现"美丽"的所有条件，轻松实现"一键变美"。同时，抖音中视频创作的花式玩法也是未成年人热衷的娱乐表达，趣味贴纸、手势舞、各种类型的主题挑战等，配上旋律简单易于传唱的"抖音神曲"，能有效激发未成年人对新鲜事物的好奇心与模仿欲。热衷拍摄这类视频的儿童在娱乐中无意识地成为平台中无偿劳动的一部分。三是自制力缺失的沉迷劳工。以抖音为代表的短视频平台是"杀时间"的利器，极易让人着迷，对缺乏自制力的少年儿童来说影响更大。那些看似用来娱乐与消遣的时间，实际上是占用了少年儿童个人全面发展的时间，用来无偿为平台生产价值。而信息技术强势入侵了未成年人的社会化进程，使其被迫提前顺应成人世界的消费逻辑与审美特征，这对他们未来的发展实际上存在诸多潜在危害。如何防止数字劳工低龄化蔓延，使未成年人在良好的社会情境中健康成长，是身处数字化时代的我们需要不断追问和解决的问题。

第二节　参与文化重建受众的主体性

从网络写手、游戏玩家、粉丝、主播到数字童工，我们发现，在新媒体时代，已进入"媒介化生存"状态的我们不可避免地会成为互联网平台免费的内容生产者，任何个人和制度都无法完全避免或抵抗数字劳工的趋势。我们关注数字劳工的话题，不是要人们离网生存，而是提醒新媒体时代的用户意识到自身有被奴役、被驱使的风险。因此，如何在信息的消费与生产中保持个人的主

---

① 张铮：《数字童工：智媒时代数字劳工低龄化现象探析》，《青年记者》，2020年第20期，第27～28页。

体性与能动性，文化研究学派中的参与式文化给我们提供了一个崭新的视角。

一、文本猎盗和参与式文化

从政治经济学的批判主义视角看，平台用户是受平台资本利用和控制的数字劳工，但从文化研究学派的视角看，用户是能积极地参与信息消费与生产、能动地创造出新的意义与价值的主体。

文化研究学派于20世纪中叶在英国兴起，以1964年在伯明翰大学成立的当代文化研究中心（CCCS）为核心，因此又称为伯明翰学派。该学派立足大众文化的立场，将受众视为能动的个体，认为意识形态的生产和传播并非单向的灌输过程，而是一个积极的协商过程。早期的代表人物主要有雷蒙德·威廉斯（Raymond Williams）、斯图亚特·霍尔（Stuart Hall）、约翰·费斯克（John Fiske）等。雷蒙德·威廉斯被誉为“文化研究之父”，提出“文化即生活”的观点，将大众文化纳入研究视野。斯图亚特·霍尔提出“编码/解码”理论，强调受众在解码过程中的多样性和主动性。约翰·费斯克提出“双重经济理论”，该理论不仅揭示了电视节目作为商品的交换价值，更强调了观众在观看过程中获得的使用价值——意义和快感，强调了大众在信息消费过程中具有主动性和创造力。

师承约翰·费斯克的亨利·詹金斯（Henry Jenkins）结合个人“做粉丝”的经验，从粉丝的主观视角出发进行文化研究，其中影响最大的是《文本盗猎者：电视粉丝和参与式文化》（1992）和《融合文化：新媒体和旧媒体的冲突地带》（2006）两部著作。

詹金斯在《文本盗猎者：电视粉丝与参与式文化》一书中首次提出“文本盗猎”思想，强调受众在文化传播中的主体能动地位。詹金斯在该书的第一章就指出：本书致力于打破媒体所构建的粉丝是没文化的蠢货、社会不适应者和无脑的消费者等刻板印象，将粉丝视作积极的创作者和意义的操控者①。他认为受众会从文化产品中猎取自己感兴趣的元素，通过文化挪用等方式进行再创作和传播，从而形成“文本盗猎”。在此基础上，他进一步提出了“参与式文化”理论，即在媒介技术迅速发展的背景下，受众不再是被动的接受者，而是文化传播和生产过程中的积极参与者。詹金斯说，粉丝圈成了一种参与式文

① ［美］亨利·詹金斯：《文本盗猎者：电视粉丝与参与式文化》，郑熙青译，北京大学出版社，2016年，第22页。

化，将媒体消费变成了新文本的生产，或者是新文化和新社群的生产；粉丝圈自身也能独立构成独特的艺术世界，一个远离媒体制作者直接控制的自我运转的世界①。在詹金斯看来，参与式文化不仅仅是简单的一种文化形式，更是一种权力，一种消费者与媒介拥有者之间的博弈②。参与式文化在互联网时代发展为融合文化。詹金斯认为，融合代表了一种文化变迁，因为它鼓励消费者获取新信息，并把分散的媒体内容联系起来。融合的发生并不是依靠媒体设施，它发生在每个消费者的头脑中，通过他们与其他人之间的社会互动来实现③。由此可见，詹金斯认为，互联网时代的粉丝只是经由网络连接起来，他们对媒体提供的符号原材料进行的创造性生产是在他们的头脑中完成的。

二、新媒体时代的文化参与

米歇尔·德塞都将积极的阅读形容为“盗猎”（poaching）——对他人的文学“领地”的肆意袭击，掠走那些对读者有用或令他们感到愉悦的东西④。“盗猎”将读者和作者的关系比作一种争夺文本所有权和意义控制权的持续斗争，体现出作者和读者之间的不平等关系，即“盗猎者”相对被“盗猎”的文本，始终处于劣势地位。

（一）作为“盗猎者”的粉丝——粉丝的二次创作

亨利·詹金斯从德赛都的理论中获得启发，将“文本盗猎”的概念引入粉丝文化研究之中。文本盗猎指粉丝在电视剧文本的基础上，自主创造出大量物质性文化产品的行为⑤。同时，我们还应注意到流行文本的“盗猎者”并非仅作为阅读时的孤立个体存在，还常常以社群性的方式出现。

粉丝在原作基础上进行的二次创作（包括对电影、电视剧、小说、动漫等

---

① ［美］亨利·詹金斯：《文本盗猎者：电视粉丝与参与式文化》，郑熙青译，北京大学出版社，2016年，第44～45页。

② 汪金汉：《从“文本盗猎”到“公民参与”：詹金斯的“参与性”媒介受众研究》，《福建师范大学学报（哲学社会科学版）》，2016年第2期，第192页。

③ ［美］亨利·詹金斯：《融合文化——新媒体和旧媒体的冲突地带》，杜永明译，商务印书馆，2017年，第31页。

④ ［美］亨利·詹金斯：《大众文化：粉丝、盗猎者、游牧民——德塞都的大众文化审美》，杨玲译，《湖北大学学报（哲学社会科学版）》，2008年第4期，第65页。

⑤ 江怡：《粉丝文化参与偶像工业的新可能——以〈创造101〉中的“文本盗猎”事件为例》，《艺术广角》，2020年第1期，第50页。

文本内容的改编、剪辑、重制、混剪和同人创作等多种形式）既是对原作的“盗猎”行为，也是融入了粉丝个人情感和创意表达的对原作品的积极参与和再创造。粉丝的二次创作，即有基于原作品的人物、设定或情节创作的新的故事或作品，如同人小说、同人漫画、同人歌曲等同人创作形式；也有根据自己的主观意识对影像进行选择性的截取，通过杂糅的拼贴、并置等手法，对原作品中的片段进行剪辑或混合剪辑，以或搞笑，或吐槽，或情感共鸣的形式展现出来；还有角色扮演，即借助化妆、服装、道具等扮演原作品中的角色，以角色形象进行表演或拍摄照片、视频等。

在二次创作过程中，粉丝不仅仅是被动的消费者，更是积极的参与者和创作者。粉丝通过各种形式的媒介参与，不仅与原作品建立起一种新的互动关系，还通过对原作不断地扩展、深化和再创作，为原作注入了源源不断的活力、创意和传播动力。在二创及传播过程中，粉丝形成了具有共同兴趣和价值观的社群，通过二创作品和互动交流，他们还不断增强着彼此的认同感和归属感。

（二）作为“生产者”的粉丝——新媒体时代的虚拟偶像粉丝

如果说作为“盗猎者”的粉丝还需要从已有的媒介文化中攫取材料进行再加工，而作为“生产者”的粉丝则不再需要从大众文化中“盗猎”，而是能在自己创造的文化中“自成一统”。其中，虚拟偶像粉丝对虚拟偶像意义的创造与解读具有极强的代表性。

2007 年，虚拟偶像诞生于日本，其代表是基于日本雅马哈 VOCALOID 声库中的初音未来。而在中国，基于 VOCALOID3 语音合成引擎的虚拟歌姬洛天依成为最受欢迎的虚拟偶像。2015 年以来，洛天依陆续登上湖南卫视跨年演唱会、央视春晚的舞台；2017 年 6 月，洛天依、言和等一众虚拟歌手在上海梅赛德斯奔驰文化中心举行万人演唱会，并利用 AR 技术在 B 站同步直播；2019 年 7 月，初音未来和洛天依首次同台举办全息万人演唱会，其影响力可见一斑。

但虚拟偶像除了画师设定的二维形象和官方给出的简单人设之外，其本质是“一个产生歌声的引擎”，这就需要粉丝的大量参与来共同构建其完整人设。宋雷雨将虚拟偶像的粉丝分为三类：第一类是利用 VOCALOID 系列软件进行歌曲原创的 up 主，他们被冠以“master”（ 教主）之名，他们创作歌曲的过程被称作“调教”，他们赋予了虚拟歌手灵魂，制造了虚拟歌手的情感。如洛天依的粉丝/教主（B 站 up 主 ilem）就为洛天依和言和两位歌姬创作了流行的

《普通 DISCO》《达拉崩吧》等歌曲。他们在虚拟偶像简单的二维形象和人设基础上，发挥自己无限的想象，利用虚拟偶像的音源数据为偶像制作歌曲，并使其传唱。第二类是不具备原创歌曲能力但具备音乐、剪辑、视频、音频、绘画、撰写同人文等才能的“二级粉丝”，即一般意义上泛称的“同人创作群体”。如当《达拉崩吧》流行之后，大量粉丝在 B 站创作了《达拉崩吧》“语文版”“数学版”“物理版”“YouTube 海外评价版”“欧美影视圈版”“日语版”“海绵宝宝版”等各种次级再生性文本。第三类则是几乎无原创或再生性文本生产能力的最底层的普通粉丝[①]。可见，第一类粉丝既是软件的用户、偶像的消费者，同时也是偶像的生产者，在这个意义上，粉丝被提升到了前所未有的创造者位置；第二类粉丝则体现出强烈的“盗猎者”属性。

（三）文化参与的延伸：短视频时代游客和网友对城市形象的再造

新媒体时代的文化参与并不止于“粉丝”这一种身份，游客与网友通过线上线下的合力共创，甚至能在媒介与现实的互动中重塑和再造城市形象[②]。在影视剧中，摄影机镜头看似是对城市风貌的再现，但这种再现往往是服务于作品主题和导演构思的，城市被导演赋予了许多超出本身的意蕴。如在电影《疯狂的石头》中，重庆立体、复杂的城市空间——从过江索道到破落平房，从高楼大厦到地下通道，从茶馆到寺庙，使原本黑色荒诞的故事更具合理性；同样以重庆为取景地的电影《少年的你》反复出现压抑、昏暗的八边形筒子楼，以及主人公陈念从家到学校的那条局促、狭窄的小巷，重庆独特的地理景观成为凸显陈念压抑、困窘的生活处境和忧郁情绪的载体。而在城市宣传片中，城市的地理风貌成为主角，城市影像让大众足不出户日行千里，将丰富的城市景观尽收眼底。城市宣传片选取城市中有代表性的具象场所，借助“假器”以“上帝之眼”观看城市[③]。“上帝之眼”为人们提供了一种超出直接经验范围观看城市的方式，因此，宣传片中的城市不再是那个与我们日常生活、生命体验密不可分的地方，城市形象也渐渐简化为城市的著名象征物，如北京的天安门、长城、故宫，上海的外滩、东方明珠塔、世博园，重庆的解放碑、人民大礼堂、朝天门等。

---

① 宋雷雨：《虚拟偶像粉丝参与式文化的特征与意义》，《现代传播》，2019 年第 12 期，第 28 页。

② 但午剑：《城市短视频对地方感的重塑研究》，《中国电视》，2023 年第 11 期，第 50 页。

③ 孙玮：《镜中上海：传播方式与城市》，《苏州大学学报（哲学社会科学版）》，2014 年第 4 期，第 165 页。

而在短视频时代，个人对地方个性化的亲身感知不仅有了传播的可能，甚至还能经由网络，聚集起重塑城市形象的强大力量。城市短视频主要以“打卡”和“自拍”的形式呈现。“打卡”短视频通常指用镜头记录下“我”与城市标志性建筑或网红景观的物理相遇；“自拍”短视频的内容往往更为丰富，即以自拍的形式，讲述拍摄者身处某地、发生某事的“此时此刻”的感受、看法和态度。与影视剧、宣传片相比，城市短视频的拍摄与制作往往显得粗糙而随意，有的甚至缺乏基本的美感和艺术性，但其往往因呈现了个人身处物质城市的真切感知，而能在网络空间引发令前者望尘莫及的群集效应。一名来自上海的普通游客“柚柚 de 麻麻”于 2018 年 3 月 9 日上传了标题为《#重庆　你以为是一楼，其实是 27 楼》的短视频。这则短视频在构图、剪辑上显得相当业余，但其对重庆“魔幻 8D”城市的直观展示与个人感叹却引发了众多网友的共情与共创。截至 2023 年 5 月，该视频的点赞数已达 370.4 万，评论数 5.8 万，转发数 9.1 万，远远超出许多专业媒体制作的城市宣传类短视频。类似地，还有游客与网友对“李子坝轻轨穿楼景观”的“发现”。由于重庆山城地形的限制，李子坝轻轨站附近有一段轻轨列车不得不从一栋居民楼中穿过。本地居民对此早已习以为常，但外地游客却对“轻轨穿楼景观”惊叹不已，因此有大量游客前来参观和打卡。再后来有游客在李子坝轻轨站利用视觉错位拍摄出“吞吃轻轨”的创意视频，在以抖音为代表的社交媒体上走红后，又引发更多的人在现实中向重庆发起新一轮物理聚集。而为了方便游客打卡和自拍，当地政府还专门修建了李子坝轻轨穿楼观景平台。可见，重庆“魔幻 8D”的城市形象是在游客的实地拍摄、视频上传，网友的点赞、评论等互动中被不断强化和突显的。经由互联网的赋权和联结，大众能在个人生活、视频拍摄、网络互动中积极彰显主动性和能动性，在这场参与式的城市形象重塑中，大众不仅创造出自己的意义和快感，甚至还积聚起改变现实的力量。

本章从“数字劳工”和“参与文化”两个看似对立的视角入手，旨在提醒读者在进行互联网信息消费与生产时，既有被平台奴役、驱使的风险；也有在技术赋权基础上，重新找回主体性、创造性的可能。因此，我们在进行互联网信息消费与生产时，应主动思考如何平衡免费劳动与技术赋权的关系，注重个体意义和快感的创造，注重个人主体性与能动性的发掘。

【课后习题】

1. 从进行“数据劳动”的粉丝到作为“盗猎者”的粉丝，再到作为“生产者”的粉丝，这三类粉丝有什么不同，给我们带来怎样的媒介实践启示？

2. 文化参与视角对我们在网络信息消费与生产中保持个人主体性和能动性有何启示?

【延伸阅读】

1. 克里斯蒂安·福克斯:《受众商品、数字劳动之争、马克思主义政治经济学与批判理论》,汪金汉、潘璟玲译,《国外社会科学前沿》,2021年第4期,第17~31页。

2. 高寒凝:《“数字劳工”们的战争:“饭圈”乱象与互联网时代的偶像工业生产机制》,《文艺理论与批评》,2022年第4期,第163~174页。

3. 宋雷雨:《虚拟偶像粉丝参与式文化的特征与意义》,《现代传播》,2019年第12期,第26~29页。

4. 姚建华:《数字劳动:理论前沿与在地经验》,江苏人民出版社,2021年。

5. 亨利·詹金斯:《文本盗猎者——电视粉丝与参与式文化》,郑熙青译,北京大学出版社,2016年。

第十章 知识平等：新媒体时代如何弥合数字沟

本章学习要点：

1. 掌握经典的知识沟理论
2. 掌握如何弥合代际数字鸿沟、城乡数字鸿沟

我们知道，在现代社会中，知识是一种重要的资源，但知识像其他财富一样，在社会中的分布是不均衡的。现代社会的报刊、书籍、广播、电视等大众媒介为人们提供了相同（或相似）的信息资源，在一定程度上，缩小了信息分布不均的差异，因而被视为提高整个社会的文化水平，缩小社会各阶层和群体之间的差距，促进社会公平的重要因素。那么，在移动互联网快速发展的当下，数字媒体是弥合还是进一步拓展了知识沟？我们又应当如何应对呢？

第一节 从知识沟到数字沟

一、经典的知识沟理论

在 20 世纪 60 年代的美国，学校中贫富儿童在学习能力和学习成绩上的差距引起了广泛的社会关注：富裕儿童通常在进入小学前就接受了较好的学龄前教育，而那些贫困儿童由于家境困难，既无钱购买启蒙读物，也无钱聘请家庭教师，从而导致进入小学后，两者在学习能力和成绩上产生明显的差距。有关研究表明，这种差距随年级的上升而不断扩大，并导致在升学率、学历甚至未来职业和社会地位上的两极分化。这种由社会经济地位差异导致的信息差异引起了人们的重视。1969 年，美国政府试图通过大众传播来改善贫困儿童的受

教育条件，制作了名为《芝麻街》的儿童启蒙教育电视系列片。该节目通过新奇的节目模式、娱乐化的内容来吸引儿童观众，从而改善贫困儿童的学前受教育条件，力图缩小其与富裕儿童在入学前的知识差距。

（一）知识沟理论

1970 年，蒂奇纳（Tichenor）、多诺霍（ Donohue）和奥里恩（Olien）（三人又被称为明尼苏达小组）在一篇名为《大众传播流动和知识差别的增长》（Mass Media Flow and Differential Growth in Knowledge）的论文中提出了知识沟假说（knowledge－gap hypothesis）：随着大众传媒向社会传播的信息日益增多，社会经济状况较好的人将比社会经济状况较差的人以更快的速度获取这类信息。因此，这两类人之间的知识差距（也即知识沟）将呈扩大而非缩小之势[①]（见图 10－1）。

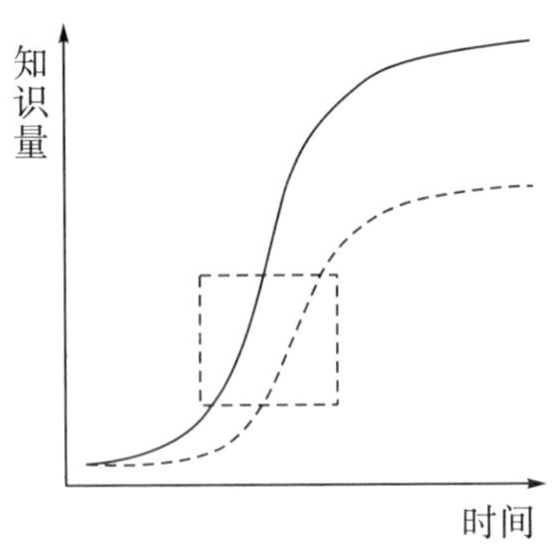

图 10－1　知识沟理论示意图[②]

图 10－1 形象地描绘出知识沟假说。图中，整个象限从左到右代表时间的推移和信息的输入。该假说预计，由于大众媒体信息不断输入，因而社会经济状况好或差的人均能增长知识，但是社会经济状况好的人将获得更多的知识。这就意味着，富人与穷人之间的相对知识沟将会扩大。

同时，他们还指出了造成知识沟的五个因素：一是传播技能上的差异。社会经济状况好的人和社会经济状况差的人的文化程度通常存在差异，而他们基本的信息处理工作如阅读、理解、记忆等方面的能力是不同的。二是已有知识储存量的差异。社会经济状况好的人基于其所受的教育，可能对某个问题早有

① ［美］沃纳·赛佛林、小詹姆斯·坦卡德：《传播理论：起源、方法与应用》，郭镇之、孟颖、赵丽芳等译，华夏出版社，2000 年，第 274 页。

② 郭庆光：《传播学教程（第二版）》，中国人民大学出版社，2011 年，第 216 页。

了解，或者也可能通过以往的媒介接触而对此有更深入的了解，从而便于其更快接受、掌握新知识、新事物。三是社交范围的差异。社会经济状况好的人可能有更多的相关社会联系，获得相关知识和信息的时间更早、速度更快。四是对信息的选择性接触、接受和记忆不同。生活的水准、层次与媒介的内容越接近，对媒介的接触和利用程度越高。五是大众传播媒介的性质——传播有一定深度的关于公共事务和科学知识的媒介主要是印刷媒体，其受众主要集中于高学历阶层。无论在上述哪一方面，社会经济地位高的阶层都处于有利地位，因而造成社会知识沟不断扩大①。

《芝麻街》第一年的报告表明，该节目的主要收视对象是城市里贫困家庭的孩子，当时该节目的制片人认为节目有助于缩小富裕家庭孩子与贫困家庭孩子的知识沟。1975 年，学者库克（Cook）及其同事对《芝麻街》制片人收集的节目评估数据作了充分的分析，提出了颇有挑战性的反驳意见。首先，数据分析显示，家长的文化程度越高，家庭收看《芝麻街》节目的次数就越多（见图 10－2）。库克等人指出，这些数据隐含的意义就在于，在不同经济收入或文化层次的群体之间，试图以《芝麻街》节目缩小知识沟极为困难。

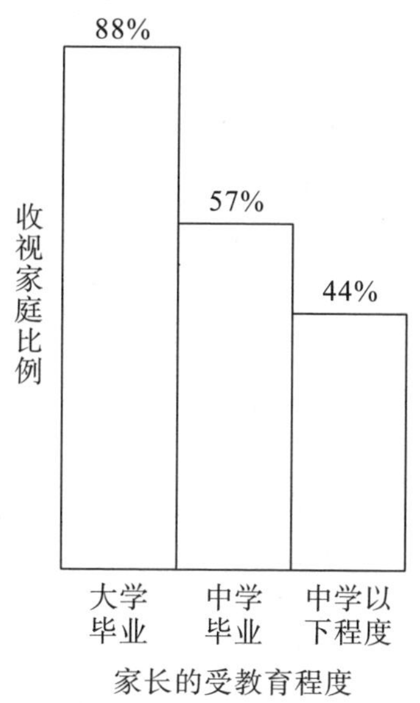

图 10－2　家有 6 岁以下儿童、前 3 个月中收看《芝麻街》节目至少一次的家庭家长的受教育程度②

① 郭庆光：《传播学教程（第二版）》，中国人民大学出版社，2011 年，第 215～216 页。

② ［美］沃纳·赛佛林、小詹姆斯·坦卡德：《传播理论：起源、方法与应用》，郭镇之、孟颖、赵丽芳等译，华夏出版社，2000 年，第 278 页。

卡茨曼（Katzman）还对节目收视效果进行了分析，表 10－1 显示了家境贫困与家境富裕的孩子收看《芝麻街》的成果得分情况比较。

表 10－1　从收看《芝麻街》的量与受众背景看成果测试中的事先测验和获益得分情况①

背景		四分位数（从最少到最多）			
		Q1	Q2	Q3	Q4
总数	事前测验	76	86	94	101
	进步	19	31	39	48
家境贫困	事前测验	76	84	87	97
	进步	19	29	37	47
家境富裕	事前测验	95	102	113	110
	进步	27	38	40	45

根据收视情况的前三个四分位数的比较表明，在每一个四分位数中，家境富裕的孩子的收视成果得分都要高于家境贫困的孩子。也就是说，即使收看的节目完全一样，家境富裕的孩子从《芝麻街》节目中获得的益处都要高于家境贫困的孩子，即对前三个四分位数而言，知识沟可能会扩大。不过，在第四个四分位数中显示，对于经常收看该节目的人而言，知识沟可能会缩小。如果将上述数据转化为图形（见图 10－3）可能更为直观。

① ［美］沃纳·赛佛林、小詹姆斯·坦卡德：《传播理论：起源、方法与应用》，郭镇之、孟颖、赵丽芳等译，华夏出版社，2000 年，第 279 页。

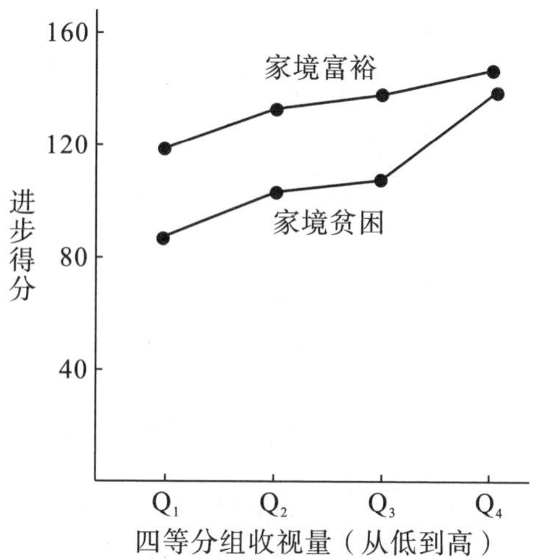

图 10－3　在四种收视量下家境富裕和家境贫困孩子收看《芝麻街》后测试获益得分情况[①]

后续的研究陆续佐证了第四个四分位数数据的合理性，因此，有学者提出了知识沟的“上限效果”假说。

（二）“上限效果”假说

1977 年，美国学者艾蒂玛（Aditma）和克莱因（Klein）提出了“上限效果”假说（ceiling effect）。这个假说的观点是：个人对特定知识的追求并不是无止境的，在达到某一“上限”（饱和点）后，知识量的增加就会减速乃至停止下来。社会经济地位高者获得知识的速度快，其“上限”到来得也就早；那些经济地位低者虽然知识增加的速度慢，但随着时间推移最终能够在“上限”上赶上前者[②]（见图 10－4）。

---

① ［美］沃纳·赛佛林、小詹姆斯·坦卡德：《传播理论：起源、方法与应用》，郭镇之、孟颖、赵丽芳等译，华夏出版社，2000 年，第 280 页。

② 转引自郭庆光：《传播学教程（第二版）》，中国人民大学出版社，2011 年，第 216 页。

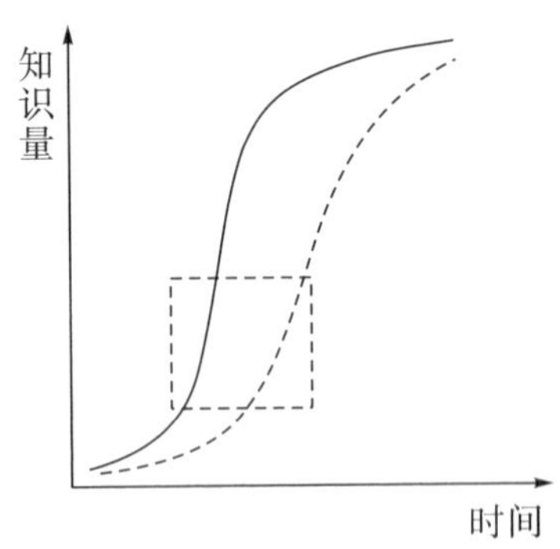

图 10—4 “上限效果”假说示意图[①]

艾蒂玛等人还为“上限效果”假说提出三条论据：第一，这类信息是能够通过大众媒体传播的“一般”知识，而不是“高精尖的知识”。第二，受众本身具有的“上限”，即受众中的社会地位高者在感到自己的某种知识已经充足的时候，会自动减慢或停止对这种知识的追求。第三，现在知识已经达到“上限”，即如果受众个人的知识掌握程度已经高于大众传播的内容，他们便不会再通过大众传播去求知[②]。

1981 年，盖那瓦和格林伯格（Genova & Greenberg）发现，导致知识沟最主要的因素还不是社会经济状况及教育，而是受众兴趣。他们考察了受众对两个新闻事件的了解程度，一个是正在进行的全国足球联赛罢赛事件，另一个是尼克松弹劾案的进展情况。研究结果表明，不是文化程度，而是受众对这两件事接受兴趣的大小决定着一个人对事件了解程度的高低。他们因此得出结论：这是一个更为乐观的假说，它告诉我们，提高公众的知识水平可以另辟蹊径[③]。

1984 年，夏普（Sharp）在堪萨斯的威奇托市，对收看市政府会议的观众作过一次调查，试图弄明白都是些什么人收看这类节目以及在此过程中，知识沟是否会扩大。研究发现，低文化、低收入、少数民族的人们和境遇好的人们一样喜欢看该节目，即知识沟没有扩大。夏普认为，这类电视节目的观众往往是那些与该社区有切身利害关系的人，而这类人在低社会经济状况和高社会经济状况层次中都有，其数量孰多孰少，难分伯仲。因此，夏普的研究指出，个人动机是寻求信息的一个重要因素，而且当寻求信息的动机非常强烈的时候，

① 郭庆光：《传播学教程（第二版）》，中国人民大学出版社，2011 年，第 217 页。

② 郭庆光：《传播学教程（第二版）》，中国人民大学出版社，2011 年，第 216 页。

③ ［美］沃纳·赛佛林、小詹姆斯·坦卡德：《传播理论：起源、方法与应用》，郭镇之、孟颖、赵丽芳等译，华夏出版社，2000 年，第 281 页。

知识沟会缩小而非扩大[①]。

（三）从信息沟到数字鸿沟

早在1974年，卡茨曼（Katzman）就新传播技术的快速发展提出了他的“信息沟”（information gap）理论。卡茨曼认为，第一，新传播技术的采用将带来整个社会的信息流通量和信息接触量的增大，这对每一个社会成员来说都是如此；第二，新技术的采用对现有信息能力较强的人能带来更多收益；第三，电脑等机器的信息处理和积蓄能力比人要强大得多，既有的信息富裕阶层通过早期采用和熟练使用这些先进机器，能够比其他人更拥有信息优势；第四，新媒介技术层出不穷，更新换代周期越来越短，其趋势更可能是“老沟”未平，而“新沟”又起[②]。

1984年，世界电信发展委员会发布了名为《失去的链路》的报告，指出发展中国家电信基础设施的缺乏将阻碍其经济发展（当时主要关注电话接入问题）[③]。1990年，美国著名未来学家托夫勒在《权力的转移》一书中，提出了电子鸿沟（electronic gap）的概念，将电子鸿沟描述为“信息和电子技术方面的鸿沟”。数字鸿沟（digital divide）的概念最早由Markle基金会的前总裁劳埃德·莫里塞特（Lioyd Morrisett）提出，他认为数字鸿沟是信息富人和信息穷人之间存在的一种差距。这时所谓的鸿沟主要是针对20世纪80年代Apple电脑的普及和应用，侧重关注不同的社会群体在个人计算机占有率上的差异[④]。进入21世纪后，数字鸿沟问题开始受到越来越多的关注。最初，人们关注的数字鸿沟是接入（access）沟，即拥有者和缺乏者之间的差距。随后，数字鸿沟延伸到使用（use）层面，即关注不同人群在新媒体使用技能和程度上的差异。韦路等人在此基础上，提出“第三道知识鸿沟”，即不同人群在接入和使用新媒体差异的共同作用下，会带来新的知识差距[⑤]。

1. 第一道数字鸿沟：接入沟

接入沟指的是人们在互联网接触和使用方面的基础设施、软硬件设备条件

---

① ［美］沃纳·赛佛林、小詹姆斯·坦卡德：《传播理论：起源、方法与应用》，郭镇之、孟颖、赵丽芳等译，华夏出版社，2000年，第281页。

② 郭庆光：《传播学教程（第二版）》，中国人民大学出版社，2011年，第217～218页。

③ 陈思祁：《数字鸿沟形成机制研究》，中国邮电大学，2012年，第1页。

④ 陈思祁：《数字鸿沟形成机制研究》，中国邮电大学，2012年，第1页。

⑤ 韦路、张明新：《第三道数字鸿沟：互联网上的知识沟》，《新闻与传播研究》，2006第4期，第43～53页。

上的差异，经济地位优越者在这方面有着突出的优势。接入沟直接决定了人们是否在物质层面上接入互联网，因此，经济实力、电信设施和政府决策成为影响第一道数字鸿沟最为显著的社会因素。21 世纪初，我国与发达国家在经济水平、通信技术水平、互联网普及率等方面有着显著的差距。据统计，2000 年 8 月，北美地区作为国际互联网“技术发明”和“技术领先”地区，每千人的国际互联网主机数达 168.8 台；大洋洲和欧洲地区是国际互联网的“积极采用”地区，与北美地区绝对差距较小。但中美、南美和亚洲地区的国际互联网普及水平大大落后于上述三个地区，每千人的互联网主机普及数仅为 0.31，是北美的 1/540，这一差距甚至远高于人均收入的差距①。但随着我国经济水平、通信技术的飞速发展，我国已迅速弥合了与发达国家在接入沟方面的差距：截至 2023 年 12 月，我国网民规模达 10.92 亿人，互联网普及率达 77.5%，我国手机网民规模达 10.91 亿人，网民使用手机上网的比例为 99.9%②；5G 基站数已达 337.7 万个，占移动电话基站数近三分之一，平均每万人拥有 5G 基站 24 个；5G 网络覆盖所有地级市城区、县城城区，正持续推进，向重点场所深度覆盖③。

2. 第二道数字鸿沟：使用沟

如果说，接入沟是指互联网接入者和非接入者的对比，但拥有相同的物质接入并不一定意味着人们按照完全相同的方式、以相同的程度来使用互联网。因此，数字鸿沟的研究开始从第一道鸿沟向第二道鸿沟转变。

21 世纪初，有关互联网使用鸿沟的早期研究主要集中在上网时间的差距上。学者们比较了互联网经常使用者和非经常使用者的特征得出以下结论：上网时间越长，人们失去的社会联系就越多，花在传统媒介上的时间就越短；在家工作的时间越长，在有形商店里购物的时间就越短④。但相等的上网时间并不意味着人们以相同的方式使用互联网。

诺利斯（Norris）曾将互联网的使用者分为四个类别：研究者、消费者、表达者和聚会爱好者。其中，研究者主要将互联网视作信息来源；消费者主要

---

① 转引自胡鞍钢、周绍杰：《新的全球贫富差距：日益扩大的“数字鸿沟”》，《中国社会科学》，2002 年第 3 期，第 36 页。

② 中国互联网络信息中心：《第 53 次中国互联网络发展状况统计报告》，https://www.cnnic.net.cn/NMediaFile/2024/0325/MAIN1711355296414FIQ9XKZV63.pdf，第 1 页。

③ 《2023 年通信业统计公报解读：通信业全年保持稳中有进发展态势》，https://www.miit.gov.cn/jgsj/yxj/xxfb/art/2024/art_83bd39a7f3b54db2a4881968d09c5794.html。

④ 转引自韦路、张明新：《第三道数字鸿沟：互联网上的知识沟》，《新闻与传播研究》，2006 第 4 期，第 45 页。

将互联网当成购物中心；表达者喜欢在网上谈论公共事务、国家大事，尤其喜欢与人争论；聚会爱好者则将互联网当作网络游戏、开展社交活动的平台。这四种类型并没有严格的边界，其区别主要在于我们会在哪种类型的网络活动中花费最多的时间①。范迪克（Van Dijk）进一步提出了使用鸿沟假说。他指出，一部分人能够系统地将高级数字技术用于工作和教育，并从中受益；另一部分人则只能使用基本的数字技术和简单的应用，并主要以娱乐为目的。通过这一假设，他认为正是互联网的多用性，使得人们使用它的方式千差万别②。南加州大学传播学院的荣格（Jung）认为，数字鸿沟与人们在日常生活中不同的上网目的、网络活动及信息传播方式紧密相关③。

3. 第三道数字鸿沟：知识沟

韦路等指出，新媒体接入沟与使用沟的差异，必然会导致更大的知识差距，即知识沟④。技术乐观主义者认为互联网能够通过降低信息成本来减少不平等，增强低收入人群获取社会资本和参与职业竞争的能力，并进一步增加他们的人生机会。技术悲观主义者则指出技术所带来的最大利益将会归于社会经济地位较高者，因为他们能够利用他们的资源，更快、更有成效地使用互联网，而这一趋势又会被更好的网络接入和更多的社会支持进一步强化。法德丽（Bonfadelli）认为，相较于传统媒介，人们在互联网使用上的鸿沟更为显著。这些鸿沟包括信息供给上的差异、信息使用上的差别（信息选择上不同的兴趣与偏好）以及不同的信息接收策略（不同的媒介内容需求与满足，譬如信息和娱乐）等。她还进一步指出，教育程度更高的人在使用互联网时偏向信息导向，而教育程度较低者偏向互联网的娱乐功能，这会进一步拓宽两者的知识沟⑤。

---

① 转引自韦路、张明新：《第三道数字鸿沟：互联网上的知识沟》，《新闻与传播研究》，2006 第 4 期，第 45 页。

② 转引自韦路、张明新：《第三道数字鸿沟：互联网上的知识沟》，《新闻与传播研究》，2006 第 4 期，第 45 页。

③ 转引自韦路、张明新：《第三道数字鸿沟：互联网上的知识沟》，《新闻与传播研究》，2006 第 4 期，第 45 页。

④ 转引自韦路、张明新：《第三道数字鸿沟：互联网上的知识沟》，《新闻与传播研究》，2006 第 4 期，第 46 页。

⑤ 转引自韦路、张明新：《第三道数字鸿沟：互联网上的知识沟》，《新闻与传播研究》，2006 第 4 期，第 47 页。

第二节 如何弥合新媒体时代的数字鸿沟

我们主要从代际数字鸿沟、城乡数字鸿沟两方面来介绍新媒体时代的数字鸿沟，以期对互联网时代的数字鸿沟及可能的弥合办法有更进一步的认识。

一、代际数字鸿沟

代际数字鸿沟是指两个年龄差别较大的群体之间存在的数字鸿沟，又称数字代沟，是数字鸿沟概念的一个分支。在美国人类学家玛格丽特·米德（Margaret Mead）看来，代沟是普遍存在于人类世代关系中的社会现象，是时代与环境的急遽变化、现代化进程的发生、社会的不断转型而导致的不同代之间在价值观念、行为取向、文化喜好的选择方面出现的差异、隔阂[①]。

（一）代际数字鸿沟的表现

代际数字鸿沟是传统代沟在互联网时代的延伸，是数字鸿沟在家庭层面的呈现，主要表现为亲代与子代对于新媒体的采纳、使用与理解等方面存在的差距。

周裕琼通过对200个家庭共400个样本进行问卷调查后发现，亲子两代中存在显著的新媒体采纳代沟和使用代沟。在新媒体采纳代沟上，教育程度和收入越高的子女与父母在新媒体采纳（电脑、手机、平板等）上的差距越大。在新媒体使用代沟上，子代在新媒体上花费的时间及使用服务的数量显著多于父母[②]。林枫等对家庭中亲代和子代的微信使用情况进行研究发现，亲代与子代之间存在着明显的新媒体使用沟。如亲代的朋友圈更多的是转发各类文章，而子代的朋友圈中更多的是对自己生活的记录等。子代能更全面使用微信的各项功能，如定位、购物、付款等，而亲代微信的各项功能使用率明显低于子代。亲代与子代之间在微信使用上还存在着明显的知识沟。在信息选择上，亲代更

---

① 转引自林枫、周裕琼、李博：《同一个家庭不同的微信：大学生VS父母的数字代沟研究》，《新闻大学》，2017年第3期，第100页。

② 周裕琼：《数字代沟与文化反哺：对家庭内“静悄悄的革命”的量化考察》，《现代传播》，2014年第2期，第122页。

倾向于选择新闻媒体类、身体健康类、心灵鸡汤类的信息，子代则更多地选择娱乐、工作、教育类的信息。子代比亲代更容易鉴别出虚假信息，不容易被信息表面迷惑。同时，此项研究还发现，微信自身的一些功能可能加剧了亲子间的阻隔，如微信朋友圈的"屏蔽"和"分组"功能让子代可以更轻易地隐藏自己，亲代往往无能为力甚至难以察觉。微信这一基于强关系的社交平台，可能会不断强化亲子两代各自原有的观念、思维方式等，这使得原本就存在隔阂的亲子两代之间的差异越来越大①。

这种差异具体体现为：作为"数字原住民"的青年一代能自然而然地习得各类新媒体使用技能，在数字化社会如鱼得水；而年长者却在数字化社会中四处碰壁：就医、出行、视频通话、网络支付等都让他们在日常生活中无所适从。不仅如此，腾讯研究院于 2018 年发布的《中老年上网状况风险网络调查报告》指出，在中老年网民群体中，网络诈骗、低俗色情、网络谣言和虚假广告是其在运用网络时最常遭遇的四类上网风险②。这一切又进一步强化了年长者对新科技的排斥与恐惧，不断强化年长者"数字化难民"的自我认知。

（二）代际数字鸿沟的弥合——数字反哺

年轻群体无论在新媒体使用频率、利用程度还是新媒体知识上都明显领先于年长群体，原本处于被教育者位置的青年一代由于熟谙数字媒介的使用过程，转而向年长一代输出媒介技术的使用技能和知识。这种现象即数字反哺。

数字反哺除了使长辈能更好地融入信息时代，享用数字发展红利，其还为改善亲子关系提供了新的可能。周裕琼将文化反哺称为家庭内"静悄悄的革命"。她指出，在子代对亲代日益频繁的文化反哺过程中，建设性地改造了原本"父为子纲"的刻板亲子关系，且在文化反哺程度越深的家庭，亲子双方所感知到的亲子关系越和谐，而且父母也越能够尊重子女③。郑超月等研究了亲子两代的"短视频使用"后指出，在数字反哺的过程中，父母与子女增加了彼此的互动与情感交流，不仅促成了更加平等、和谐的家庭关系，还让亲代在同辈群体中被赋予"时尚"与"新潮"的标签，找到自信与成就感④。如今，

---

① 林枫、周裕琼、李博：《同一个家庭不同的微信：大学生 VS 父母的数字代沟研究》，《新闻大学》，2017 年第 3 期，第 105～106 页。

② 转引自张文华：《老年群体数字鸿沟的弥合路径研究》，《采写编》，2024 年第 8 期，第 78 页。

③ 周裕琼：《数字代沟与文化反哺：对家庭内"静悄悄的革命"的量化考察》，《现代传播》，2014 年第 2 期，第 123 页。

④ 郑超月、徐晓婕：《数字反哺机制研究》，《中国青年研究》，2019 年第 3 期，第 17 页。

“数字反哺”已然成为家庭生活和代际互动中的重要内容，在家庭成员内部发挥着新媒体素养培养和数字文化推广的作用。

代际数字鸿沟的弥合，除了主要依靠在家庭内部开展的数字反哺外，也需要全社会一起行动，共同助力年长者融入数字时代。第一，建立健全相关法规，为老年群体利益兜底。政府需要制定相关的法律法规，帮助老龄族群解决数字融入困难的问题。2020 年，国务院办公厅发布《关于切实解决老年人运用智能技术困难的实施方案》。方案提出，要在各类日常生活场景中，保留老年群体熟知的传统服务方式，充分保障在使用智能技术时遇到困难的老年群体的基本需求，让老年群体的合法权益得到应有的保护，发挥法律的兜底作用。第二，重视年长者的群体性需求，开发适老化的新媒体产品。如滴滴出行推出“老人打车”模式、支付宝新增“长辈模式”、铁路 12306 网站开发适老化及无障碍改造相关功能，方便老年群体的支付与出行。互联网企业还可针对年长者的操作习惯，提供大字版、简洁版的服务，为年长者的互联网使用提供更多的便利。此外，民生行业也需积极“适老”，如保留老年群体熟知的纸质凭证，让不会扫码或不方便扫码的老年人，通过提供纸质证明办理相关事项等。

二、城乡数字鸿沟

1995 年，美国国家远程通信和信息管理局在《在网络中落伍：一项对美国城市和乡村中的信息穷人的调查》的报告中首次提到“城乡数字鸿沟”这个概念，指出农村存在大量的信息贫乏者，并且农村与城镇相比，具有较低的电话和个人计算机渗透率，网上服务使用率也较低。这份报告不仅揭示了城乡数字鸿沟的存在，而且将其界定为城乡居民对信息通信设备的占有及以网络技术为代表的信息技术的应用差距①。此后，城乡数字鸿沟问题引起了人们的广泛关注。城乡数字鸿沟是指城镇地区与农村地区之间因数字化导致的各领域、各方面的发展差别。当前，绝大多数国家都面临以城乡差距为核心的区域发展不平衡问题。因此，关于城乡数字鸿沟的研究也成为数字鸿沟的重要议题。本节从城乡数字接入鸿沟和使用鸿沟两方面来考察这一问题。

（一）城乡数字接入鸿沟概况

城乡数字接入鸿沟主要体现为城乡之间在数字基础设施建设方面的差距。

---

① 薛伟贤：《中国城乡数字鸿沟对城市化进程的阻尼作用研究》，科学出版社，2016 年，第 1 页。

当前，全球范围内城乡数字接入鸿沟仍然广泛存在。2020 年，最不发达国家仍有 32.5%的农村人口生活在完全无移动网络覆盖或仅有 2G 网络覆盖的环境。在固定网络接入方面，全球城市地区约有 72%的家庭接入了固定网络，约为农村地区的两倍，同时，数字服务的价格对于低收入国家和人口而言仍然相对高昂①。

1. 我国城乡数字接入鸿沟持续弥合

党的十八大以来，我国经济社会发展取得巨大成就，居民收入水平不断提高，但是城乡之间发展不平衡问题仍然存在。习近平总书记指出，全面建设社会主义现代化国家，实现中华民族伟大复兴，最艰巨最繁重的任务依然在农村，最广泛最深厚的基础依然在农村②。当前的信息数字化发展既为乡村振兴注入新的动力，但也可能使得原有的城乡差距以城乡数字鸿沟的新形式呈现。

在我国，一系列重大政策措施的陆续出台和重大工程项目的相继推出，使农村及偏远地区的通信基础设施供给能力持续提升。2016 年 10 月，中央网信办、国家发展改革委、国务院扶贫开发领导小组办公室联合印发了《网络扶贫行动计划》。2018 年，中央一号文件《中共中央　国务院关于实施乡村振兴战略的意见》明确提出"实施数字乡村战略"；2019 年，国务院出台了《数字乡村发展战略纲要》，指出要深化信息技术在农业农村现代化发展中的应用；同年 12 月，农业农村部与中央网络安全和信息化委员会办公室联合制定了《数字农业农村发展规划（2019—2025 年）》，强调要促进数字技术与农业农村经济融合发展，提高农业农村智能化水平。2022 年，农业农村部制定了《数字乡村发展行动计划（2022—2025 年）》，提出实现信息化与新型工业化、城镇化和农业农村现代化同步发展，充分释放数字技术的普惠效应。这些政策的出台，为弥合城乡之间的数字鸿沟与乡村全面振兴融合发展提供了良好契机。

《中国数字乡村发展报告（2022 年）》显示，截至 2021 年底，农村网络基础设施实现全覆盖，全国行政村通宽带比例达到 100%，通光纤、通 4G 比例均超过 99%，基本实现农村城市"同网同速"。同时，5G 加速向农村延伸，截至 2022 年 8 月，全国已累计建成并开通 5G 基站 196.8 万个，5G 网络覆盖

① 霍鹏、殷浩栋：《弥合城乡数字鸿沟的理论基础、行动逻辑与实践路径》，《中国农业大学学报（社会科学版）》，2022 年第 5 期，第 187 页。

② 习近平：《坚持把解决好"三农"问题作为全党工作重中之重　举全党全社会之力推动乡村振兴》，http://cpc.people.com.cn/n1/2022/0401/c64094-32389484.html。

所有地级市城区、县城城区和96%的乡镇镇区，实现“县县通5G”[①]。此外，我国的信息通信成本也逐步下降。中国信息通信研究院发布的《中国宽带资费水平报告（2020第四季度）》显示，固定宽带用户月均支出为36.3元，移动通信用户月均支出为46.5元，移动数据流量平均资费为3.75元/GB，同比下降24.8%。从全球来看，我国移动通信资费处于偏低水平，移动通信用户月均支出在全部237个国家和地区中按价格由低至高排名第93位，远低于美国、加拿大、韩国等国家[②]。随着互联网在农村的普及和信息通信成本的下降，城乡互联网接入鸿沟不再难以逾越。

2. 我国城乡数字接入鸿沟存在的问题

我国城乡数字接入鸿沟持续弥合固然可喜，但我们也应该注意到，城市的电信设施、光纤网络、数据中心等基础设施相比乡村更加先进，能支持更多用户同时接入以及满足高负载的网络需求；同时，全国县域互联网普及率为70.3%，与城镇地区互联网普及率相比还有8个百分点的差距。家庭宽带入户率不足50%的县（市、区）有572个，不足20%的有221个，占比分别高达21.7%、8.4%[③]。此外，面向农业生产的4G和5G网络、遥感卫星、北斗导航、物联网、农机智能装备、大数据中心、重要信息系统等信息基础设施在研发、制造、推广应用等方面远远落后于农业现代化发展的需求[④]。

（二）城乡数字使用鸿沟概况

受益于数字技术的发展，新技术、新模式、新业态在城乡的应用逐步深化，为弥合城乡发展差距、共享优质资源提供了机遇。

1. 我国城乡数字使用鸿沟的持续弥合[⑤]

通过系列重大政策措施陆续出台、重大工程项目相继推出，农业农村的数字化发展取得了显著成效，城乡数字使用鸿沟得到一定弥合。

---

① 农业农村部信息中心：《中国数字乡村发展报告（2022年）》，http://www.agri.cn/zx/nyyw/202311/P020231127623661163266.pdf，第1页。

② 刘育英：《中国宽带资费水平报告：中国在全球处偏低水平》https://m.gmw.cn/2021-04/17/content_1302236908.htm。

③ 农业农村部信息中心：《2021全国县域农业农村信息化发展水平评价报告》，http://www.agri.cn/zx/nyyw/202311/P020231127614322522308.pdf，第22页。

④ 农业农村部信息中心：《2021全国县域农业农村信息化发展水平评价报告》，http://www.agri.cn/zx/nyyw/202311/P020231127614322522308.pdf，第22～23页。

⑤ 本部分除单独标注的引用以外，相关数据均来自农业农村部信息中心：《中国数字乡村发展报告（2022年）》，http://www.agri.cn/zx/nyyw/202311/P020231127623661163266.pdf，第2～16页。

一是智慧农业建设快速起步。农业产业数字化进程加快，智慧大田农场建设多点突破。如安徽芜湖智慧稻米生产试点将水稻生产过程划分为播种、插秧、分蘖等13个环节，并细化出品种选择、土地平整、氮肥用量等49个智慧决策点，构建起“智慧农艺+智能农机”双轮驱动技术体系，实现了耕种管收全过程信息感知、定量决策、智能作业，2022年试验面积已扩大到15万亩。

同时，畜禽养殖数字化与规模化、标准化亦同步推进，2021年全国畜禽养殖信息化率达34.0%，其中，生猪和家禽养殖信息化率分别为36.9%和36.4%。应用无人环控平台、自动巡检报警系统、智能饲喂系统等使劳动生产率提高30%以上，每头出栏生猪降低成本150元左右。此外，数字技术支撑的多种渔业养殖模式相继投入生产。2021年，农业生产信息化率达25.4%。

二是乡村数字经济新业态新模式不断涌现。现代信息技术推动农村经济提质增效，农村电商继续保持乡村数字经济“领头羊”地位。据统计，2022年全国农村网络零售额由2014年的1800亿元增长至2.17万亿元。截至2022年7月，电子商务进农村综合示范项目累计支持1489个县，支持建设县级电子商务公共服务中心和物流配送中心超2600个。快递服务不断向乡村基层延伸，“快递进村”比例超过80%。同时，数字经济还激发乡村旅游、休闲农业、民宿经济等乡村新业态蓬勃发展。如贵州西江千户苗寨依托5G网络实现信息服务集成，便利游客出行。2023年春节期间，西江千户苗寨实现旅游综合收入1.4亿元，同比增长532.5%①。

三是乡村数字化治理效能持续提升。“互联网+政务服务”加快向乡村延伸覆盖，信息化成为提高乡村治理水平的重要支撑。2021年全国“三务”网上公开行政村覆盖率达78.4%，党务、村务、财务分别为79.9%、79.0%、76.1%。截至2022年12月，全国已建设355个县级政务服务平台，国家电子政务外网已实现县级行政区域100%覆盖、乡镇覆盖率达96.1%，政务服务“一网通办”加速推进，农民群众的满意度、获得感不断提升。

四是乡村网络文化发展态势良好，数字技术助推农耕文化得到进一步挖掘和弘扬。“互联网+”群众文化活动蓬勃兴起，2022年元旦春节期间，国家公共文化云平台推出线上“村晚”专题，直播各地精选“村晚”127场，线上参与人次达1.48亿。贵州台江县台盘村村民自发组织的“六月六”苗族吃新节篮球赛火爆出圈，被网友们亲切地称为“村BA”，相关网络直播及短视频全

---

① 陈爱平、吴思、段菁菁：《5G+智慧旅游助力乡村振兴》，http://www.scio.gov.cn/live/2023/33065/xgbd/202312/t20231213_821896.html。

网传播，线上观众超过1亿人次。非物质文化遗产记录工程利用数字多媒体等现代化手段，记录和保存包括农村地区在内的489名国家级非物质文化遗产代表性传承人的独特技艺和文化记忆。此外，中国传统村落非物质文化遗产资源数字化持续推进，截至2022年6月，中国传统村落数字博物馆已收集整理6819个传统村落基本信息。

五是数字惠民服务扎实推进。“互联网+教育”“互联网+医疗健康”和线上公共法律与社会救助等服务不断向农村地区下沉覆盖，农村数字惠民服务水平不断提升。海量优质教育资源通过互联网从城市传送到广袤乡村，进入农村中小学。截至2022年8月，全国义务教育学校联网率已达100%，基本实现出口带宽100M以上，99.6%的中小学拥有多媒体教室。国家智慧教育公共服务平台上线运行，发布基础教育资源3.4万条，职业教育在线课程2.2万门，给广大农村地区送去了免费优质教育资源。国家全民健康信息平台基本建成，截至2022年9月，全国所有省份、85%的地市、69%的区县已建立区域全民健康信息平台。积极完善省市县乡村五级远程医疗服务网络，推动优质医疗资源下沉，远程医疗服务平台已覆盖所有的地市和90%以上的区县。

2. 城乡数字使用鸿沟存在的问题

虽然农业农村信息化发展取得显著成效，但城乡数字使用鸿沟仍然存在，主要体现在以下三方面：

一是当前绝大多数农业农村生产领域的数字化转型停留在基础建设和单向应用层面①。维护数字化设备成本高昂，难以形成规模经济效应。由于农产品附加值相对较低，农村生产者难以真正将数字经济与现有经济活动结合，需要不断考虑建设维护成本和收益之间的平衡。

二是城乡数字接入机会日渐趋向平等，但农村居民的信息素养先天处于弱势地位。使用技能缺乏、文化程度限制以及设备不足成为阻碍居民参与数字活动的主要原因。在互联网的深度使用方面，多数农村居民对数字经济活动的参与主要停留在简单的社交娱乐方面，运用数字设备参与工作学习、线上商业等活动的比例显著低于城镇居民。2021年，中国社会科学院信息化研究中心发布的《乡村振兴战略背景下中国乡村数字素养调查分析报告》显示，数字素养城乡发展不均衡问题非常突出：城市居民平均得分56.3，农村居民平均得分35.1，差值高达21.2分，农村居民比城市居民平均得分低了37.5%。报告指

---

① 胡莹：《乡村振兴背景下数字鸿沟审视》，《中国特色社会主义研究》，2022年第4期，第65页。

出，随着智能手机在乡村地区的全面普及，农村居民使用智能手机的能力正在快速接近城市居民。但与此同时，超过 1/3 的农村居民使用智能手机仅为进行娱乐消遣活动，近 1/3 农村居民认为手机或电脑的应用对个人就业/创业及收入提升没有起到任何作用①。2022 年，中国互联网络信息中心发布的未成年人互联网使用情况专题显示，截至 2021 年 12 月，我国城镇未成年人互联网普及率达到 95.0%，农村为 94.7%，两者差距已基本拉平。其中，农村未成年网民通过手机上网的比例达到 92.7%，甚至高于城镇 0.7 个百分点。但在互联网应用的深度与广度方面，城镇未成年网民使用搜索引擎、社交网站、新闻、购物等社会属性较强的应用比例明显较高，而农村未成年网民则更偏好于使用短视频、动画或漫画等休闲娱乐应用②。牟天琦等的研究也指出，线上商务技能、工作学习技能和娱乐社交技能对收入提升的作用力度依次递减，娱乐社交技能部分抵消了农村居民收入的正效应。所以，在对农村居民数字技能的培育中，需重点关注农村居民工作学习技能、线上商务技能的培养③。

此外，城乡数字使用鸿沟还呈现出东西部发展不均衡的问题。2021 年，《中国城乡数字包容发展研究报告》指出，农村电子商务面临区域发展不够均衡，如电子商务销售商主要集中在东部沿海发达城市，2020 年，中国东、中、西、东北地区的网络零售额占全国比重分别为 84.54%、8.37%、5.68%、1.41%④。

3. 打造多元主体共建城乡数字化架构，促进城乡数字使用鸿沟的弥合

针对城乡数字使用鸿沟存在的问题，霍鹏等认为，应积极利用数字化建设促进城乡数字鸿沟进一步弥合⑤。

第一，政府积极打造由社会、企业等多元主体共同构建的城乡数字化底层架构。政府作为数字化公共政策的制定者和执行者，应充分发挥其作为基础成本承担主体的重要作用，积极适应数字化对“统筹整体布局”的需要，协调各

① 李晨赫：《乡村振兴亟待弥补“数字素养鸿沟”》，https://m.gmw.cn/2021-03/16/content_1302168516.htm。

② 中国互联网络信息中心：《第 49 次中国互联网络发展状况统计报告》，https://www.cnnic.net.cn/NMediaFile/2024/0325/MAIN1711355296414FIQ9XKZV63.pdf，第 37 页。

③ 牟天琦、刁露、霍鹏：《数字经济与城乡包容性增长：基于数字技能视角》，《金融评论》，2021 年第 4 期，第 36 页。

④ 中国信息通信研究院：《中国城乡数字包容发展研究报告》，http://www.caict.ac.cn/kxyj/qwfb/ztbg/202112/t20211230_394812.htm。

⑤ 霍鹏、殷浩栋：《弥合城乡数字鸿沟的理论基础、行动逻辑与实践路径——基于“网络扶贫行动计划”的分析》，《中国农业大学学报（社会科学版）》，2022 年第 5 期，第 190～191 页。

部门、社会组织、企业部门参与，缓解自由市场调节失灵而导致的建设与投资匮乏、高质量企业主体缺失等问题，为数字化创造普惠包容的基础条件。

第二，形成以政府为核心的多元主体协作，提升农村居民的数字素养与技能。2021 年 11 月，中央网信办发布的《提升全民数字素养与技能行动纲要》专门提出“提升农民数字技能”，通过构建现代农业科教信息服务体系、优化完善全国农业科教云平台，汇集整合新技术推广、电商销售、新媒体应用等优质培训资源，持续推进农民手机应用技能培训工作，提高农民对数字化“新农具”的使用能力。

政府还应积极引导企业、公益组织等参与农民数字技能提升工作，推动数字服务和培训向农村地区扩展。如拼多多与中国农业大学开展战略合作，根据农村生产者知识结构，开设农产品上行与互联网运营课程，全面助力加快“新农商”人才的培育。在加快推进网络直播、文旅内容创意产业等新模式、新业态发展方面，阿里巴巴推动自身业务模式下沉，开展农民主播培训，帮助农村培育更多的多元化直播人才，在此基础上积极带动地方文旅产业发展。唯品会以“电商+非遗+扶贫”为核心打造“唯爱工坊”，通过行业联合指导、非物质文化遗产人才培养、非物质文化遗产时尚产品打造等举措，在推动精准扶贫的同时实现“非物质文化遗产活化传承”。

同时，政府、企业等多元主体还应有意识地引导数字经济从东部沿海地区向内陆、西部地区扩散，进一步促进东、中、西部的平衡发展，将横亘于前的城乡数字鸿沟尽可能转化为数字红利。

第三，作为乡村地区的新媒体使用者，也应摆脱等靠要的思想，更积极地、有意识地控制使用新媒体进行娱乐消遣、社交活动的时间，不断提升个人使用新媒体为学习、就业、创业服务的能力。

【课后习题】

1. 结合知识沟理论的发展和日常媒介使用实践谈一谈：哪些因素可能使知识沟进一步拓宽？哪些因素又可能弥合知识沟？

2. 谈一谈你对第二道数字鸿沟——使用沟的理解，它对你的日常媒介使用有什么启示？

3. 在家庭中，你有过数字反哺的经验吗？作为青年一代，你觉得如何才能更好地进行数字反哺？在数字反哺中，家庭成员的关系发生了怎样的变化？

4. 结合所学的专业谈一谈：在弥合城乡数字鸿沟的过程中，你能做什么？还有什么好的意见和建议？

【延伸阅读】

1. 韦路、张明新：《第三道数字鸿沟：互联网上的知识沟》，《新闻与传播研究》，2006 第 4 期，第 43～53 页、第 95 页。

2. 周裕琼、丁海琼：《中国家庭三代数字反哺现状及影响因素研究》，《国际新闻界》，2020 年第 3 期，第 6～31 页。

3. 胡莹：《乡村振兴背景下城乡数字鸿沟审视》，《中国特色社会主义研究》，2022 年第 4 期，第 60～69 页。

结　语

1996年，美国学者尼古拉斯·尼葛洛庞帝出版了《数字化生存》一书，他在该书的前言开宗明义："计算不再只和计算机有关，它决定我们的生存。"[①] 今天，这一判断业已成为常识。彼得斯在《奇云：媒介即存有》中指出，媒介是我们"存有"的基础设施，是我们行动和存有的栖居之地和凭借之物[②]。媒介不仅仅是"关于"这个世界的，而且"就是"我们这个世界[③]。当下，人们的生存已经是一种"媒介化生存"：媒介以无时不有、无处不在，渗透进人们日常生活的各个角落，人们的现实行为与媒介行为相互映射、相互促成也相互转换。因此，提升个人媒介素养的必要性和重要性也日益凸显。

本书从新媒体的认知素养、使用素养和社会参与素养三个方面进行了介绍，希望读者在日常的媒介实践中，对以下四个问题始终保持追问与思考：第一，在后真相社会里，我们如何才能拥有不被蒙蔽的质疑批判能力？质疑批判能力既包括对各种信源的动机、目的、背景的追问能力，也包括对媒介信息生产过程中各因素的分析、整合能力。这种能力并非一蹴而就，需要我们在日常的媒介实践中大胆假设，小心求证，认真观察，逐步积累。第二，媒介作为一种工具，我们既要用它来愉悦耳目与身心，更要用它来放眼人生百态，观察社会、参与社会和服务社会。但如何找到娱乐与社会参与的平衡点，需要我们在媒介实践中不断地摸索与平衡。第三，当数据化、智能化、平台化已成为媒介化生存的底色，人与技术之间的关系到底是技术主宰和奴役人，还是人能在媒介使用中保持个人的主体性、能动性和创造性，进而超越技术、控制技术，让技术更好地为人类服务，这也需要我们在日常的媒介实践中，以身入局，亲自去体验与探索。第四，是连接与反连接的问题。互联网为人与信息、人与人的

---

① ［美］尼古拉·尼葛洛庞帝：《数字化生存（20周年纪念版）》，胡泳、范海燕译，电子工业出版社，2017年，第61页。

② ［美］彼得斯：《奇云：媒介即存有》，邓建国译，复旦大学出版社，2020年，第17页。

③ ［美］彼得斯：《奇云：媒介即存有》，邓建国译，复旦大学出版社，2020年，第24页。

连接提供了极大的便利，但今天人们似乎还面临过度连接的重压：强互动下的倦怠与压迫感、圈层化对个体的约束及对社会的割裂、线上过度连接对线下连接的挤占、对“外存”的过度依赖等[①]。在过度连接的背景下，适度的反连接或许将成为充斥在媒介空间中的另一种生存之道。

① 彭兰：《连接与反连接：互联网法则的摇摆》，《国际新闻界》，2019 年第 2 期，第 20 页。

参考文献

[1] 蔡骐，李玲. 信息过载时代的新媒介素养 [J]. 现代传播，2013，35 (9)：120－124.

[2] 陈志勇. 青少年网络媒介素养教育 [M]. 北京：中央编译出版社，2018.

[3] 董晨宇，丁依然. 当戈夫曼遇到互联网——社交媒体中的自我呈现与表演 [J]. 新闻与写作，2018 (1)：56－62.

[4] 董晨宇，叶蓁. 做主播：一项关系劳动的数码民族志 [J]. 国际新闻界，2021，43 (12)：6－28.

[5] 董晨宇，张恬. 反思“孤独社交”：社交媒体真的让我们更加疏离吗 [J]. 新闻与写作，2019 (6)：48－52.

[6] 高寒凝. “数字劳工”们的战争：“饭圈”乱象与互联网时代的偶像工业生产机制 [J]. 文艺理论与批评，2022 (4)：163－174.

[7] 段鹏. 智能媒体传播 [M]. 北京：中国人民大学出版社，2022.

[8] 勒庞. 乌合之众——大众心理研究 [M]. 冯克利，译. 北京：中央编译出版社，2005.

[9] 郭庆光. 传播学教程 [M]. 2 版. 北京：中国人民大学出版社，2011.

[10] 伊尼斯. 传播的偏向 [M]. 3 版. 何道宽，译. 北京：中国大百科全书出版社，2021.

[11] 胡莹. 乡村振兴背景下数字鸿沟审视 [J]. 中国特色社会主义研究，2022 (4)：60－69.

[12] 黄河，康宁. 移动互联网环境下群体极化的特征和生发机制 [J]. 国际新闻界，2019，41 (2)：38－61.

[13] 黄河. 网络谣言的智能化演变及治理 [J]. 人民论坛，2023 (4)：62－64.

[14] 桑斯坦. 信息乌托邦——众人如何生产知识 [M]. 毕竞悦，译. 北京：法律出版社，2008.

[15] 匡文波. 新媒体概论［M］. 3版. 北京：中国人民大学出版社，2019.

[16] 桑斯坦. 网络共和国——网络社会中的民主问题［M］. 黄维明，译. 上海：上海人民出版社，2003.

[17] 福克斯. 受众商品、数字劳动之争、马克思主义政治经济学与批判理论［J］. 汪金汉，潘璟玲，译. 国外社会科学前沿，2021（4）：19－31.

[18] 李苓. 中国西部民族地区媒介素养培养模式研究［M］. 成都：四川大学出版社，2020.

[19] 林枫，周裕琼，李博. 同一个家庭不同的微信：大学生VS父母的数字代沟研究［J］. 新闻大学，2017（3）：99－106.

[20] 陆晔. 媒介素养：理念、认知、参与［M］. 北京：经济科学出版社，2010.

[21] 福柯. 规训与惩罚［M］. 刘北成，杨远婴，译. 上海：生活·读书·新知三联书店，2007.

[22] 麦克卢汉. 理解媒介——论人的延伸［M］. 何道宽，译. 北京：商务印书馆，2000.

[23] 波兹曼. 娱乐至死·童年的消逝（外一种）［M］. 章艳，吴燕莛，译. 桂林：广西师范大学出版社，2009.

[24] 戈夫曼. 日常生活中的自我呈现［M］. 冯钢，译. 北京：北京大学出版社，2008.

[25] 彭兰. 如何实现“与算法共存”——算法社会中的算法素养及其两大面向［J］. 探索与争鸣，2021（3）：13－15.

[26] 彭兰. 智能素养：智能传播时代媒介素养的升级方向［J］. 山西大学学报（哲学社会科学版），2023，46（5）：101－109.

[27] 彭兰. 社会化媒体时代的三种媒介素养及其关系［J］. 上海师范大学学报（哲学社会科学版），2013，42（3）：52－60.

[28] 彭兰. 网络传播概论［M］. 5版. 北京：中国人民大学出版社，2023.

[29] 鲍德里亚. 消费社会［M］. 刘成富，全志钢，译. 南京：南京大学出版社，2014.

[30] 石长顺，周莉. 新媒体语境下涵化理论的模式转变［J］. 国际新闻界，2008，（6）：56－59.

[31] 师文，陈昌凤. 社交机器人在新闻扩散中的角色和行为模式研究［J］. 新闻与传播研究，2020，27（5）：5－20＋126.

[32] 师文，陈昌凤. 分布与互动模式：社交机器人操纵Twitter上的中国议

题研究 [J]. 国际新闻界，2020，42（5）：61－80.
[33] 舍恩伯格，库克耶. 大数据时代 [M]. 盛杨燕，周涛，译. 杭州：浙江人民出版社，2013.
[34] 韦路，张明新. 第三道数字鸿沟：互联网上的知识沟 [J]. 新闻与传播研究，2006（4）：43－53+95 .
[35] 赛佛林，坦卡德. 传播理论：起源、方法与应用 [M]. 郭镇之，孟颖，蔡翔，等译. 北京：华夏出版社，2000.
[36] 李普曼. 舆论 [M]. 常江，肖寒，译. 北京：北京大学出版社，2018.
[37] 吴鼎铭. 网络“受众”的劳工化：传播政治经济学视角下网络“受众”的产业地位研究 [J]. 国际新闻界，2017，39（6）：124－137.
[38] 吴玉兰. 媒介素养十四讲 [M]. 北京：北京大学出版社，2016.
[39] 姚建华. 数字劳动：理论前沿与在地经验 [M]. 南京：江苏人民出版社，2021.
[40] 喻国明. 双因机制：移动互联网时代的谣言生成 [J]. 新闻与写作，2018（3）：45－48.
[41] 袁军. 媒介素养教育论 [M]. 北京：中国传媒大学出版社，2010.
[42] 袁潇. 数字时代中议程设置理论的嬗变与革新——专访议程设置奠基人之一唐纳德·肖教授 [J]. 国际新闻界，2016，38（4）：67－78.
[43] 张开，丁飞思. 回放与展望：中国媒介素养发展的 20 年 [J]. 新闻与写作，2020（8）：5－12.
[44] 张蕊. 交互涵化效应下土味短视频对城镇化留守儿童的影响 [J]. 现代传播，2019，41（5）：162－168.
[45] 波特. 媒介素养 [M]. 李德刚，等译. 北京：清华大学出版社，2012.
[46] 张志安. 新媒体素养 [M]. 4 版. 北京：高等教育出版社，2019.
[47] 赵蕾. 议程设置 50 年：新媒体环境下议程设置理论的发展与转向——议程设置奠基人马克斯韦尔·麦库姆斯、唐纳德·肖与大卫·韦弗教授访谈 [J]. 国际新闻界，2019，41（1）：66－80.
[48] 周裕琼. 当代中国社会的网络谣言研究 [M]. 北京：商务印书馆，2012.
[49] 周裕琼. 数字代沟与文化反哺：对家庭内“静悄悄的革命”的量化考察 [J]. 现代传播，2014，36（2）：117－123.
[50] GANE N，BEER D. New media：the key concepts [M]. Oxford：Berg Publishers，2008.
[51] KAPLAN A，HAENLEIN M. Siri，Siri，in my hand：who's the fairest

in the land? On the interpretations, illustrations, and implications of artificial intelligence [J]. Business horizons, 2019, 62 (1): 15-25.

[52] LAGERKVIST A. Existential media: toward a theorization of digital thrwoness [J]. New media and society, 2017, 19 (1): 96-110.

[53] MANOVICH L. The language of new media [M]. Cambridge: The MIT Press, 2001.

[54] HUMPHREYS L. The qualified self: social media and the accounting of everydaylife [M]. London: The MIT Press, 2018.